语文学习获得感研究

阮沁汐　李臣之　著

SPM 南方传媒

全国优秀出版社
全国百佳图书出版单位

广东教育出版社

·广 州·

图书在版编目（CIP）数据

语文学习获得感研究 / 阮沁汐，李臣之著 . — 广州：
广东教育出版社，2025. 1
ISBN 978-7-5548-5557-7

Ⅰ.①语…　Ⅱ.①阮…　②李…　Ⅲ.①语文课—教学
研究—中小学　Ⅳ.①G633.302

中国国家版本馆CIP数据核字（2023）第209888号

语文学习获得感研究

YUWEN XUEXI HUODEGAN YANJIU

出 版 人：朱文清
出版策划：郝琳琳
责任编辑：王子鑫
责任印制：吴华莲
责任校对：谭 曦
装帧设计：邓君豪
出版发行：广东教育出版社
　　　　　（广州市环市东路472号12-15楼　邮政编码：510075）
销售热线：020-87615809
网　　址：http://www.gjs.cn
E-mail：gjs-quality@nfcb.com.cn
经　　销：广东新华发行集团股份有限公司
印　　刷：佛山市浩文彩色印刷有限公司
　　　　　（佛山市南海区狮山科技工业园A区）
规　　格：787 mm×1092 mm　1/16
印　　张：18
字　　数：360千
版　　次：2025年1月第1版
　　　　　2025年1月第1次印刷
定　　价：70.00元

如发现因印装质量问题影响阅读，请与本社联系调换（电话：020-87613102）

前言：让学生在学习中享受获得感 ^①

获得感是主体的欲求实现之后的内心感受或情感体验。让学生在学习中享受获得感，是教育最基本的追求和人文关怀。然而，这个"最基本"的实现却较困难。这除了复杂的环境影响，还因认识的偏差和实践的乏力。怎样才能让学生在学习中享受获得感？

人即目的（康德）——享受获得感的逻辑起点：学校教育须牢记把人作为教育的目的，把学生作为教育教学的主体，一切的教育教学活动都是指向培养大写的"人"。所以，"学生发展"应该是最基本的教育信条，偏离这一信条，学校也许可能"获得"很多，或者自认为"给予"学生很多，却不能满足学生作为"人"所需要与所渴求的获得感、成就感和幸福感，反而事与愿违，使学生滋生失落感。因此，教育人要有勇气抗拒以种种名义剥夺学生获得感的行为。

真实教育——学生获得的必备条件：社会浮躁之风影响下的教育无序竞争，炮制了某些注水的效益和虚假的成果，影响了学生的真实获得。最典型的是，公开课上学生的齐声应答、快速的小组讨论、确定性的标准答案、精准的结课设计等，这些能让学生获得什么？这只能让学校、教师获得某种虚荣的满足，让学生获得不诚信的感受。这种不自信和愉悦感观的做法只能制造假性的学生获得。推而广之，某些学校教育集团化边界的任意扩大，兼并越来越多的学校形成教育的"航母"，也是在为教育资源的供给注水，并不一定就代表着优质学位的充分供给和受众的真实获得。当下，教育界应自我告诫：真实的教育，真实的质量，才是学生获得的必要条件。

---

① 李臣之. 让学生在学习中享受获得感 [J]. 四川优质教育探索与研究, 2017 (4).

情知互促——学生获得感的催化剂：基于本土国情，扎根中国大地办教育，应让学生获得家国认同感，滋养乡土情怀，让知识学习有根可寻、有据可依。而审视一些教学现场，那些脱离国情地情乡情的以考试做题、讲题为主线的知识学习，不可能让学生在学科素养形成上有真正的获得感。例如，当语文课、历史课异化为填空练习，对学生获知、获能、获情不可能起到真正的促进作用。感由物生，情由心生，获得感是人内在的积极的心理状态，只有快乐、自由和真实的学习，学生内心深处才能受到触动，情感才能得到激发，才谈得上对当下学习生活的满足和享受，才不仅仅是在为未来生活做准备。

创新课堂——丰富获得感的主渠道：创新课堂，告别应试的狭窄的认知通道，联系更加广阔的社会、自然和文化情境，让学生在学习中拥有更丰富的获得感。具体为通过创生适合学生发展的教育教学内容，让内容贴近和满足学生发展的多方面需求；通过创新教学方式，关注学生的主动参与、深度思考和积极表现程度，让学生在认知上有获得，在能力上有提升。这需要教师改变一讲到底的授课方式，将更多的精力用于优化环境和氛围，把更多的时间留给学生互相学习、讨论、分享和反思。正如金字塔理论所揭示的，最大的获得是学生作为老师教授别的学生。所以在一个班，课堂里不仅仅只有一名老师，而是几十名老师，所有学生都是老师，让学生彼此为师，互相借鉴，互相指导，以此促进学生积极学习，增强获得感。

目　录

第一章
语文学习获得感研究的演进

　　"学习获得感"这一概念由"获得感"衍化而来，而"语文学习获得感"又是学生的学习获得感在特定语文学科上的具体表现。当前，学界对获得感、学习获得感以及语文学习获得感的研究还处于发展阶段。

　　本章将主要阐述获得感、学习获得感及语文学习获得感的研究述评。基于语文学习获得感相关文献研究脉络，推导出本研究中语文学习获得感的研究思路、研究目标，以及理论意义和实践意义。

第一节 获得感研究的推进

"获得感"这一概念自2015年由习近平正式提出以来,受到了广大人民群众和学界的广泛重视。近八年来,与获得感相关的各类理论研究、实证研究层出不穷,体现出了这一中国特色本土概念的价值和意义。本节将具体阐述获得感概念的提出,以及其进入教育领域融入学生学习后的进一步发展。

一、获得感的提出

2015年2月27日,习近平在中央全面深化改革领导小组第十次会议上发表重要讲话,强调要"把改革方案的含金量充分展示出来,让人民群众有更多获得感"[①]。两年之后,习近平在党的十九大报告中又再次强调,要让"人民获得感、幸福感、安全感更加充实、更有保障、更可持续"[②]。党的十八大以来,习近平多次提及人民的获得感,坚持"以人民为中心"的发展理念,切实关注人民群众的获得感、幸福感和安全感。

在《咬文嚼字》编辑部发布的"2015年十大流行语"中,获得感一词占据了榜首。可见,获得感这一新兴概念得到了迅速流行,引发了广大社会群众的共鸣。与此同时,研究者们也开始对获得感的概念与内涵进行探讨和研究。获得感是一个由"获得"和"感"组成的复合名词。《现代汉语词典》对"获得"一词的解释是

---

① 习近平主持召开中央全面深化改革领导小组第十次会议强调:科学统筹突出重点对准焦距,让人民对改革有更多获得感 [N]. 人民日报,2015-02-28 (1).

② 习近平. 决胜全面建成小康社会 夺取新时代中国特色社会主义伟大胜利:在中国共产党第十九次全国代表大会上的报告 [M]. 北京:人民出版社,2017:45.

"取得；得到（多用于抽象事物）"。顾名思义，获得感便是个人对于自身获得、所得到的事物的感知和感受。

获得感这一新生概念自正式提出便具有极为鲜明的中国特色、彰显了明确的中国立场，它的内涵应在时代的大背景下进行理解。到目前为止，学术界对获得感还未有一个普遍共识性的定义。但尽管不同研究者站在不同的角度对获得感进行界定，我们依然可以从中概括出获得感的主要内涵，在理论上至少应该涵盖了以下三层含义。

（一）获得感是一种正向的心理感受

获得感在理论上属于政治心理范畴，提升公众的获得感是党和国家在回应时代需要[①]。获得感就其本质而言应当是一种个体的、主观的心理感受，反映了个体对外部环境的体验，特别表现为个人利益的实现程度。同时，这种心理感受因各种形式的获得、满足而起，因此必然是积极的、正向的，在取得获得感的同时不会接纳相对剥夺感、被排斥感、不平衡感等负面情绪。

蒋永穆、张晓磊认为获得感指一种人民群众因为"获得"而产生的正向的心理感受，它明确以人民群众为主体，强调把人民的主观感受作为评价的标准，关注人民的物质利益与心理感受[②]。张品也提出，获得感的着眼点在"感"，应当从自我价值和自我尊严得到满足的社会认知角度理解获得感，它是一种"因物质层面和精神层面的获得而产生的可以长久维持下来的满足感"，就我国目前国情来看它是人民群众共享改革成果的幸福指数[③]。王浦劬、季程远在理解获得感时将其与中国特色社会主义发展的主观、客观要素相结合，提出获得感既是我国改革开放实践的产物，同时也是人民群众对于自己在经济社会发展进程中所得所获的主观感知[④]。此外，董洪杰等通过收集调查对象对获得感的联想词汇，从心理学角度编制出《中国

① 汤峰，苏毓淞．"内外有别"：政治参与何以影响公众的获得感？[J]．公共行政评论，2022，15（2）：22-41，195-196．
② 蒋永穆，张晓磊．共享发展与全面建成小康社会[J]．思想理论教育导刊，2016（3）：74-78．
③ 张品．"获得感"的理论内涵及当代价值[J]．河南理工大学学报（社会科学版），2016，17（4）：402-407．
④ 王浦劬，季程远．新时代国家治理的良政基准与善治标尺：人民获得感的意蕴和量度[J]．中国行政管理，2018（1）：6-12．

人获得感量表》，依据其理论结构将获得感定义为"个体对获取自身需求满足的内容、实现途径与所需条件的认知评价，以及在此过程中的心理体验"[①]。综上所述，学界已经充分肯定获得感的本质是一种正向的心理感受，因此在进行获得感以及学习获得感的测量和评价时需充分借鉴心理学与心理测量学的研究成果。

（二）获得感的产生离不开实实在在的获得

获得感是一种正向的心理感受，它的产生离不开实实在在的获得。可以说，客观的获得是产生获得感的关键基础。

我国在改革开放后逐步步入了高速发展的道路，取得了不少举世瞩目的辉煌成就。但与此同时，也出现了居民收入差距过大、地区发展不均衡等矛盾。在这样的前提下，"获得感"就此提出，这也反映出了我国正处在全面深化改革、经济社会发展模式转型、追求实现共享、共同富裕的大背景中。如曹现强、李烁提出，获得感以获得物质利益和经济利益为基础，是对"绝对获得"和"相对获得"的主观感觉[②]。又如，田旭明在解读"让人民群众有更多获得感"时指出，获得感是利益得到维护和实现之后产生的一种实实在在的满足感与成就感，是幸福感、归属感和安全感的前提，涉及经济、政治、教育、医疗等各个方面[③]。张仲芳、刘星认为，获得感体现的是建立在"客观获得"基础上的一种心理感受、情感体验、精神慰藉和价值评判，它是"人们根据客观物质的获得以及生活境遇的改善而得到的积极心理体验和由此产生的满意程度和主观感受"[④]。史鹏飞在对群众的获得感进行心理结构分析时提出，获得感以实际获得为基础，是一个兼具主观心理内涵和客观实践基础的新兴概念，但持续的现实满足也可能使部分民众出现"高获得—低获得感"的情况[⑤]。可见，获得感极其关注人民群众的利益所好，强调获得的物质利益、经济

---

① 董洪杰，谭旭运，豆雪姣，等. 中国人获得感的结构研究 [J]. 心理学探新，2019，39（5）：468-473.

② 曹现强，李烁. 获得感的时代内涵与国外经验借鉴 [J]. 人民论坛·学术前沿，2017（2）：18-28.

③ 田旭明. "让人民群众有更多获得感"的理论意涵与现实意蕴 [J]. 马克思主义研究，2018（4）：71-79.

④ 张仲芳，刘星. 参加基本医疗保险与民众的"获得感"：基于中国综合社会调查数据的实证分析 [J]. 山东社会科学，2020（12）：147-152.

⑤ 史鹏飞. 从群众获得感视角看全面建成小康社会 [J]. 人民论坛，2020（36）：67-69.

利益和各个生活层面需求的满足，而人民群众对"满足"的要求也会随着生活的稳定改善而逐渐提高。

正因为获得感不能脱离实实在在的获得基础而存在，研究者重点分析了"获得感"与"幸福感"的差异所在。如郑风田、陈思宇指出，获得感相较于西方的幸福感而言更为客观，并非一味强调幸福，而是关注对人民利好的物质和精神的实实在在的"得到"[①]。阳义南认为获得感是一个区别于幸福感的中国概念，它是人们在收获某种物质或精神利益后产生的满足感等积极心理感受，可以使用充足性、均等性、便利性、普惠性这四个指标来测量潜变量获得感[②]。可见，研究者对于获得感的勘测与分析都脱离不了外界客观实在提供给群众的"利好"，考察客观条件和可供应给人民群众的"实在获得"成为调查群众获得感的一个有效途径。

获得感和幸福感同为正向的、积极的心理感受，有许多相似之处。但相较之下，幸福感侧重强调个人的心理感受，更为空泛和虚化。周绍杰、王洪川、苏杨也提到，随着中国经济的增长和"伊斯特林悖论"的出现，幸福感在解释人们的生活状况方面已略显吃力[③]。而石晶调查发现，获得感是幸福感形成的基础，幸福感是人民群众获得感满足后的表现形式，获得感相对客观，比幸福感更具体也更具备实际意义[④]。综上所述，获得感更具实际意义和客观属性，更关注实实在在的实惠和利益所得。它是建立在客观获得基础之上的主观评价，因此获得感比幸福感更为中性。在客观、实在获得不足的情况之下，一个人的获得感水平可以是低下的，可以是为零的，也可以是低水平、短时效、不稳定的，它的变化性和可波动性应远高于幸福感。

这也是不少研究者在阐述获得感时，着重提到"相对获得感"的原因。获得感可能也来源于对比，包括人对自己现实过往的对比、心理预期与实际获得的对比，

---

① 郑风田，陈思宇. 获得感是社会发展最优衡量标准：兼评其与幸福感、包容性发展的区别与联系 [J]. 人民论坛·学术前沿，2017 (2)：6-17.

② 阳义南. 获得感、公平度与国民幸福感提升：基于CGSS微观调查数据的分析 [J]. 社会科学辑刊，2022 (3)：50-59.

③ 周绍杰，王洪川，苏杨. 中国人如何能有更高水平的幸福感：基于中国民生指数调查 [J]. 管理世界，2015 (6)：8-21.

④ 石晶. 新的美好生活，新的感受期盼：当前公众获得感幸福感安全感状况及影响因素调查报告 [J]. 国家治理，2017 (44)：15-36.

甚至是自身情况与他人情况的对比。

（三）获得感强调个人的劳动与参与

获得感与幸福感、满意度等相近概念的差别还在于强调个人的劳动与参与。获得感是一种因实实在在的获得而产生的正向的心理感受，获得感的产生绝不来源于"天上掉馅饼"，有高度获得感的个体必须具备参与劳动、参与生产、积极奋斗的意识。

获得感需要其个人积极发挥主观能动性，努力寻求和创造获得，这其中反映出一个完整的"劳动—获得"的逻辑。如翟慎良提出，获得感是实实在在的幸福指数，与幸福感和参与感密切关联，需要积极参与、努力奋斗，更强调一种实实在在的得到[①]。又如，张卫伟提出，获得感是"个体基于现实生活境况（比如物质生活水平的改善、精神生活的丰富与提升等）的乐观感受和良好体悟"，蕴含着"劳动—获得"的必然逻辑，马克思主义的劳动价值论和劳动价值展现出的生产力可以为这一逻辑进行科学的解释[②]。谭旭运等认为，愿意靠自己的主观努力来使各种基本需求被满足的主动性是获得感的重要来源，因此获得感的实现途径并非个体被动地接受各种资源[③]。可见学界普遍认为获得感的产生离不开劳动和参与，没有个人的劳动与参与，就没有个人获得感的产生。

同时，这种劳动参与必须是积极的、主动的，而非消极的、被迫的。人在劳动中如果被异化与社会生活分离，那么人在劳动中自然无法感受到乐趣、自我价值的实现以及生活的意义，因此资本主义私有制下的劳动者毫无获得感而言[④]。随着时代的进步，普罗大众的生活水平得到了极其明显的改善，但人们的精神问题日益严峻。在物欲横流的社会，部分人在过于功利或迫于生计地追求物质"满足"和物质"幸福"的过程中，忘却了奋斗的尊严感和价值感，因而感受不到生命的意义。

习近平曾多次提到劳动的重要性，并强调"必须牢固树立劳动最光荣、劳动最

---

① 翟慎良. 重"获得感"，亦重"参与感"[N]. 新华日报，2016-03-11 (2).

② 张卫伟. 论人民"获得感"的生成：逻辑规制、现实困境与破解之道：学习习近平关于人民获得感的重要论述 [J]. 社会主义研究，2018 (6)：8-15.

③ 谭旭运，董洪杰，张跃，等. 获得感的概念内涵、结构及其对生活满意度的影响 [J]. 社会学研究，2020，35 (5)：195-217，246.

④ 李娟，王艳华. 新时代劳动创造美好生活的实践逻辑 [J]. 社会科学家，2021 (6)：40-44.

崇高、劳动最伟大、劳动最美丽的观念，让全体人民进一步焕发劳动热情、释放创造潜能，通过劳动创造更加美好的生活"①。2020年3月，教育部也印发了《中共中央国务院关于全面加强新时代大中小学劳动教育的意见》，提出劳动教育是中国特色社会主义教育制度中的重要内容，鼓励加强大中小学的劳动教育②。国内已有研究者在进行初中生劳动意识的相关研究，将初中生"劳动情感"具体解释为"劳动积极性"和"劳动获得感"，并指出当前初中生的劳动获得感较弱③。劳动对于广大人民群众以及青少年学生的重要性和关键意义不言而喻。浅层的获得感可能更多依赖于外界获取的各项利益，而更为深层的获得感还需要通过个体的创造性劳动来实现。劳动在获得感的产生过程中起着决定性作用。

综上所述，获得感是一种正向的心理感受，它的产生离不开实实在在的获得，同时十分强调个人积极、主动的参与劳动。结合前人学者对获得感的各种定义和解释，本研究将获得感定义为个体通过参与一定劳动后对自身所得、所获的一种正向心理感受。

二、从获得感到学习获得感

随着大众对获得感的进一步关注与重视，获得感的概念也被自然地引入教育学领域。当获得感的主体对象为学生群体时，有部分学者将之称为"学生获得感"，也有部分学者将之称为"学习获得感"。就本研究而言，上述两个概念并不存在明显差异，都是指向学生学习领域的获得感，因此本研究不对这两个表述进行严格区分。在本研究中，研究者选用"学习获得感"作为核心概念之一。通过总结已有概念，可以发现学习获得感的内涵大致有以下两个不同的侧重点。

（一）重"获得"，强调获得是学习获得感形成的基础

获得感一词由"获得"开头，产生获得感必然离不开实实在在的客观获得。在学习获得感的产生之中，同样也离不开学生在学习上的实在获得。部分研究者十分

---

① 习近平. 习近平谈治国理政·第一卷 [M]. 北京：外文出版社，2018：46.
② 中华人民共和国教育部. 中共中央国务院关于全面加强新时代大中小学劳动教育的意见 [EB/OL]. (2020-03-20). http://www.moe.gov.cn/jyb_xxgk/moe_1777/moe_1778/202003/t20200326_435127.html.
③ 艾兴，郭昊沄，张琦，等. 初中生劳动意识的影响因素及培养策略 [J]. 教育科学研究，2021 (2)：73-78.

强调学习获得感形成的基础，在学习获得感的考察和测量当中尤为重视"获得"这一成分。

因此，已有研究对于学习获得感内涵的第一个侧重点是强调关注学生这一特殊身份群体的知识、能力或素养等的获得。在对学习获得感这一概念进行定义或测量时，认为知识、能力或素养等这一系列的获得是学生学习获得感形成的关键基础。如，张晋根据高职生这一特定学生群体的获得感进行阐述，认为高职生的获得感涉及知识（包括专业知识、操作技能知识等）、能力（如基本能力、综合职业能力等）及其他素养（如职业道德、敬业精神等），是院校教学、管理以及学生自身学习和自我管理等多个方面的综合反映[1]。又如张梦皙认为，学生获得感是学生学习知识和能力的一种主观感受，与学生的学习体验有很大的相关性[2]。还有，杨剑、陈永进、董超华在探讨硕士研究生科研获得感时，将硕士研究生科研获得感定义为"硕士研究生对自身从事相关科研活动的价值以及外部支持的认知与评价"，该研究自编的《科研获得感问卷》包括9道题目、2个维度（"客观获得认知"与"价值认知"）[3]。可见，这一类研究在充分肯定学习获得感是一种个体主观反映的同时，更加明确学习获得感的客观存在内涵。

在学习获得感研究涉及最广、推进最深的思想政治教育领域，也同样有不少重"获得"的内涵定义形成，这也跟思想政治教育的特性离不开关系。吴文在探讨大学生党史教育获得感时提出，实际获得是获得感生成的"最后一公里"，包括在党史学习教育活动中教育对象向教育者提供的知识、情感、心理、价值观念等内容[4]。阎国华、闫晨指出，高校思想政治理论课获得感指主体受益于课程教学所产生的内在满足感，它包括了作为直接性目标的学生获得感，而学生获得感又表现在知识理论获得、认知理解获得以及科学信仰获得上[5]。刘树宏、赵玉艳也同样认为，青少年学生爱国主义教育的获得感中最为重要的就是知国之理的获得，因此学

① 张晋. 高职生获得感的调查研究 [J]. 职教论坛, 2017 (24)：25-29.
② 张梦皙. 学生获得感研究综述 [J]. 教育科学论坛, 2017 (32)：23-26.
③ 杨剑, 陈永进, 董超华. 硕士研究生科研获得感对知识共享意愿, 科研压力的影响 [J]. 心理学进展, 2020, 10 (6)：9.
④ 吴文. 论大学生党史教育获得感及其提升 [J]. 思想教育研究, 2022 (4)：153-158.
⑤ 阎国华, 闫晨. 高校思想政治理论课获得感的结构功能与内涵透视 [J]. 思想教育研究, 2022 (5)：125-130.

校的爱国主义教育还应做到依据不同学段、各类课程和具体学情进行知国之理的传授①。这一类的含义表述更聚焦于学生通过在校学习获得的实在内容,更为关注学生在学习中的获得内容、获得途径和获得效果。

（二）重"感",强调精神层面的学习获得感

究其本质,获得感是一种正向的、积极的主观心理感受。而学习获得感是获得感在学生学习层面的体现,自然也脱离不出"感"的范畴。学生通过学习有了客观实在的获得之后引发的积极情绪才能被称为学习获得感,因此也有部分研究者更为重视学习获得感中的"感",即着重强调学生在精神层面对于获得的感受,而非学生到底获得了什么。

学习获得感内涵的第二个侧重点是强调学生通过学习取得的精神层面的获得感,看重学生的需求是否得到了满足,是否获得了认同与参与的机会,是否在学习过程中产生了积极的心理感受和状态。如,周海涛、张墨涵、罗炜指出学生获得感是"学生在求学期间,因学校提供的教育服务满足了学生学习和生活的概况,（从而）获得了参与机会,得到了认同,并取得了一定成就的正向综合心理感受"②。又如,张强提出大学生的获得感指"学生在上学期间,建立在学校提供的教育服务和学生参与的社会实践活动满足大学生群体学习和生活需求的基础上,得到他人的认同以及取得一定的成就,从而产生的一种积极的心理感受"③。庞文将学生的教育获得感解释为其在知识获取、能力发展、人格成长和社会融入等多方面因有所获而产生的积极的、幸福的心理状态,是"期望—满足—认同"内生机理和"期望—整合—反馈"外生机理综合作用下的产物④。还有,范建丽、张新平在人机协同视域下对学生获得感进行阐释时,依据价值观、知识、能力与情感四个方面将学生获

① 刘树宏,赵玉艳.学校爱国主义教育获得感的实质及提升的原则遵循和逻辑理路 [J].社会主义核心价值观研究,2022,8（2）:47-55.
② 周海涛,张墨涵,罗炜.我国民办高校学生获得感的调查与分析 [J].高等教育研究,2016,37（9）:54-59.
③ 张强.当代大学生获得感研究 [D].山西师范大学,2018:7.
④ 庞文.教育获得感的理论内涵、结构模型与生成机理 [J].当代教育科学,2020（8）:9-15.

得感划分为：获"德"感、获"知"感、获"能"感和获"福"感[①]。可见，相较于重"获得"的前一内涵表述而言，重"感"的后一内涵表述更聚焦于对情感层面的考量，侧重于学生通过学习获得的主观感受。

侧重点在"感"的学习获得感定义其实与"学习满意度""学生主观幸福感"等相近概念有着较大的相似之处。黄雨恒、郭菲、史静寰将大学生的就学经历满意度定义为"大学生对于自身成长和发展的需求在大学期间得到满足的程度"，认为其反映了对个人成长和收获满足程度的判断[②]。OECD进行的PISA全球学生评估项目中将学生幸福感定义为"学生在快乐和充实的生活中所需的心理、认知、社会、身体等功能和能力"[③]。又有，张铭凯、黄瑞昕、吴晓丽在对大学生学习投入和学习自我效能感的关系进行研判时提出，学习自我效能感是一种内在的获得感，提高大学生的学习获得感要优化其学习投入结构和自我效能感现状[④]。可见，目前也有部分研究者将"学习获得感""学生获得感"理解为近似于"学习自我效能感""学习主观幸福感"等相近概念，并将后两者的测量工作沿用到学习获得感的观测上。

通过梳理不难发现，学习获得感的相关研究仍处于初始阶段，对于"学习获得感到底是什么"这一问题，不同研究者有着不同的思考与表述。结合两种对学习获得感定义内涵的理解以及对学习满意度、学生幸福感等相近概念定义的借鉴，本研究将学习获得感定义为学生因与学习相关的各项需求得到满足，通过积极的学习投入享有一定实在获得后，产生的一种正向的、积极的主观感受。学习获得感也是学生对于学校教育过程产生的一种具体化的反映，其产生基于两个基本条件：（1）学生在学习过程中的各项学习需求都得到了满足；（2）学生享有了一定程度的实质收获或精神收获。

① 范建丽，张新平．人机协同视域下的学生获得感：构成与实现 [J]．苏州大学学报（教育科学版），2022，10（1）：75-85.

② 黄雨恒，郭菲，史静寰．大学生满意度调查能告诉我们什么 [J]．北京大学教育评论，2016，14（4）：139-154，189.

③ OECD．PISA 2015 Results (Volume Ⅲ)：Students' well-being [R]．Paris：OECD publishing，2017：35.

④ 张铭凯，黄瑞昕，吴晓丽．大学生学习投入与学习自我效能感关系的实证研判 [J]．教育学术月刊，2021（11）：83-90.

第二节 学习获得感研究述评

学习获得感定义为学生因与学习相关的各项需求得到满足，通过积极的学习投入享有一定实在获得后，产生的一种正向的、积极的主观感受。它是学生对于学校教育过程产生的一种具体化的反映，也是对学生而言最重要的一类获得感。本研究聚焦语文学习获得感，因此在本节中将主要对学习获得感、语文学习获得感等相关中外文献进行梳理、分析与述评。

一、学习获得感相关研究现状

本研究在查阅与学习获得感、学生获得感、教育获得感有关文献资料的基础之上进行分析与整理，总结当前学习获得感、语文学习获得感研究的现状与不足。中文文献通过中国知网以"获得感""学生获得感""学习获得感"为主题进行搜索；外文文献通过Education Resources Information Center和Taylor & Francis两大数据库进行检索，由于"学习获得感"是我国本土情境下诞生的一个中国概念，在国外教育学研究领域还未发现完全相对应的概念，因此研究者以"sense of learning gains""student satisfaction""learning well-being"等关键词进行搜索。

（一）学习获得感的维度研究

学习获得感由获得感发展而来，作为一个新兴学术概念，其内涵和维度仍是研究者讨论的热点。关于学习获得感构成维度的论述有以下几种主要观点。

表1-2-1　学习获得感的构成维度

研究者	研究主题	内涵定义	维度要素
周海涛等[①]	民办高校学生获得感	学生在求学期间，因学校提供的教育服务满足了学生学习和生活的需求，获得了参与机会，得到了认同，并取得了一定成就的正向综合心理感受	认同程度、满足状况、参与机会、成就水平
张晋[②]	高职生获得感	高职生对高职院校教学和管理、学习和自我管理等众多方面的反映	社会性、自立性、拓展性、容纳性、自律性、敢为性、知识性、兴趣性
黄冬霞等[③]	思想政治教育获得感	教育对象在参与思想政治教育实践活动中因实实在在的收获体验而产生的持续、正向的主观感受	心理层面的获得感、思想层面的获得感、行为层面的获得感
刘经纬等[④]	高校思想政治教育获得感	高校学生经过思想政治教育影响后产生的积极感觉体验	表层的情感获得感、内层的思想获得感、深层的行为获得感
宁文英等[⑤]	思想政治教育获得感	对象借助教育活动产生对知识价值的持续信仰和由此产生的对于自我价值深度认同的情感集合	认知要素、情感要素、意志要素、实践要素
欧晓静等[⑥]	大学生思想政治教育获得感	大学生通过思想政治教育实践活动，满足其生理需要、精神需求及行为需求，提升自身思想道德水平，收获生活的真谛和建构意义世界所体验的心理状态	实在获得感或物质获得感、意义获得感或精神获得感、行为获得感或实践获得感

①　周海涛，张墨涵，罗炜. 我国民办高校学生获得感的调查与分析 [J]. 高等教育研究，2016，37（9）：54—59.

②　张晋. 高职生获得感的调查研究 [J]. 职教论坛，2017（24）：25—29.

③　黄冬霞，吴满意. 思想政治教育获得感：内涵、构成和形成机理 [J]. 思想教育研究，2017（6）：28—32.

④　刘经纬，郝佳婧. 高校思想政治教育获得感生成探赜 [J]. 思想教育研究，2018（4）：23—27.

⑤　宁文英，吴满意. 思想政治教育获得感：概念、生成与结构分析 [J]. 思想教育研究，2018（9）：26—30.

⑥　欧晓静，苏国红. 大学生思想政治教育获得感的内涵、结构及本质 [J]. 安徽工程大学学报，2018，33（6）：5—9.

虽然不同研究者对于学习获得感维度的表述均不一，但仔细分析也可以提炼其共性大致分成两类。

1. 学习获得感由认知、情感、行为三个层面组成

在针对学生学习获得感与思想政治学科相结合的研究中，研究者大致构建了一个"认知—情感—行为"的层级性结构，具有一定的递进性逻辑，层级中同时也存在着互相配合和转化的关系，与主观幸福感的维度划分有着相近之处。纳丁恩格斯（Nadine Engels）等人提出，学生主观幸福感是一种因特定环境因素与学生期望、需求相符而产生的积极情绪状态，是认知、情感、行为三种因素的统一[①]。就这一维度构成结构而言，学习获得感和学生主观幸福感都是从认知、情感与行为方面考察学生在学习过程中产生的积极正向的心理感受。

首先是认知层面的学习获得感。学生的学习必然需要着重强调知识上的、思想上的、认知上的学习获得感。就思想政治教育领域而言，将所接收到的知识理论进行内化，形成自身的思想价值观念，被视为学习获得感的重要价值（刘经纬、郝佳婧、陈娟、王立仁）。认知层面的获得感在部分研究者看来是学习获得感形成的初级阶段，随着思想的内化而逐步变得深层。这一点不仅仅在思想政治学科上有所强调，在其他任何学科上也均可以体现。

其次便是情感层面的学习获得感。学习获得感是一种正向的、积极的主观感受，因此情感层面的获得感也是学习获得感的关键部分。有研究者认为，思想政治教育和思想政治课的内容是否有效传递给了学生，是否能够满足学生的学习需要，都体现了情感层面获得感的水平高低（宁文英、吴满意、李雪碧）。情感层面的获得感强调了学生在学习过程中体验到的满足、满意等积极的心理感受。这一层面的获得感不仅仅来源于学习需要的满足，也可以从参与、人际关系、自我成长中获得。

最后是行为层面的学习获得感。实践或行为层面的获得感具有最外显的性质，可以看作是思想政治教育获得感的检验标准，由学生思想品德的真实"获得"情况来体现（黄冬霞、吴满意、欧晓静，苏国红）。思想政治教育以传递价值观念为

---

① ENGELS N, AELTERMAN A, PETEGEM K V, et al. Factors which influence the well-being of pupils in flemish secondary schools [J]. Educational studies, 2004, 30 (2)：127-143.

主，思想品质和思想品德的提升与变化最为直观的还是通过行为和实践来表现。因此，在探究思想政治教育获得感时，研究者总是强调行为层面学习获得感的重要性。

2. 学习获得感由知识、能力、情感三个层面组成

当学习获得感未与思想政治学科相结合时，其维度又发生了转变。部分研究者更强调对于学习获得感中"感"的分析，充分分析"感"的来源、生成逻辑和构成；而也有部分研究者更强调学习获得感的"获得"部分，重视学生自我报告、自我感知的"获得"。相较之下，持有第二种观点的研究者略占多数，这部分研究者将学习获得感的维度划分为知识、能力、情感三个层面（张晋；代景华；范卢明、王慧、李鹏等）。

首先是知识层面的学习获得感。学生这一特定角色其主要任务便是学习，通过学习掌握知识、增强能力、培养素养等，故而知识层面的学习获得感不容忽视。可以认为，知识层面的学习获得感是学习获得感中的基础。当然，这一层面学习获得感的高低与学生自身的学习投入、学习力等有着较强的关联。

其次是能力层面的学习获得感。能力层面的学习获得感相较于知识层面的学习获得感而言，更需要长时间的培养和高质量的教育水平；聚焦到基础教育领域，能力层面的学习获得感也更能体现教育质量的高低。马丁内斯罗盖特（Fidel Martínez-Roget）等提出，学生对技能获得的自我感知对学生满意度起着至关重要的作用[①]。能力同知识一样，需要学生在学习过程中慢慢积累，从而实现自我感知的获得。对于不同学段、不同学科、不同类别的学生而言，需要获得的能力是存在差异的，因此研究者多以某一研究群体的培养目标或课程标准等作为能力层面学习获得感的研究依据。

最后是情感层面的学习获得感。研究者在分析学习获得感的情感层面时，较常用学习兴趣、自信感、耐挫精神等来表现。情感层面的学习获得感比起知识层面与能力层面，更具有动态性和阶段性的特点——处于不同时期的同一学生可能有不同水平的情感获得。但与此同时，情感层面学习获得感对学习过程的影响作用又是最

---

① MARTÍNEZ-ROGET F, FREIRE ESPARÍS P, VÁZQUEZ-ROZAS E. University student satisfaction and skill acquisition: evidence from the undergraduate dissertation [J]. Education sciences, 2020, 10 (29): 1—15.

强的。譬如，学生认为自身通过当前的学习增加了更多学习自信感，那么在其接下来的学习中，他会有更强的学习动机和学习热情，同时伴随着更多的学习投入，为其下一阶段的学习获得感打下良好的基础。

（二）学习获得感的影响因素研究

了解学习获得感的关键影响因素，有助于帮助学生更有针对性地提升学习获得感。学习获得感影响因素的相关研究主要从学生自身因素、学校环境因素、教师教学因素、父母家庭因素、同伴群体因素五个方面进行分析。

1. 学生自身因素

班杜拉（Albert Bandura）强调人的能动性和主动地位，社会认知理论主张建构需要个体的主体对信息的再构造再形成形式的记忆表征[①]。学生是学习的主体，学生自身的个体因素自然是学生学习获得感的关键因素。被研究者广泛提及的学生自身因素主要有性格特征、归因方式以及学习力三个方面。

（1）性格特征

具有不同性格特征和人格特质的人在面对同一事件时产生的心理感受也不相同，因此性格特征也是需要考虑的影响因素。张强提出，影响大学生获得感的内部因素包括自尊水平、人格特质和情绪适应性等[②]。王克静基于艾森克（Hans J. Eysenck）的大三人格理论研究提出，外倾性的人格是学生积极情感的最有力预测指标，神经质是学生消极情感最有力的预测指标[③]。更为积极、对情绪有着更强控制力的学生更易产生正向的情感体验，能更好地应对学习过程中遇到的挫折，并抱着积极的心态调整自己，从而产生更多的学习获得感；更为负面、低沉、情绪控制能力较低的学生自然难以产生较多的正向情感体验，在面对学习困难时容易习惯性地消极地、情绪化地应对，因此学习获得感水平较低。但学生的性格特征较难调查，因此教育学领域对学生性格特征的影响探讨较少，这方面的研究结果主要集中于心理学。

---

① BANDURA A. Self-efficacy: The exercise of control [M]. New York: W. H. Freeman and Co, 1997: 90.

② 张强. 当代大学生获得感研究 [D]. 太原：山西师范大学，2018: 26—29.

③ 王克静. 中学生主观幸福感的发展特点及影响因素研究 [D]. 西安：陕西师范大学，2013: 11.

（2）归因方式

学生在学习过程中总会收获一些成功、遇到一些失败，此时学生的归因方式和倾向与其学习获得感的高低也有着重要联系。郭珍磊、尹晓娟发现，有着内归因倾向且积极应对困难的贫困生其获得感明显高于有着外归因倾向且消极应对困难的贫困生[①]。张强提到当前大学生的自身素质存在欠缺，其中归因倾向也是影响大学生学习获得感的内因之一[②]。赵菲、陈阳也提出，当前部分学生习惯性地进行外归因，如归因于家庭或机遇等，过分地夸大了自身的不幸，造成了个体获得感的缺失[③]。奥尔登（ALden L）发现自我效能感高的人通常会将失败归结于努力不足、策略不充分等可调整因素，而自我效能感较低的人往往把自身的失败归结于能力不足，进而失去进步和发展的动力[④]。也有研究者将归因方式与主观幸福感相联系，通常进行内归因的人更为理性，情绪更为稳定，具备一定掌控事件的能力，因此主观幸福感也更高[⑤]。可见，归因这种带有稳定性和持久性的行为倾向会影响人的现实选择。遭遇失败后是反思改进还是怨天尤人，取决于个人的归因倾向。倾向于进行内归因、自我反思的学生能有效地将"悲伤化为动力"，促使自己提高学习投入，调整学习方式、学习目标和学习规划，更能发挥主观能动性，因此学习获得感也就越高。而相反地，倾向于进行外归因、不愿在自身找问题的学生只会更加消沉，无法在学习过程中产生更多的学习获得感。

（3）学习力

克里克（Ruth Deakin Crick）等认为学习力是一种意识形式，由性格、生活经历、社会关系、价值观、态度与信仰等因素组合而成，利用学习力可以将学习者分为两类：有效的、投入的、充满活力的学习者和被动的、不独立的、脆弱的学习

① 郭珍磊，尹晓娟. 高校贫困生获得感的提升策略 [J]. 大理大学学报，2017，2（1）：78—82.

② 张强. 当代大学生获得感研究 [D]. 太原：山西师范大学，2018：27—28.

③ 赵菲，陈阳. 大学生获得感现状及影响因素研究：基于南京某民办高校调查问卷的实证分析 [J]. 江苏第二师范学院学报，2018，34（5）：85—91.

④ ALDEN L. Self-efficacy and causal attributions for social feedback [J]. Journal of research in personality，1986，20（4）：460—473.

⑤ BORTNER R W，HULTSCH D F. A multivariate analysis of correlates of life satisfaction in adulthood [J]. Journal of gerontology，1970，25（1）：41—47.

者①。学习力是人类最为重要的能力②，学习力对学生的学业表现和成就都具有正向的预测作用。周海涛、张墨涵、罗炜发现学习力对民办高校学生获得感的影响最大③。又如，颜彩媛发现，大学生的学习力以及能力发展都与其获得感呈正相关④。学习力强的学生，在学习过程中表现得更为积极和主动，更有合适的学习方式和合理的学习计划，因此在学习中也有更多的获得感。相反，学习力较弱的学生缺乏一定的学习兴趣和学习热情，各方面的学习投入也会受此影响，学习获得感必然无法提升。但学习力与性格特征、归因倾向不同，学习力可以通过学校教育进行培养。激发学习者动机的方法之一就是帮助学习者培养自主学习的能力⑤。因此，学生学习力的培养显得格外重要和无法代替。

2. 学校环境因素

阿斯汀（Alexander W. Astin）的投入—环境—产出模型（见图1-2-1）认为学生的学业结果产出由学生学习投入和大学环境共同作用而成⑥。帕斯卡雷拉（Ernest T. Pascarella）在学生发展综合因果模型中也提到了院校结构、组织特征以及院校环境对学生学习产出的重要影响⑦。影响学生学习获得感的学校环境因素主要被研究者分为硬件与软件学校环境因素。

①　CRICK R D, BROADFOOT P, CLAXTON G. Developing an effective lifelong learning inventory: The ELLI project [J]. Assessment in education principles policy and practice, 2004, 11 (3): 247−272.

②　赵云建. 国际学习力高峰论坛在北京国家会议中心召开 [J]. 中国电化教育, 2015 (12): 145.

③　周海涛，张墨涵，罗炜. 我国民办高校学生获得感的调查与分析 [J]. 高等教育研究, 2016, 37 (9): 54−59.

④　颜彩媛. 高校贫困大学生获得感现状及影响因素研究 [J]. 安徽文学（下半月）, 2017 (12): 144−145, 150.

⑤　BERSON P. Teaching and researching autonomy in language learning [M]. London: Longman, 2005: 121−122.

⑥　ASTIN A W. The methodology of research on college impact, part one [J]. Sociology of education, 1970, 43 (3): 223−254.

⑦　ERNEST T PASCARELLA. College environmental influences on learning and cognitive development. Higher education: handbook of theory and research (Vol 1) [M]. New York: Agathon press, 1985: 48.

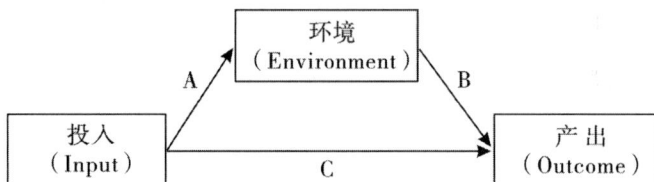

图1-2-1　投入—环境—产出模型（I-E-O Model）
（资料来源：ASTIN A W. The methodology of research on college impact, part one. ［J］. Sociology of education, 1970, 43（3）: 225.）

硬件学校环境因素主要包括宿舍、饭堂、图书馆等学生常在场所，这些场所的条件直接或间接地影响着学生的学习获得感。如，赵菲、陈阳发现校园设施是影响大学生获得感的因素之一，学生希望高校能够首先优化硬件环境，其次再改善软件环境、开展丰富的课余活动[1]。软件学校环境因素主要包括电子资源、校园文化和教风学风、课外活动、后勤保障等内容。

软件学校环境因素虽然不如硬件环境一般实在和可见，但不少研究者认为其对学生学习获得感的重要性大于硬件学校环境因素。如，张强认为，高校教育服务工作的欠缺是导致当代大学生获得感钝化的原因之一，如缺少德育、过于以成绩或其他学业成果衡量学生能力等[2]。又如，欧阳芳等发现高校的服务保障对大学生获得感有着显著影响，包括教学、知识资源、后勤等服务保障，以及教风、学风、课外活动等[3]。在国外相关研究中，也有不少研究者提到了学校环境因素的重要性。特伦坦（Cathryn Turrentine）等研究也发现，参与课外活动的高中生比不参与课外活动的高中生在个人与社会发展方面都有着更强的获得感[4]。贾巴尔（Muhammad Naveed Jabbar）等发现，学校的服务质量管理对学生的满意度有着深刻的影响，

---

① 赵菲，陈阳. 大学生获得感现状及影响因素研究：基于南京某民办高校调查问卷的实证分析 [J]. 江苏第二师范学院学报，2018, 34 (5): 85-91.

② 张强. 当代大学生获得感研究 [D]. 山西师范大学，2018: 32-33.

③ 欧阳芳，郭黎霞，欧阳雨锃. 福建省高校提升大学生获得感路径研究 [J]. 现代教育科学，2018 (8): 45-50.

④ TURRENTINE C, ESPOSITO T, YOUNG M D, et al. Measuring educational gains from participation in intensive co-curricular experiences at bridgewater state university [J]. Journal of assessment & institutional effectiveness, 2012, 2 (1): 30-54.

且公立学校更为注重服务质量[①]。泰迪钱德勒（Teddy Chandra）等发现服务质量与学生满意度有着显著的正相关，学校的服务质量越高，学生的满意度也就越高[②]。穆辛（Muhsin）等发现，良好的大学治理对教师的教学质量和学生的满意度均有显著的影响，高校学校治理能力越强，学生便会获得更好的信息公开、管理问责、后勤服务、公正对待等，使得他们的满意度得到提升[③]。

学校的硬件、软件环境条件影响着学生的学习状况和学习获得感，这也提醒着各类学校都应加强学校的硬件和软件环境建设。

3. 教师教学因素

教育究其本质是人影响人的活动，是一种关系性实践[④]。教师的教学也是学习获得感高低的关键性影响因素之一。研究者主要从教学方法、教学内容以及教师的个人能力三个方面进行分析。如邵雅利认为，高校思想政治理论课教学方法的吸引力维度获得感以及教学过程的感染力维度获得感亟待提升[⑤]。张一也同样发现制约大学生思想政治理论课获得感的因素有教学内容与学生需要存在供需矛盾、课堂教学方式不合理、教师语言表达形式不得当等[⑥]。又如高锡文提出，教师是提升大学生思想政治理论课获得感的关键，教师必须坚持提高自身的理论水平、不断创新教学方法、增强人格魅力和表达能力[⑦]。国外的学生主观幸福感相关研究中也强调了教师的关键影响。斯塔苏兰（Anita Stasulane）认为儿童与教师的关系是影响儿童在校幸福感的因素之一，当儿童取得好的学业成绩时，教师会表现出喜悦，

---

① JABBAR M N, HASHMI M A, ASHRAF M. Comparison between public and private secondary schools regarding service quality management and its effect on students' satisfaction in pakistan [J]. Bulletin of education and research, 2019, 41 (2)：27-40.

② CHANDRA T, NG M, CHANDRA S, et al. The effect of service quality on student satisfaction and student loyalty：an empirical study [J]. Journal of social studies education research, 2018, 9 (3)：109-131.

③ MUHSIN, MARTONO S, NURKHIN A, et al. The relationship of good university governance and student satisfaction [J]. International journal of higher education, 2020, 9 (1)：1-10.

④ 陈向明. 教师最需要什么素养 [J]. 中国教育学刊, 2018 (8)：3.

⑤ 邵雅利. 大学生思想政治理论课获得感现状调查分析 [J]. 学校党建与思想教育, 2018 (6)：34-36.

⑥ 张一. 大学生思想政治理论课获得感的制约因素及提升策略 [J]. 思想理论教育导刊, 2018 (12)：97-101.

⑦ 高锡文. 增强大学生思政课获得感关键在教师 [J]. 人民论坛, 2020 (1)：112-113.

儿童会因此感受到自我发展、拥有光明未来的可能，在校幸福感也会增强[①]。库察（Dagmar Kutsar）等发现，教师的不道德行为严重影响学生的主观幸福感，如不公平对待、无端指责、性别刻板印象等[②]。学习获得感以学生为主体和出发点，而师生关系是学生在学校中人际关系的重要部分。

除此之外，师生之间是否能够平等交流、实现有效的互动也可能影响学生的学习获得感。自我决定理论认为，相比于感知到教师控制班级的学生，自行主持班级的学生有着更强的学习动机、能力、自尊以及自我调节能力等[③]。主体间性的教学交往也突出强调"学生和教师都以参与者的姿态介入相互的交往关系之中，教师与学生是'我'和'你'的平等关系"[④]。比约克隆（Stefani A. Bjorklund）等发现，师生互动和教师的建设性反馈都对学生在设计与专业能力方面的自我反馈获得有着积极和显著的影响[⑤]。但也有研究者持相反的观点，如赵菲、陈阳发现课程教学对大学生获得感没有显著影响，提高学生的获得感应更多地关注学生的课余生活是否丰富[⑥]。可见，教师教学因素对学生学习获得感的影响还需要持续地深入研究。

4. 父母家庭因素

父母与子女的关系是一种无形的社会资本，子女获得怎样的教育与之有着密切联系[⑦]。学生学习虽主要发生在学校，但父母与家庭对孩子的影响在其学习上也有所体现。在当前中国家庭的结构中，家庭社会经济地位以及家长教育方式、教育

---

① STASULANE A. Factors determining children and young people's well-being at school [J]. Journal of teacher education for sustainability, 2017, 19 (2)：165—179.

② KUTSAR D, SOO K, MANDEL L M. Schools for well-being? critical discussions with schoolchildren [J]. International journal of emotional education, 2019, 11 (1)：49—66.

③ DECI E L, RYAN R M. The support of autonomy and the control of behavior [J]. Journal of personality & social psychology, 1987, 53 (6)：1024—1037.

④ 刘要悟, 柴楠. 从主体性、主体间性到他者性：教学交往的范式转型 [J]. 教育研究, 2015, 36 (2)：102—109.

⑤ BJORKLUND S A, PARENTE J M, SATHIANATHAN D. Effects of faculty interaction and feedback on gains in student skills [J]. Journal of engineering education, 2004, 93 (2)：S1B9—S1B15.

⑥ 赵菲, 陈阳. 大学生获得感现状及影响因素研究：基于南京某民办高校调查问卷的实证分析 [J]. 江苏第二师范学院学报, 2018, 34 (5)：85—91.

⑦ COLEMAN J S. Social capital in the creation of human capital [J]. American journal of sociology, 1988, 94：95—120.

参与在孩子发展过程中有着愈发重要的作用，显著影响孩子的学业成就、认知能力等[①]。因此，父母家庭因素也成为研究者们关注的主要影响因素之一。

当前，研究者关注的父母家庭因素主要包括两点，分别是家庭经济水平以及城乡地理位置差异。如，周海涛、张墨涵、罗炜发现家庭经济水平会影响学生的参与机会、认同程度、满足状况等，家庭富裕学生的水平会高于家庭不富裕学生，此外城乡差异也是影响学生成就水平的主要因素[②]。又如，颜彩媛发现，家庭经济情况是影响家庭贫困大学生获得感的重要因素，家庭贫困的大学生获得感水平低于非贫困大学生[③]。范静波发现，家庭社会经济地位和文化资本活动对青少年的学业成就有显著的正向影响[④]。家庭经济条件良好的学生能获得更多来自父母的教育投资和期望，学生的学习机会、学习热情和自我期待自然也会增强，也让学生在学习过程中能产生更多的获得感。国外也有研究结果显示，教育成就的阶级差异仍然存在，家庭背景情况更好的人更容易获得更好的人际交往、沟通能力和团队协作能力[⑤]。家庭经济条件欠佳的学生有可能无法得到父母更多的教育投资和期望，父母也不会过多地参与学生的学习生活，因而学生自身的信念和动机也不会太强。同时来自城市的学生可能拥有更多的教育机会，教育的条件和质量处于更高水平；来自农村的学生存在缺失高质量教育机会的可能，难以获取较为优质的教育教学资源。

此外，父母的教养方式、文化程度也可能成为影响孩子学习获得感的重要因素。就父母的教养方式分析，父母越以鼓励、理解的教育方式为主，越平等地与子女对话，子女就越容易在学习和生活上有更多的积极心理感受与情感体验；若父母过于"放养"或强势、独断，孩子则不容易拥有学习和生活上的获得感。王极盛、丁新华发现初中生的主观幸福感（包括学习满意感）与父母的理解型教养方式呈

① 吴愈晓，王鹏，杜思佳. 变迁中的中国家庭结构与青少年发展 [J]. 中国社会科学，2018 (2) : 98—120, 206—207.
② 周海涛，张墨涵，罗炜. 我国民办高校学生获得感的调查与分析 [J]. 高等教育研究，2016，37 (9) : 54—59.
③ 颜彩媛. 高校贫困大学生获得感现状及影响因素研究 [J]. 安徽文学 (下半月)，2017 (12) : 144—145, 150.
④ 范静波. 家庭学业支持对青少年学习成就的影响研究 [J]. 学海，2019 (2) : 66—71.
⑤ IANNELLI, CRISTINA. Educational expansion and social mobility: The scottish case [J]. Social policy & society, 2011, 10 (2) : 251—264.

现显著正相关，与父母放任型教养方式呈现出显著负相关[①]。就父母的文化程度分析，父母的文化程度越高，子女的学习体验和学业成就有机会更为突出；父母的受教育程度较低，其子女的学习收获和学习幸福感可能受到负面的影响。如基什施泰格（Georg Kirchsteiger）等证明，受教育程度高的父母更重视子女的教育，更注重对子女的教育投资[②]。又如，李军、周安华发现，父母的受教育程度越高，孩子越难进入低层次教育水平；父母受教育程度在低层次时，孩子也较难进入高层次教育水平[③]。可见，父母与家庭对学生学习获得感的影响具有多面性和复杂性。

5. 同伴群体因素

除上述的学生自身因素、学校环境因素、教师教学因素以及父母家庭因素之外，同伴群体因素也极有可能对学生的学习获得感产生较大的影响。"独学而无友，则孤陋而寡闻。"阿尔贝·雅卡尔（Albert Jacquard）在《没有权威和惩罚的教育》一书中指出："学校的目的在于教会每个人与他人相遇交流。"[④]同伴、班级也是学生在学习过程中密切的伙伴与所属集体，教师与同学共同组成了校园人际关系网络。同伴关系是影响青少年心理健康的关键因素，积极的同伴关系更有利于促进学生当前及未来的心理健康[⑤]。丁托（Vincent Tinto）认为，师生之间以及生生之间的良好交流都有助于学生圆满完成学业[⑥]。其离校纵向模型虽然主要阐述和解释学生退学、离校的动态过程，但它同样也强调了同辈交流的重要性（见图1-2-2）。

---

① 王极盛，丁新华. 北京市初中生主观幸福感与父母教养方式的关系研究 [J]. 中国健康教育，2003 (11)：52—53.

② KIRCHSTEIGER G, SEBALD A. Investments into education-doing as the parents did [J]. European economic review, 2010, 54 (4)：501—506.

③ 李军，周安华. "学二代"现象普遍存在吗？：基于教育数量和质量的代际流动研究 [J]. 教育与经济，2018 (6)：33—44.

④ 雅卡尔. 没有权威和惩罚的教育 [M]. 张伦，译. 北京：中国人民大学出版社，2005：16.

⑤ OBERLE E, GUHN M, GADERMANN A M, et al. Positive mental health and supportive school environments: A population-level longitudinal study of dispositional optimism and school relationships in early adolescence [J]. Social science & medicine, 2018, 214：154—161.

⑥ VINCENT TINTO. Leaving college: rethinking the causes and cures of student attrition [M]. 2nd. Chicago: Univercity of chicago press, 1993：114.

入学前特质属性　目标与承诺（前）　　大学经历　　　　整合　　目标与承诺（后）　产出
　　　　　　　　　　　　　　　　　　学术系统

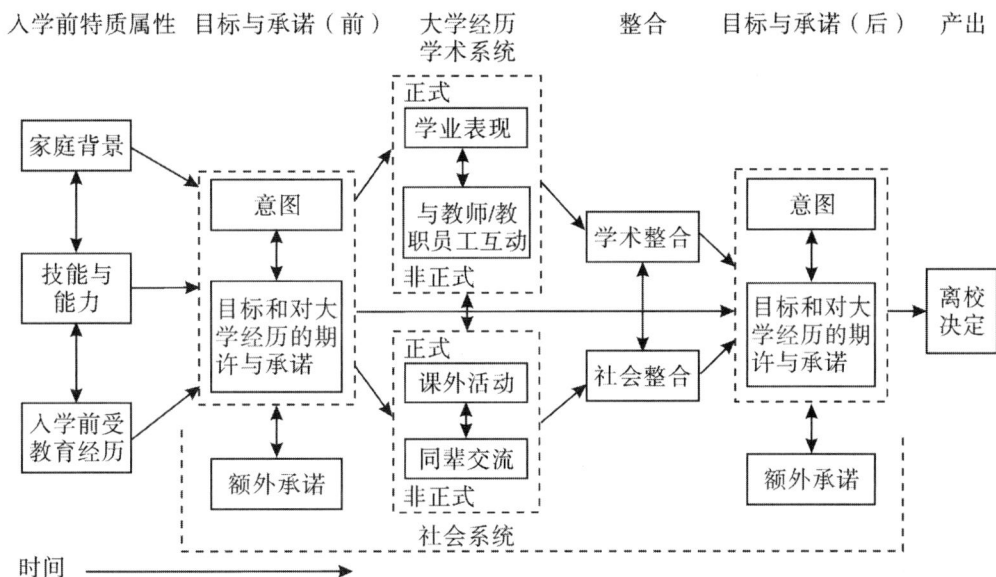

图1-2-2　离校纵向模型

（资料来源：VINCENT TINTO. Leaving college：rethinking the causes and cures of student attrition［M］. 2nd. Chicago：Univercity of chicago press，1993：114. 屈廖健. 美国大学院校影响因素理论模型研究［J］. 比较教育研究，2015，37（04）：57—63.）

　　同伴互动、生生交流在教育教学过程中往往容易被忽略，但它是影响学生学习的关键要素之一。李宝、张文兰、张思琦等发现，在混合式学习中学生的交互行为对其学习满意度具有直接影响作用[1]。斯坦顿（Alisa Stanton）等发现，同伴之间的相互支持、交流与沟通等社会连接都有利于学生自信感、幸福感、学习满意度的提升[2]。曼蒂克（Octavia Mantik）等也提出脚手架式的思考分享小组学习在小学英语课堂中对学生的满意度和学习成效均有正面的影响[3]。李臣之、阮沁汐、纪海吉提出研究生的合作与互助是影响研究生学习获得感的条件性因素之一，理工科学

---

　　[1] 李宝，张文兰，张思琦，等. 混合式学习中学习满意度影响因素的模型研究［J］. 远程教育杂志，2016，34（1）：69—75.

　　[2] STANTON A，ZANDVLIET D，DHALIWAL R，et al. Understanding students' experiences of well-being in learning environments［J］. Higher education studies，2016，6（3）：90—99.

　　[3] MANTIK O，CHOI H J. The effect of scaffolded think-group-share learning on indonesian elementary schooler satisfaction and learning achievement in english classes［J］. International electronic journal of elementary education，2017，10（2）：175—183.

生较于文科学生而言合作学习模式较为完善，更能实现学习上的双赢[1]。学生通过同伴与群体，可以模仿学习的方式提高学习获得感。联合国教科文组织也积极倡导培养学生"学会认知、学会做事、学会合作、学会生存"[2]。通过同辈交流、同伴互助，学生也在其中获得和提升自身的团队合作能力、语言表达能力、人际关系处理能力等关键能力。

（三）学习获得感的提升策略研究

本研究通过总结当前学习获得感提升策略相关方面的研究，将学习获得感的提升策略大致归纳为三个方面，分别为构建更为良好的校园环境、为学生学习改进教育教学、提升教师的魅力与亲和力。

1. 构建更为良好的校园环境

在学习获得感影响因素的相关研究中，不少研究者强调了学校环境因素的重要性。因此在提升策略中，构建更为良好的校园环境也成为重中之重。构建更为良好的校园环境包括了硬件设施的优化和完善、校园氛围的建设和倡导、校园文化活动的大力开展和心理咨询服务的落地。周海涛、张墨涵、罗炜针对民办高校提出的策略包括倡导勤俭节约的校园氛围、丰富并资助学生社团活动和学术活动、建立专业的心理咨询中心等[3]。郭珍磊、尹晓娟也建议学校提高硬件软件实力和校园文化氛围，充分发挥校内心理咨询机构、辅导员等的作用，为学生开展丰富多彩的校园文化活动[4]。代景华发现大学生在知识与技能方面的获得不高，因此建议高校教育做好课程改革和教学能力的提升，注重创设环境，促进大学生的个人成长[5]。硬件设备的优化和完善能进一步为学生带来更好的学习体验，提供力所能及的服务，满足学生必需的学习需求。国外相关研究也强调了这一点，如丹尼尔（Dawit Daniel）

① 李臣之，阮沁汐，纪海吉．研究生学习获得感影响因素的质性探究 [J]．现代教育管理，2020（11）：102—110．

② 国际21世纪教育委员会．教育：财富蕴藏其中 [M]．联合国教科文组织总部中文科，译．北京：教育科学出版社，1996：75—76，82—85．

③ 周海涛，张墨涵，罗炜．我国民办高校学生获得感的调查与分析 [J]．高等教育研究，2016，37（9）：54—59．

④ 郭珍磊，尹晓娟．高校贫困生获得感的提升策略 [J]．大理大学学报，2017，2（1）：78—82．

⑤ 代景华．河北医学院校大学生获得感的调查研究 [J]．实用预防医学，2018，25（3）：286—289．

等发现有近一半的大学生对高校行政服务不满意，影响其学习满意度，因此建议高校要改善行政支持服务和相关设施设备等[①]。卡尔多约（Kardoyo）等发现学校的非学术服务质量与学生满意度有显著正相关，因此建议高校保持和提高非学术服务质量，完善支持性学习基础设施[②]。当与学习有关的外部环境逐步优化时，学生对学习的热情和主动性也会随之增加，从学习中体会到的获得感、幸福感也能得到提升。校园氛围的建设和倡导在很大程度上影响着学生的精神获得，给学生耳濡目染的熏陶和影响，让学生在大环境中改善自我，获得更好的自我成长，增加积极的主观心理感受。校园文化活动的大力发展有助于学生挖掘和发展个人的兴趣与特长，使学生的个人价值得到充分的发挥，这也可以让学生在活动的过程中增强自己的自信感与成就感，加强与教师、与同学的人际交往。心理咨询服务的落地可以从更为专业的角度帮助情绪适应性较差或性格消极、情绪敏感的学生解决部分心理问题，提供一对一心理咨询、开展心理讲座和心理沙龙等心理健康教育活动，助力学生及时、合理地调节内心情绪，避免负面心理感受和情感体验的过度产生。

2. 为学生学习改进教育教学

随着基础教育课程改革的逐步深化，一线教育教学情况也正逐渐完善。但当前在各个学段上仍有问题存在，如课程内容枯燥无趣、脱离学生实际生活，或课程评价仍强调甄别与选拔的功能等。学习获得感是教育质量的风向标，改进和完善教育教学必然是提升学生学习获得感的途径之一。研究者特别强调改进教育教学需要将学生的学习需求置于首位，为学生学习改进教育教学包括设法充分了解学生真实的学习需求，进而根据学生需求进行课程及课程内容的改革，在一切教育教学活动中都秉持着以学生为核心的理念。赵菲、陈阳强调要在教育教学、学生管理等领域渗透"以人为本"的管理理念，以高质量的课堂教学增强学生的教育收获[③]。付枭

---

①　DANIEL D，LIBEN G，ADUGNA A．Assessment of students' satisfaction：a case study of dire dawa university，ethiopia [J]．Journal of education and practice，2017，8（4）：111-120．

②　KARDOYO，PITALOKA L K，HAPSOROS B B．Analyzing universities service quality to student satisfaction：academic and non-academic analyses [J]．International journal of higher education，2020，9（1）：126-132．

③　赵菲，陈阳．大学生获得感现状及影响因素研究：基于南京某民办高校调查问卷的实证分析 [J]．江苏第二师范学院学报，2018，34（5）：85-91．

雄提出更新教学观念、优化教学内容、改进教学方法、改造师资队伍等建议①。王易、茹奕蓓提出把握"教"与"学"的需求共契，教师应掌握学生"学"的内在需要，设定合理的教育目标，丰富教育内容②。郭元祥提出课堂不能只进行表层的知识教学，还要提高教学的文化敏感性和文化包容性，对具体知识进行深入的文化分析，以此提高学生学习的获得感③。学习获得感的提升策略给教育教学设置了很高的标准，高质量、高水平的课堂教学更能给学生带来实质的知识与能力收获；相反地，各种"水课"一方面挫伤了学生的学习积极性，另一方面也放弃了教育教学的关键渠道。米利夫（Anastasia Miliffe）发现兴趣对儿童主观幸福感有着极强的影响，提升小学生主观幸福感必须给他们将时间与精力投入到感兴趣的学习领域的机会④。教育教学改革要真正将学生需要的知识内容传递给学生，让学生在学习过程中感受到成就感和自我效能感。教学首先应重视学生的学习获得感，不纯为分数而教，也不纯以分数而评，注重学生在学习过程中是否真正地学有所得、学有所获。

3. 提升教师的魅力与亲和力

教师是学生学习过程中的关键角色，对于学生的学习获得感具有重要影响。这种影响不仅仅体现在知识的传授、学生的管理之中，更广泛彰显于师生之间课上与课下的沟通与交往。王继兵提出，师生在学校生活中最具有"获得感"的"获得"一定是源于彼此间的"好关系"⑤。教师的人格特性、价值观念、为人处世风格均会对学生产生深远的影响，因此也有部分研究者建议教师提升魅力和亲和力，以帮助学生提高学习获得感的水平。金文斌提出，部分教师为教书而教书，要让学生有实实在在的获得感必须要在教师魅力上下功夫，提高教师的思想魅力、学术魅力和人格魅力⑥。苏立也提出，教师的教学态度、语言使用、亲和力等都对学生的获得

① 付枭雄. 新媒体时代大学生对思想政治理论课获得感的影响因素及对策研究［J］. 改革与开放，2018（18）：70—71.
② 王易，茹奕蓓. 论思想政治教育获得感及其提升［J］. 思想理论教育导刊，2019（3）：107—112.
③ 郭元祥. 论深度教学：源起、基础与理念［J］. 教育研究与实验，2017（3）：1—11.
④ MILIFFE A. An Insight into the well-being of primary school-aged children［J］. Kairaranga, 2016, 17（1）：26—31.
⑤ 王继兵. 学校教育：成全"人"的"获得感"［J］. 中小学管理，2015（7）：28—30.
⑥ 金文斌. 增强大学生对思想政治理论课获得感的路径研究［J］. 思想理论教育导刊，2017（9）：157—159.

感有影响，提高学生思想政治学习的获得感需要借助教师魅力，同时教师也应当不断丰富自身知识储备、提高教学能力[①]。李雪碧归纳得出，教师的教学技能、人格魅力、话语方式等对大学生思政课获得感具有重要影响[②]。可见，除以学生需求为核心改进教育教学之外，教师自身的提高也十分重要。教师要"以人格魅力引导学生心灵，以学术造诣开启学生的智慧之门"[③]。教师不仅要做一位知识的传递者，更要成为以身作则的好榜样，真正落实"立德树人"。教师的思想魅力、学术魅力和人格魅力都会潜移默化地给学生带来积极影响，进一步鼓励学生认真学习知识、坚定理想信念、追求全面发展。学生也会因此在学习过程中产生更多的正向心理感受，提升学习获得感。同时，教师良好的亲和力更有助于师生之间的平等交流，拉近人际关系，让学生收获情感上的获得感，进而激励其学习与生活。

（四）语文学习获得感研究的推进

当前学习获得感研究取得了一些初步进展。但现有研究仍未完全解决"学习获得感是什么"这一问题，当前的实证研究是否能全面而细致地概况学生的学习情况和获得情况仍值得深入思考。同时，已有的学习获得感研究大多集中于思想政治学科和大学生群体，仍缺乏对其他学科和学生群体的关注。

1. 语文学习获得感研究现状

每一门学科都有其特点，学生在每个科目的学习中必然也会产生不一样的学习体验和学习获得体验，从而在每个学科上都拥有不同的学习获得感。语文学科作为我国义务教育阶段的必修科目，具有较高的学科地位。然而目前教学体系下的语文学习因背诵内容多、课堂内容枯燥、提分难等原因让不少中小学学生觉得无趣和乏味，甚至对语文学习产生厌烦、抗拒的负面情绪。

语文学习获得感异于其他学科或整体的学习获得感，有许多迫在眉睫的问题亟待解决，但当前聚焦于语文学习获得感的研究并不多。已有的相关研究多仅提

---

① 苏立. "微时代"下高校思想政治教育学生获得感提升路径研究［J］. 黑龙江教育学院学报，2018，37（9）：89—91.

② 李雪碧. 大学生思想政治理论课获得感现状及提升路径研究［D］. 武汉：华中师范大学，2019：5—6.

③ 中华人民共和国中央人民政府. 习近平在北京大学师生座谈会上的讲话（全文）［EB/OL］.（2014—05—05）. http://www.gov.cn/xinwen/2014—05/05/content_2671258.htm.

及"语文学习获得感"概念，或就"学习获得感"提出语文教学层面的意见与建议。王本华、朱于国指出以任务为核心，使学生享有学习获得感是新教材建设的一个重要理念，包括"结合课文，探讨青春的价值""欣赏诗歌，探讨诗歌鉴赏的方法""欣赏小说，领略小说的叙事艺术"以及"激发诗情，抒写自我的青春岁月"①。石玉提出，应试化、知识本位观念、忽视课堂教学学生的主体地位、与实际生活脱节等突出问题使得当前小学生的语文学习获得感不强，而这种情况亟待改善②。曹明海提出，"简约语文"提倡的"好课"教学，其效果就以语文学习的获得感为表征，使得学生的语用能力和语文核心素养得到实质性提升③。慕君在对统编语文教材进行分析时提及，部编教材的单元学习专题实现了"具体的言语实践情境与语文学习经验之间的互动"，指向了学生的语文学习获得感④。可见，当前有部分国内学者对于语文学习获得感有所关注和重视，但就语文学习获得感的本质特征、维度结构、影响因素等并未进行更为深入地探索，研究的专门性和针对性不强，其大多也仅停留在提供教学建议的层面。

李臣之、陈洁敏、阮沁汐尝试对初中生的语文学习获得感进行了实证研究，发现初中生语文学习获得感整体处于中上水平，但语文学习自信感偏低⑤。这是国内学界对语文学习获得感实证研究的初步探究，仍亟待拓宽研究面、打深研究度。

2. 语文学习获得感相关研究现状

语文学习获得感还未形成统一的认可度较高的概念，也还没有科学规范的实证研究。因此，研究者也对于与语文学习获得感相近的语文学习满意度、语文学习主观幸福感、语文学习自我效能感等概念进行了文献检索。有如，徐雪平认为语文学科新课程教学的特点有利于提升学生的幸福感，提出了借助语文教学提升高中生幸

---

① 王本华，朱于国. 以立德树人为根本，以核心素养为依归，建设符合新时代需要的高中语文教材 [J]. 课程·教材·教法，2019，39 (10)：10—18.

② 石玉. 灵动课堂让语文核心素养落地 [J]. 科学咨询（教育科研），2019 (3)：93—94.

③ 曹明海. 触摸语文的"好课"模样：简约语文"大道至简"的教学述评 [J]. 山东师范大学学报（人文社会科学版），2019，64 (4)：95—101.

④ 慕君. 认知发展、认知过程与知识支撑：统编语文教材的三维构建 [J]. 语文建设，2020 (8)：19—24.

⑤ 李臣之、陈洁敏，阮沁汐. 初中生语文学习获得感实证研究 [J]. 广东第二师范学院学报，2021，41 (2)：50—61.

福感的策略与途径，并进行了教学案例展示[①]。张静对中学生的语文学习流畅状态及自信、生活满意度之间的关系进行了研究，发现中学生的语文学习流畅状态与生活满意度的关系显著，语文学习流畅状态高分组的学生生活满意度得分均高于低分组学生[②]。魏秀超、张英锋通过问卷调查发现，高中生的学业自我效能感、学习归因对语文学业成绩有预测作用[③]。张晨、李洪玉对初中生归因方式、语文学业情绪与主观幸福感的关系进行了研究，发现消极的语文学业情绪均与其主观幸福感呈显著负相关，积极的语文学业情绪均与主观幸福感呈显著正相关[④]。可见，已有的此类研究在结论上基本达成共识，学生的语文学业成绩、学习情绪与其幸福感、满意度、自我效能感息息相关，且呈现出正相关。

通过对文献的筛选与归纳，研究者发现，在与语文学习获得感相近的语文学习满意度、语文学习主观幸福感、语文学习自我效能感等概念的已有研究中，也缺乏一定量的深入研究，成熟的研究数量较少。就研究对象而言，已有的相关研究仍然少见，且主要集中在初、高中生群体上。其原因可能有以下两点：一是当前中学生语文学习情况不容乐观，亟待转变；二是针对中学生已能较好地配合完成自我报告式的调查研究。而针对小学生的相关调查研究，则暂时未发现。

二、对当前已有研究的思考

通过对获得感、学习获得感以及语文学习获得感国内外文献的归纳与整理，可以发现，学习获得感作为一个新兴热点学术词汇，其研究仍处于初级起步阶段。下图1-2-3总结了研究者对当前已有研究进行梳理的脉络。

---

① 徐雪平. 借助语文教学活动提升高中生幸福感的研究 [D]. 长春：东北师范大学，2009：8-9.

② 张静. 中学生语文学习流畅状态及其与自信和生活满意度关系的研究 [D]. 南昌：江西师范大学，2012：36-42.

③ 魏秀超，张英锋. 高中生学业自我效能感、学习归因方式与语文成绩关系研究：以新课程改革背景下的学生为例 [J]. 教学研究，2014，37（4）：117-120.

④ 张晨，李洪玉. 初中生归因方式、语文学业情绪与主观幸福感之间关系的研究 [C]//中国心理学会. 第十八届全国心理学学术会议摘要集：心理学与社会发展. 中国心理学会：中国心理学会，2015：62-63.

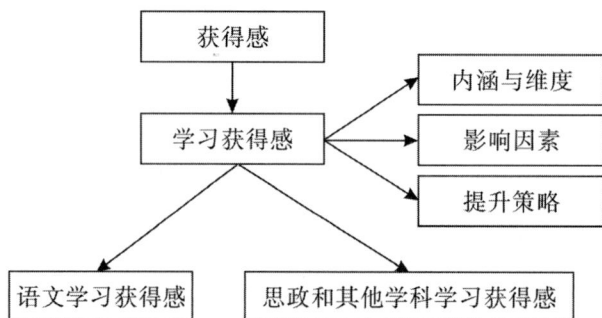

图1-2-3　学习获得感文献梳理脉络

学习获得感是获得感概念在教育学领域生根发芽的结果，是我国本土情境下诞生的一个中国概念，在国外教育学研究领域还未发现可以完全与之对应的概念。因此，在进行研究现状文献梳理时，本研究主要参考了国外学生获得感知、学生主观幸福感、学习满意度研究。在这些领域中，国外已经进行了大量的理论研究，当前主要集中于大规模的实证研究模块，并充分地与其他领域的概念和理论相结合。

当前国内学习获得感还是主要着眼于一般的理论性研究，同时开始逐步深入探讨学习获得感的相关影响因素与具体的提升策略等。我国当前对学习获得感的研究主要集中在以下方面：（1）对学习获得感的内涵、维度与特征进行探讨；（2）研究不同性别、年级、家庭背景、专业、地区等相关变量中学生学习获得感的现状水平，不同变量下学习获得感水平是否存在显著差异；（3）通过理论研究或实证研究探究影响学生学习获得感的各种因素；（4）根据学生学习获得感存在的问题研究提升策略；（5）研究在某一学科中学生的学习获得感及相关提升策略。

总而言之，我国目前关于学习获得感的研究在某些部分上取得了一定的成果，如与思想政治学科相结合的思想政治学科学习获得感。但在其他大部分研究中仍存在一些明显不足，亟待进一步的深入探讨和研究。当前已有研究的不足主要体现在以下三个方面：学习获得感的内涵与维度界定模糊不清、缺少科学和规范的学习获得感实证研究，以及缺乏对基础教育阶段和不同学科的关注。

（一）学习获得感的内涵与维度界定模糊不清

目前已有不少关于一般理论性研究的出现，但还未赋予学习获得感较为确切的内涵定义、构成维度和理论框架。部分研究者着重关注学习获得感中的"获得"

部分，将学习获得感等同于学习收获；也有部分研究者着重关注学习获得感中的"感"部分，单纯关注精神和情感层面，但维度之间又存在着交叉。学习获得感到底应该侧重于学生在学习过程中实实在在的"获得"，还是应当更关注学生在学习过程中产生"感"的主观情感体验，又或是应当将两者融合？解决这一问题还有待构建更为严谨的概念结构对学习获得感进行探索。只有弄清学习获得感的内涵与维度界定，才能更规范和科学地进行实证研究，准确调查学生的学习获得感现状与问题，并提出策略帮助学生切实地提高学习获得感。

同时也正因为学习获得感的内涵与维度界定尚且模糊不清，学习获得感的影响因素研究也有待进一步丰富。参考已有的学习满意度、学生主观幸福感研究，有理由将个人学习方法、师生交往与生生交往情况等添加到可能影响学生学习获得感的因素的考察范围之内。明确学习获得感的内涵与维度界定是促使学习获得感研究更快、更好进入下一发展阶段的前提。进一步加深对学习获得感的理解，才能为学习获得感的提升寻求更为多视角的、全面的、丰富的策略。

（二）缺少科学和规范的学习获得感实证研究

已有的学习获得感研究通常以一般理论性研究为主，实证研究数量不多，更少见高质量、高水平的量化研究和质性研究的踪影。在现有的学习获得感实证研究中，又以量化研究为主，缺乏质性研究。当前，研究者已普遍认同获得感和学习获得感是一种正向的心理感受、情感体验。在此理论前提之下，采用质性的方式挖掘学习获得感的内涵、维度、影响因素等也能更好地推进学习获得感的深入研究，弥补量化研究存在的缺陷。

同时，缺乏科学和规范的学习获得感实证研究的背后还隐藏着另一个问题：欠缺标准化测量工具、测量标准等。在仅有的学习获得感实证研究中，也仍未有科学规范和较为成熟的调查研究工具出现，尚缺乏合理的、接受度较高的测量指标体系。已有实证研究的角度多元，测量标准存在不一致的情况，且研究者普遍根据自己的研究倾向设计各项指标，部分研究使用的调查工具还需要进行进一步的科学验证。具体到语文学习获得感的研究中还未有研究者进行量化研究和质性研究，这也为本研究提供了发展空间——可在定量研究分析的基础上加以定性的辅助，更好地解释中、小学生语文学习获得感的现状、问题和其与影响因素的关系，更有针对性地提出提升中、小学生语文学习获得感的策略与途径。

（三）缺乏对基础教育阶段和不同学科的关注

当前学习获得感的研究主要聚焦于大学生群体，不少研究者积极探究大学生学习获得感或高校学生思想政治理论课的获得感，也有研究者特别关注高职院校学生和贫困生等。在研究对象上，缺乏对基础教育阶段学生和硕士、博士研究生群体的关注。每一个年龄段、每一个学段的学生，其学习获得感的表现必然存在一定的差异，相关变量和影响因素的作用也会发生改变，学习获得感提升策略也应当有所区别。

此外，在学习获得感与具体学科的结合上，思想政治学科的身影格外地突显。2019年9月，《"新时代高校思想政治理论课创优行动"工作方案》中提出要充分发挥高校思想政治课程落实立德树人根本任务的关键作用，不断提升大学生对思政课的获得感[①]。思想政治学科学习获得感受到重视表现为研究思想政治学科学习获得感的文献占据了当前所有学习获得感研究文献中的一大部分。但与此同时，立德树人根本任务不仅要落实在德育课程实施上，也要落实在非德育课程实施过程中，不能使非德育课程实施将其原本应彰显的德育性抛之脑后[②]。在学习获得感与其他具体学科的结合上，还存在文献量小、缺乏高水平和高质量文献等一系列问题。学习获得感、语文学习获得感的相关研究还未跟上政策快速前进的"脚步"，仍存有巨大的空白亟待补充。

---

① 中华人民共和国教育部. 中共教育部党组关于印发《"新时代高校思想政治理论课创优行动"工作方案》的通知 [EB/OL] . (2019-09-03) . http://www.moe.gov.cn/srcsite/A13/moe_772/201909/t20190916_399349.html.

② 阮沁汐，李臣之. 教学的德育性何以彰显？: 学科教学的育德路径探讨 [J] . 中小学德育, 2019 (10) : 8-12.

第三节 语文学习获得感研究的思路与意义

一、语文学习获得感研究的思路

本研究将聚焦于考察我国中、小学生的语文学习获得感现状水平以及可能存在的关键影响因素。从中外文文献的梳理与归纳，到自编测量工具、访谈提纲，再到进行资料的整理与分析，研究任务量不轻、研究任务难度不小。因此，在进行研究的前期工作中，需要清楚地捋顺研究思路，进而制定详细的研究流程。语文学习获得感研究的具体研究思路如下：

（一）整理相关文献

此项工作包括查找中、小学生语文学习获得感相关文献资料，并对其进行文献分析。此外，因现有的学习获得感文献资料提及中、小学生语文学习获得感的较少，还将搜集与学习获得感概念相近或存在共性的"学习投入""学习体验""学习收获""学生主观幸福观""学习满意度""sense of learning gains""student satisfaction""learning well-being"等的相关文献，了解中外文献中关于学生学习获得感的主要理论基础、研究方法以及研究成果。

电子文献资料主要来源于中国知网（CNKI）、Education Resources Information Center（ERIC）以及Taylor & Francis三大期刊数据库。

（二）设计问卷、访谈提纲并实施调查

1. 《中小学生语文学习获得感问卷》设计及试测、修订环节

在深入分析已有文献和研究成果的基础之上，结合专家团队、一线中小学语文

教师的意见和建议编制《中小学生语文学习获得感问卷（试测版）》（含《中小学生语文学习获得感现状分问卷》《中小学生语文学习获得感影响因素分问卷》）。

在我国北方地区和南方地区各随机抽选两所学校进行问卷调查，确保问卷的数量和质量达到要求水平，利用所获得的有效数据对《中小学生语文学习获得感问卷（试测版）》进行信效度的检验，再通过集体商议对试测版问卷做进一步的调整和完善，最终正式形成《中小学生语文学习获得感问卷》用以广泛测量。

2.《中小学生语文学习获得感问卷》调查环节

在广东省内副省级城市、经济特区等4个城市选定的几所普通全日制小学、初中、高中，正式发放最终版《中小学生语文学习获得感问卷》（含《中小学生语文学习获得感现状分问卷》《中小学生语文学习获得感影响因素分问卷》）。

选择部分有代表性的被测中、小学生，如语文学业成绩优异的学生或在语文学习存在较大困难的学生，进行深入的一对一访谈。以访谈文本丰富数据材料，对数据结构进行更好地解释与说明，充分将量化研究与质性研究相结合。

3．中、小学生语文学习获得感现状与影响因素分析环节

所收回的问卷数据在排除无效问卷后全部采用SPSS 26.0软件进行处理，分别对当前中、小学生语文学习获得感的现状水平及相关变量进行分析，了解当前中、小学生语文学习获得感的现状特点及存在问题。

访谈利用"讯飞听见语音转写平台"转录为文本材料，逐字审校，通过访谈文本分析进一步总结归纳可能增强或减弱中、小学生语文学习获得感的关键因素。

4．提出提升中、小学生语文学习获得感建议环节

通过量化研究与质性研究，总结和归纳最终研究结论。针对中、小学生语文学习获得感现状水平和影响因素的分析，结合课程改革和核心素养等的要求，对如何进一步提升中、小学生的语文学习获得感提出建议与策略。

根据上述研究思路，将本研究分为四个阶段性步骤进行展开，分别是：研究准备阶段、搜集调查阶段、数据分析阶段以及建议形成阶段。

二、语文学习获得感研究的意义

（一）语文学习获得感研究的价值所在

1. 语文学科具有独特的学科地位及作用

语文课程是一门"学习祖国语言文字运用的综合性、实践性课程"[①]。语文学科自创立已有百年历史，它以学习语言文字为核心，以期提高学生运用祖国语言文字的个体言语能力，提升各项思维品质。同时培养学生审美情趣，促使其理解和传承祖国优秀传统文化。语文"工具性"与"人文性"相统一的学科特点，决定了其超然的学科地位，更是彰显了其作为落实立德树人根本任务重要途径的关键学科作用。语文是每一名学生在学校教育当中必须学习的学科，学生学语文、用语文，通过语文提升自身修养，促进个人真正意义上的发展。

语文报社发布的"2019年度语文教育十大关键词"中，除"核心素养""优秀传统文化教育""整本书阅读"等词外，"统编教材"也位列其中。"有什么样的教材，就有什么样的国民"[②]，语文教材的编写问题一直受到教育界人士以及社会大众的高度关注。语文学科同历史学科、德育学科一道历经多年，集合学科专家、教师、教研员、编辑等的力量推出"部编本"教材，可见国家对语文学科的重视和把握。在全球化、信息化的时代，青少年的文化认同、身份认同和国家认同面临着不小的冲击。祖国语言文字的学习在世界范围内都成为极具价值和热度的话题。国际经济与合作发展组织（OECD）学习框架2030强调了能够交互使用语言、符号、文本的关键能力，欧盟颁布的核心素养之中将使用母语交流的能力置于首位，法国在其核心素养指标体系中给予了法语素养重要地位，美国在其21世纪学习体系中将英语设定为重要核心科目。国际经验反映出各个国家与组织均一致重视语言素养，特别是母语教育。学校教育不能忽视语文超然的学科地位以及无法代替的学科作用。

2. 当前学生语文学习情况不容乐观

学习语文不仅能帮助学生提升言语实践能力，更能使学生的情感得到熏陶，引

---

① 中华人民共和国教育部. 普通高中语文课程标准（2017年版2020年修订）[M]. 北京：人民教育出版社，2020：1.

② 温儒敏. "部编本"语文教材的编写理念、特色与使用建议 [J]. 课程·教材·教法，2016，36（11）：3—11.

导学生逐步形成健全的人格和正确的三观。学好语文是个人全面发展的重要保障，也是学生未来从事各种职业的坚实基础。

但不少学生在学习语文时表现出了学习水平不高、学习热情不足、缺乏学习兴趣等消极情况，同时在语文学科上的学习投入明显低于其他学科，更有甚者出现了厌烦、排斥学习语文的情况。如李广、程丽丽、计宇通过对五年级小学生的调查研究发现，当前小学生的语文知识学习水平普遍不高，特别是在基础与积累、阅读与综合两个领域得分较低①。如王小明等对七年级、八年级学生的语文与数学家庭作业情况进行调查后发现，一定比例的中学生对语文家庭作业持有比较消极的看法，认为语文作业给自己造成了很大的心理负担②。又如江萍萍通过调查高中生的语文学习自我效能感发现，高中生在学习语文时缺乏一定的自信感、目标达成感和天资感，同时语文学习容易受到周边环境的干扰，表现出的自控能力较弱③。有研究发现，学习兴趣将促使阅读者在关注文章表层结构的同时，深入到文章重点思想和潜在含义之中④。但不少一线中、小学语文教师反映，有部分学生敷衍完成语文作业或直接选择不完成语文作业，觉得学习语文是浪费时间，认为考前临时死记硬背"抱佛脚"即可；也有部分学生课堂投入差，一上语文课就犯困或走神。就语文学习而言，诸如此类的情况屡有发生。

可见，当前中、小学生语文学习的情况不容乐观。如何改变这一现状，有哪些措施可以帮助学生收获更多的语文学习获得感，这些问题仍亟待深入探讨。基于此，教师和研究者都应该对语文教育进行反思，要让学生在学习语文的过程中真正做到学有所获、学有所得，不仅仅为分数和考试而学。

3. 学习获得感为学习研究提供了新视角

党的十八大以来，习近平多次提及人民的获得感。获得感这一新兴概念也迅速流行，引发了广大社会群众的共鸣，研究者也开始对获得感的概念与内涵进行深

---

① 李广，程丽丽，计宇. 小学生语文核心素养调查研究：问题分析与改进建议：以吉林省C市五年级小学生为调查对象 [J]. 东北师大学报（哲学社会科学版），2016 (2)：219—223.

② 王小明，文剑冰，董辉，等. 初中生眼中的家庭作业的调查 [J]. 全球教育展望，2016，45 (10)：21—28.

③ 江萍萍. 高中生语文学习自我效能感的培养研究 [D]. 西南大学，2012：35—36.

④ KRAPP A. Interest, motivation and learning: An educational-psychological perspective [J]. European journal of psychology of education, 1999, 14 (1)：23—40.

入探讨和研究。与此同时，获得感也被引入教育领域，"学习获得感""学生获得感""教育获得感"等相关研究也呈现出发展的态势，逐步迈入起步阶段。

　　学习获得感是学生在学习过程中产生的一种积极的、正向的个体主观体验和感知评价，是学生对于学校教育过程产生的一种具体化的反映。学生的学习获得感充分以学生为主体，考察学生在校学习过程中因实实在在的获得而产生的正向情绪体验。学习获得感的产生基于两个基本条件：学生在学习过程中的各项学习需求都得到了满足；学生享有了一定程度的实质收获或精神收获。

　　学习获得感是教育质量的风向标，为研究学生学习提出了新的切入点。观测学生学习获得感的水平，分析影响学生学习获得感的关键因素，都有助于聚焦影响学生学习效能的变项。已有的学习获得感研究大多关注高校学生思想政治教育的获得感，缺少对基础教育领域和非思想政治教育领域的关注。那么，站在基础教育的角度看来，当前中、小学生的语文学习获得感水平如何，应当从哪些方面洞悉和构建中、小学生语文学习获得感，这些都是值得关注和探究的现实问题。

　　4. 关注学习获得感契合基础教育课程改革的精神与要求

　　基础教育课程改革的具体目标呼唤着对学生学习主体地位的重视。2001年6月，《基础教育课程改革纲要（试行）》明确要"改变课程过于注重知识传授的倾向，强调形成积极主动的学习态度"[①]。新鲜出炉的《义务教育语文课程标准（2022年版）》也增加了"学业质量"这一版块，新制定了义务教育阶段语文学业质量标准，其中强调学业质量是"学生在完成课程阶段性学习后的学业成就表现，反映核心素养要求"[②]。可见，"目标导向""知识至上"的学习模式已经被时代抛弃，取而代之的是"过程导向"的学习模式。

　　学生是学习的主体，是教学活动的出发点和落脚点，教学质量与效果也在学生身上体现[③]。传统的教育评价过于聚焦成绩与分数，"唯分数论""重分数论"等较为狭隘的观点使得学生的学业倦怠、学习焦虑甚至离校休学等问题层出不穷。特

---

　　① 中华人民共和国教育部. 基础教育课程改革纲要（试行）[EB/OL]. (2001-06-08). http://old.moe.gov.cn//publicfiles/business/htmlfiles/moe/s8001/201404/xxgk_167343.html.

　　② 中华人民共和国教育部. 义务教育语文课程标准（2022年版）[M]. 北京：人民教育出版社，2022：37.

　　③ 李秉德. 教学论[M]. 北京：人民教育出版社，2000：13.

别是在语文学科，部分学生习惯了死记硬背的学习方式，产生了过于依赖教师的学习心理。学生被学业成绩和升学考试所绑架，被动地成为知识的"容器"。随着基础教育课程改革的逐步深化，教育愈发注重学生的主体地位与学习主观体验，促使学生从"知识容器"向"知识建构者"进行转变。

古德莱得（J.I.Goodlad）也曾强调学生在课程学习过程中真实体验的重要性。基础教育课程改革的其中一个重点便是要"提倡自主、探究与合作的学习方式，逐步改变以教师为中心、课堂为中心和书本为中心的局面"[①]。学校与教师教育教学理念和方式发生转变，学生的主体意识也慢慢复苏，这一系列的变化给予了学习获得感可贵的研究与发展机会。学习获得感以学生为主体视角，关注学生在学习过程中的主观体验。强调学生的学习获得感，本质上就是重新恢复和重视学生在学习过程中的主体性地位。

（二）理论意义与实践意义

1. 理论意义

当前学习获得感的研究成果并不丰硕，其中与具体学科结合的学习获得感研究更是基本只聚焦于思想政治教育领域，缺少对其他学科的重视。同时，已有的学习获得感研究多为一般性理论研究，缺少科学规范的实证研究。

本研究聚焦我国本土情境下小学生、初中生和高中生的语文学习获得感，主要具有以下两点理论意义：

第一，拓展学习获得感研究的领域，为丰富和发展学习理论、教学理论尽微薄之力。

第二，为学习获得感与具体学科（语文学科）相结合丰富研究成果，提供适用于我国中、小学生的语文学习获得感研究工具。

2. 实践意义

本研究考察中、小学生语文学习获得感的现状，深入分析语文学习获得感与个人和外界环境各因素之间的关系，主要具有以下三点实践意义：

第一，转变学生当前在语文学习上体现出的被动的、机械的状态，促进中、小

---

① 钟启泉，崔允漷，张华. 为了中华民族的复兴，为了每位学生的发展：基础教育课程改革纲要（试行）解读［M］. 上海：华东师范大学出版社. 2001：21.

学生对语文学习的反思和其学业的整体发展。

第二，为一线语文教师提供教学建议的参考，增强教师对中、小学生学习获得感及语文学习获得感的重视。

第三，进一步配合新一轮基础教育课程改革理念的落实，为实现逆向教学设计、开展基于理解的教学实践提供参考。

第 二 章
语文学习获得感的理论基础

自 2015 年习近平提出获得感这一概念后，社会各领域的相关研究呈现出快速发展的态势。但获得感引入教育领域时，研究者大多聚焦于学生（特别是高校学生）在思想政治教育上的学习获得感、学生获得感或教育获得感，对基础教育领域和具体的学科仍缺少关注。因此，语文学习获得感的概念仍缺乏成熟度，学界就其内涵定义及相关维度尚未达成共识，在测量工具上也存在一定的主观性和局限性。本研究希望在更有针对性和更具可靠性的理论基础之上，搭建出语文学习获得感研究的基础性框架，以初步构建语文学习获得感的维度和测量工具。

为深入寻找语文学习获得感的相关理论，建构语文学习获得感的理论基础，本章中将以积极心理学、主观幸福感理论、自我决定论和儿童中心论为基础，探讨这些理论对语文学习获得感内涵、维度、测量的启示。

第一节 积极心理学与语文学习获得感

在曾经的心理学研究领域，研究者往往更为关注个体所产生的消极情绪、心理问题和心理疾病，深入进行人的消极心理学研究。迈入新世纪后，积极心理学（positive psychology）开始走进学者们的视线。正如马丁·赛里格曼（Martin E.P. Seligman）所言："当一个国家或民族被饥饿和战争所困扰的时候，社会科学和心理学的任务主要是抵御和治疗创伤；但在没有社会混乱的和平时期，致力于使人们生活得更美好则成为它们的主要使命。"[①]积极心理学的"异军突起"以马丁·赛里格曼与米哈里·契克森米哈赖（Mihaly Csikszentmihalyi）的《积极心理学导论》一文为标志，倡导心理学应转换为"研究人类优点的新型科学"[②]。自此，心理学界的研究者逐渐开始将研究重心转向研究个体的积极行为和心理品质等正向情绪上，以消极心理学模式为主导的现代心理学也开始向以积极心理学模式为主导的现代心理学转变。

一、积极心理学的主要理论

积极心理学研究成果丰硕，本研究侧重选择对语文学习获得感更具指导意义的自我效能感理论和"幸福2.0"理论进行阐述。积极心理学作为一门科学，其研究范围颇为广泛，其研究热点包括体现个人积极体验的主观幸福感（subjective well-

---

① 李金珍，王文忠，施建农. 积极心理学：一种新的研究方向 [J]. 心理科学进展，2003 (3)：321—327.

② 苗元江，余嘉元. 积极心理学：理念与行动 [J]. 南京师大学报（社会科学版），2003 (2)：81—87.

being）研究，以及体现个人积极品质的自我决定论（self-determination theory）研究。主观幸福感的相关调查与研究被很多学者认为与获得感、学习获得感和语文学习获得感存在颇多共同之处，自主决定论对于"自主"的强调也符合语文学习获得感由投入到获得再到获得感的关键逻辑。因此主观幸福感、自我决定论与语文学习获得感将分别单独在下两节中详细阐述，此处暂且不讨论。

（一）班杜拉的自我效能感理论

自我效能感（perceived self-efficacy）理论由班杜拉（Albert Bandura）在二十世纪七八十年代提出，是其社会学习理论中的一个重要部分。自我效能感理论强调"主体因素对人类学习的必要性及其对人性潜能发挥的决定性"[①]。因此，自我效能感的研究在几十年的不断发展中走向了其他各个相关领域，在教育学领域也得到了广泛运用。国内外已有不少调查学生学习自我效能感和教师教学自我效能感的相关实证研究，许多应用性研究也会具体到不同学段和不同学科中进行探索。班杜拉在对自我效能感的形成条件及其对行为的影响进行了大量的研究后发现，自我效能感的来源途径主要有以下四种[②]：（1）以往的成败经验；（2）他人的示范效应/替代性经验；（3）社会劝说；（4）情绪状况和生理唤起。

第一种"以往的成败经验"与第二种来自他人的示范效应替代性经验相比，更强调经验的亲身性和个体性，是个体通过自身行动和行为而获得的直接经验。这一种来源是最为强有力的，个体通过亲身经历所获得的关于自身能力的认识最为可靠[③]。个体过往的成功经验可以为个体积累更多完成某项任务、达成某个目标的信心和期许，从而呈现出更高的自我效能感；而个体过往失败的经验可能会在一定程度上打击人的自信心，让其害怕新一轮的挑战，进而减弱自我效能感。

第二种"他人的示范效应/替代性经验"则不依赖于个体的亲身行为，而是通过观察他人获得替代性、间接性的经验。在观察、模仿和想象中，相信自己也能取得他人的成功或胜利，达到相似的成就（失败则反之）。当然，当他人与个体自身有着更为相近的人口学特征时，这种他人的示范效应就会更显著，对个体的自我效能

---

① 高申春. 自我效能理论评述［J］. 心理发展与教育，2000（1）：60-63.

② 周文霞，郭桂萍. 自我效能感：概念、理论和应用［J］. 中国人民大学学报，2006（1）：91-97.

③ 郭本禹，姜飞月. 自我效能理论及其应用［M］. 上海：上海教育出版社，2008：70.

感影响更大，如同班同学或兄弟姐妹。

第三种"社会劝说"则脱离开个体和他人亲身行为，从言语上入手。通过口头的表扬、激励、劝说等方式，促使被劝说人相信自己具备完成某项任务和达成某个目标的能力。特别是当个体已经遇到困难和阻碍时，来自外界的劝说则更能够帮助其提升自我效能感。当然不是所有的劝说都能产生极佳的效果，只有具有针对性、指导性和建设性的劝说才能正向影响人的自我效能感。

最后一种"情绪状况和生理唤起"则是围绕个体的情绪特征及生理状态来探讨自我效能感的产生。如果一个人精神状态欠佳，感受到过多的压力，看待事物较为悲观，甚至常被自卑、恐惧、倦怠、焦虑等消极情绪占据上风，那么他的自我效能感可能会在更多的学习和生活活动中被减弱；如果一个人的精力充沛，没有过多的压力和焦虑，能够较为乐观和积极地对待各种困难，那么他的自我效能感也会强于具有相反特征的群体。

（二）马丁·赛利格曼"幸福 2.0"理论

积极心理学之父马丁·赛利格曼（Martin E.P. Seligman）在其《持续的幸福》一书中对其原有的"幸福1.0"理论进行了升级，提出了"幸福2.0"理论。"幸福1.0"——happiness仅仅指代感情与情绪上的幸福，体现在人的生活满意度上，而"幸福2.0"——well-being则更强调于实现蓬勃人生（flourish life）的幸福。在"幸福1.0"中，幸福包含三个元素：积极情绪、投入与意义。而在"幸福2.0"中马丁·赛利格曼进一步提出，达到蓬勃的幸福人生应当具备足够的五个元素——PERMA[①]。在现代医学中，幸福PERMA模式也被较为广泛地运用到艾滋病、脑卒中、高血压脑出血等患者的心理干预当中[②]，帮助患者重拾积极情绪，改善心理健康，这也印证了马丁·赛利格曼"习得性乐观"的观点。

PERMA的第一个字母"P"指代的是"积极情绪（positive emotion）"，马丁·赛利格曼认为，积极情绪起到基石的作用，是快乐或愉悦的要素，包含了高兴、狂喜、舒适等常见因素。第二个字母"E"指代的是"投入

---

① 塞利格曼. 持续的幸福 [M]. 赵昱鲲，译. 杭州：浙江人民出版社，2012：15-18.
② 郭华，徐艳贺，陈建设，等. 幸福PERMA模式对高血压脑出血患者伤残接受程度和心理健康的影响 [J]. 中国健康心理学杂志，2021，29（6）：899-903.

（engagement）"，是个体对投入的主观感受与评估，也可以理解为沉浸体验，强调人投入到了他所做的事情当中。第三个字母"R"表示"人际关系（relationships）"，人际关系强调积极的关系，孤独和无助的人必然无法产生更多的幸福和幸福感；relationships一词使用可数名词的复数形式也暗含着人际关系应是丰富的、多向的。第四个字母"M"表示"意义（meaning）"，马丁·赛利格曼将"意义"的特征解释为"通常会觉得自己的行为是有价值的"，它不仅是一种单纯的、短暂的主观感受，而是从"历史、逻辑和一致性的角度"出发的更为冷静和客观的判断[①]。最后一个字母"A"则代表着"成就或成绩（accomplishment）"，它往往被人们看作是一种终极的追求，可以是比赛的输赢，也可以是金钱与财富。对于将成就和财富作为人生终极目标和追求的人而言，长远来看依然可以把一次次的胜利或成功看作是有成就的人生。马丁·赛利格曼"幸福2.0"理论中提出的以上五个要素全部指向：（1）有助于幸福；（2）有助于实现蓬勃人生；（3）与其他要素有排他性。这也是我们在思考学习获得感或语文学习获得感维度构成时应当充分考虑的内容。

二、积极心理学对语文学习获得感研究的启示

积极心理学是现代心理学的研究热点，获得感的研究也在一定程度上呼应着积极心理学的发展。特别是班杜拉的自我效能感理论和马丁·赛利格曼的"幸福2.0"理论，从其维度构成和获得途径上都给学习获得感与语文学习获得感研究提供了理论依据。积极心理学对语文学习获得感研究的启示主要体现在以下两个方面。

（一）关注学生语文学习的自我效能感和来源途径

自我效能感理论的观点认为，人们对其能力的判断在其自我调节系统中起主要作用[②]。个体的自我效能感可能影响他们的动机、归因、行为等。高水平的自我效能感可以使得个体认为持续投入和付出可以达成目标既而产生奋斗的信心，也有面对困难却依然坚持前进的勇气。因此，自我效能感对于每一个个体来说都十分重要，对处于人生关键时期的青少年儿童也不例外。学生在学习的过程中离不开学业

---

① 塞利格曼. 持续的幸福 [M] . 赵昱鲲，译. 杭州：浙江人民出版社，2012：16，25.
② 张鼎昆，方俐洛，凌文辁. 自我效能感的理论及研究现状 [J] . 心理学动态，1999
（1）：39—43，11.

和学习上的自我效能感，高水平的学习自我效能感不仅可以正向预测学业成绩，更有助于学生的身心发展。

依据个人主观需求的观点，学生良好的学习效能感关系到他们的幸福和快乐，但目前我国的学校教育却忽视了对学生学习自我效能感的培养[①]。在语文学科的学习当中，中、小学生的学习自我效能感同样重要。许多学生（特别是小学高年级学生、初中生和高中生）在学习语文的过程中时常会遇到学习困难，要大幅度提升自己的语文学习能力和语文学业成绩也相对不易。而语文学习自我效能感关乎着学生在语文学习中的自我认知和预期，关乎着是否相信自己有能力完成某项语文学习任务或达成某个语文学习目标，能否在语文学习的过程中产生成就感和自信感。有着较强语文学习自我效能感的学生必然不会产生语文学习上的倦怠和焦虑问题，而是迎难而上。因此，语文学习自信感十分关键，是语文学习获得感中必须考量的重要部分。

此外，语文学习获得感还同样可以关注自我效能感的生成途径。影响自我效能感生成的信息来源包括"以往的成败经验""他人的示范效应/替代性经验""社会劝说"和"情绪状况和生理唤起"，这四种来源途径常常综合作用，来增强或削弱个体的自我效能感。学生在语文学习上的自我效能感和语文学习获得感、语文学习自信感如何提升，学生家长、学校与教师应当关注些什么、提供些什么、引导些什么，可以在这四种途径中找到相应的答案。教育观念与教养方式是否需要改变，如何才能帮助学生自信地、健康地学习与成长，是每一位一线教师和父母应当思考的问题。

（二）语文学习获得感的维度构成可以充分借鉴 PERMA 五元素

正如马丁·赛利格曼所言："幸福2.0理论在结构上就像'天气'和'自由'一样——没有单独哪一样标准可以完全定义它，但有若干东西可以组成它。"[②]如果语文学习获得感的量化研究或质性研究只设置一道题目，让被测对象为自己的语文学习获得感水平打分（1-10分），或回答"你觉得自己的语文学习获得感水平怎么样"，必然得不到真实和可靠的答案。这提醒着我们，语文学习获得感一定是多维度的，是由相关和下属的不同的可测量元素组成的。

---

① 边玉芳. 学习自我效能感量表的编制与应用 [D]. 上海：华东师范大学，2003：5.
② 塞利格曼. 持续的幸福 [M]. 赵昱鲲，译. 杭州：浙江人民出版社，2012：14.

　　董洪杰等在研究获得感时确立了中国人获得感的因素结构，提出五因素的理论结构与积极心理学PERMA框架的要素有多种契合，"获得体验"对应"积极情绪"，"获得途径"对应"投入"，"获得内容"对应"成就"，另外还有"获得环境"和"获得分享"[①]。虽然在董洪杰等制定的《中国人获得感量表》中没有出现与"人际关系"和"意义"相对应的因素，但我们依然可以结合"幸福2.0"理论的PERMA五元素对语文学习获得感的构成进行初步尝试。当然如果我们完全将PERMA五要素套用到语文学习获得感的研究当中，也不会完全适切——"幸福2.0"的目标聚焦于如何实现蓬勃的人生，但语文学习获得感更多的是关注学龄儿童、中小学生如何在语文学习中获得更多的积极主观体验，从而真正从中受益。

　　结合上文中自我效能感理论得来的语文学习自信感，本研究可以为语文学习获得感初步构建一个语文学习自信感、语文学习愉悦感、语文学习希望感、师生关系亲和感和同伴关系亲和感的多维结构，并以此框架模型和文献梳理编制语文学习获得感的测量量表。

　　语文学习自信感是学习自我效能感在语文学习上的反映，与PERMA中的A元素（成就），相互呼应。经过后期对中、小学生的访谈，我们也发现，学生语文学习自信感的水平高低更多地取决于其语文学业成绩或相关荣誉奖项，也有部分受到来自语文老师和家长表扬、鼓励的影响。语文学习愉悦感则反映语文学习获得感的本质，即一种正向的情感体验和积极情绪。语文学习愉悦感反映出学生在学习语文的过程中持续产生欢乐、喜悦的心理状态，这与PERMA中的P元素（积极情绪）有着异曲同工之妙。语文学习希望感体现在理解语文学习的意义与价值，明白语文学习的重要性；同时，认为自己在语文上的投入是有价值和积极作用的，喜欢并愿意学习新知识，有决心克服困难、有方法实现目标。语文学习希望感与PERMA中的E元素（投入）与M元素（意义）有着较强的联系。师生关系亲和感与同伴关系亲和感则必然体现着PERMA中的R元素（人际关系）。师生关系和同伴关系、生生关系是中小学生重要的关系支柱，也是学生在校关键的人际关系。语文学习获得感中师生关系亲和感和同伴关系亲和感的获得是学生感受到被爱与被关心、群己联结的一种体现。

　　① 董洪杰，谭旭运，豆雪姣，等. 中国人获得感的结构研究 [J]. 心理学探新，2019，39（5）：468—473.

第二节　主观幸福感与语文学习获得感

美国哲学家、心理学家威廉·詹姆斯曾说："如果我们要问'人类主要关心的是什么'，我们应该能听到一种答案：'幸福'。"[①]"幸福感"这一概念自出现起，一直被主流心理学所重视。在本书第一章中已经提到，"获得感"与"幸福感"两个概念存在一定共性的同时也存在一定的区别，因此不少研究者对两个同样表示主观积极心理感受的概念进行了划分。"主观幸福感"在近十年来一直是国内心理学领域的一个研究热点，相关研究硕果颇多，是本土化"学习获得感"和"语文学习获得感"研究开展必须参考和借鉴的对象。

一、主观幸福感概述

（一）主观幸福感的基本内容

自20世纪中期起，世界范围内社会经济的飞速发展带来的不仅是生活水平的整体提高，还有普罗大众对于心理健康问题的重视。在这样的社会大环境背景下，主观幸福感（subjective well-being，简称SWB）的相关研究进入人们视野。学界开始从科学的、客观的、实证的角度对人的主观幸福感进行观测和研究。

之后的80年代中期又出现了一个相近但又存在些许差异的概念"心理幸福感（psychological well-being，简称PWB）"。主观幸福感在哲学上以"快乐论"或"享乐主义"为基础，而心理幸福感则以"现实论"或"理性主义"为哲学基础。因此，也有学者在其博士学位论文中总结道：主观幸福感理论认为，幸福

---

① 江畅. 论习近平幸福观 [J]. 思想理论教育，2018 (1)：10–18.

感包含人对生活的满意度和积极情感，即认知成分与情感成分两部分（Andrews & Withey）；而心理幸福感认为幸福感由良好关系（relatedness）、独立自主（autonomy）、个人成长（personal growth）、自我接受（self-acceptance）、生活目标（purpose in life）、环境掌控（environment master）组成（Ryff & Singer）[①]。本研究不对主观幸福感与心理幸福感二者的区别与联系进行深入探究，仅此希望借幸福感理论服务于中国中、小学生语文学习获得感的研究。

探讨主观幸福感，首先要解决"什么是幸福"这一基本问题。幸福主要可以分为三种主要类型：以外界标准为参考的幸福、以内在情绪体验为参考的幸福和以个体自我评价为参考的幸福[②]。第一类"以外界标准为参考的幸福"强调幸福建立在旁观者的价值标准之上，但这种幸福忽略了个体价值标准的不一致性，具有一定的片面性。第二类"以内在情绪体验为参考的幸福"更加注重个体情绪体验中不同性质情绪的占比，这种观念下的幸福是较为局限和刻板的，喜悦与快乐的简单情绪体验就能称得上是真正的"幸福"吗？这种标准也具有一定的片面性。最后一类"以个体自我评价为参考的幸福"则更强调个体是否幸福是由个体自行判断的，这种观点充分体现出了个体的主观性，更加尊重和理解每个个体的差异性，也更为符合主观幸福感的本质。

主观幸福感研究的推进先后形成了生活质量、心理健康和心理发展三种不同的研究取向[③]。总的来说，当前学者们普遍认同和接受主观幸福感即SWB，由积极情感、消极情感和生活满意度（生活质量）三个维度组成[④]。主观幸福感的测量标准也基本围绕这三层进行制定，三者也成为主观幸福感的三个重要测量维度。主观幸福感是个体对整体生活质量的综合评价，体现个体对生活的总体满意感，包括各种性质的情感。但主观幸福感也不局限于关注抑郁、绝望、焦虑这些令人不愉快的病理状态，而是更关注人们情绪整合状态下的幸福程度。也正是因为这点，语文学习获得感概念与内涵的确证与主观幸福感侧重点是一致的，其本质都是关注个体的积

---

① 孙小红. 中学生学习幸福感的结构与测量 [D] . 南京：南京师范大学，2016. 10.
② 何瑛. 主观幸福感概论 [J] . 重庆师院学报（哲学社会科学版），1999（4）：73-81.
③ 邢占军. 主观幸福感测量研究综述 [J] . 心理科学，2002（3）：336-338，342.
④ 吴明霞. 30年来西方关于主观幸福感的理论发展 [J] . 心理学动态，2000（4）：23-28.

极情感状态和心理感受。

主观幸福感长久以来都被认为是衡量一个人是否幸福的标准，相关理论十分丰富。在幸福感和主观幸福感的相关研究中，有不少十分具备影响力的理论，如"判断理论""期望值理论""人格理论""目标理论""社会比较理论""人格—环境交互作用理论""跨文化理论"和"自我决定理论"等。其中，自我决定理论（self-determination theory）将在下文中进行进一步概述。

在主观幸福感研究的几十年发展中，它早已从原属心理学领域的概念，逐渐融入社会学、经济学、哲学、教育学等学科领域之中，不少研究通过考察民众的主观幸福感来观测社会宏观状况。2015年我国"获得感"的概念出现后，获得感的实证研究也成为评价党和国家建设工作的"一把尺"。但相较而言，获得感研究起步晚，理论研究与实践研究还有巨大的发展空间。教育学领域视角的"学习获得感"更是较少有学者涉猎，作为一个本土化和中国特色的概念，其研究价值不逊于学生主观幸福感。

（二）主观幸福感的特征

主观幸福感研究的是人们的内心体验，研究人们如何评价他们的生活状况，这是个体的心理过程。主观幸福感作为一种复杂而又简单的心理过程，具备以下三个主要特征，即主观性、比较性以及相对稳定性。

1. 主观性

"主观幸福感"以"主观"二字开头，强调个体的主观感受，必然具有强烈的主观性。主观幸福感的主观性主要体现在其评定完全依赖个体自我的标准，而不是由旁观者来评定，不强加外在参照标准。每个人对幸福的理解不一样，幸福程度也不一样，幸福感的来源也不一样。从判断理论的角度来看，主观幸福感都是基于自身愿景产生的。主观幸福感更多地来源于个体需要的被满足和个人愿景的达成，因此，个体主观幸福感的高低也依靠于自身需要和愿景实现的难易程度。现实与理想比较所产生的落差，最终带给个体的是积极还是消极情绪，则与更多的外在因素有关，如落差的大小、愿景的可实现性等。但总而言之，一个没有需要、没有目标、没有愿景的人自然也很难产生主观幸福感。

2. 比较性

主观幸福感理论的发展也受到了早期社会比较理论的影响。只有当个人实际情况优于个体预期时才会产生主观幸福感，而这种个体预期的形成又受到了来自外界与他人的影响。横向与他人进行比较，是比较标准中最为常见的参照方式。在构建比较标准时，个体习惯选择同一社会群体中的他人，或同年龄层次的他人与自己进行比较。已有研究发现儿童存在社会比较倾向，尤其当儿童入学后，接触的同伴增多，会带来更多相互比较的机会[①]。这种或有意或无意的基于他境的比较必然会改变个体对自我水平的认知，从而对主观幸福感产生预测作用。

3. 相对稳定性

主观幸福感作为一种个体对自身生活情况满意程度的主观评价，反映出的是个体在某一较长时间内所保持和持续的心理状态，绝不是瞬时或短时的情绪状态。主观幸福感不是突如其来的，其产生需要一定的时间，也需要个体感知到的这种快乐和幸福的情绪具有维持性。获得感更倾向于解释个人在某一时期对一定社会环境下物质和精神得到肯定和奖赏的评价和体验，获得感比幸福感更具情境性，而更缺乏持续性和稳定性[②]。可见，相比于获得感和学习获得感，主观幸福感更具有一定的稳定性。虽然个体在自我报告其幸福状态和主观幸福感时会在一定程度上受到当时情感状态的影响，但是主观幸福感并不会在短时间内发生重大变化[③]。因此，主观幸福感的考察不仅要关注个体的自我评定，还需要关注主观幸福感的阶段性、持续性。

二、主观幸福感对语文学习获得感研究的启示

在内涵定义及考察测量上，"主观幸福感"与"语文学习获得感"两个概念有着不少共通之处。正处于起步阶段的学习获得感和语文学习获得感研究还须海纳主观幸福感的中外研究成果，学习获得感的测量和评价仍要充分借鉴心理学和心理测量学的研究成果。主观幸福感对语文学习获得感研究的启示主要体现在以下三个

---

① 黎琳. 大学生的社会比较与情绪健康 [D]. 上海：华东师范大学，2006：13.
② 王俊秀，刘晓柳. 现状、变化和相互关系：安全感、获得感与幸福感及其提升路径 [J]. 江苏社会科学，2019（1）：41—49，258.
③ 何瑛. 主观幸福感概论 [J]. 重庆师院学报（哲学社会科学版），1999（4）：73—81.

方面。

（一）语文学习获得感是语文学习"获得"与"感"的综合体

有学者提出，大量的心理学研究证明，更应当将幸福看作是享乐主义幸福观和理性主义幸福观结合的多维现象，从不同途径考察幸福[①]。主观幸福感与语文学习获得感都不仅聚焦于个体具备一种愉快的、轻松的、舒适的状态，而且在快乐和幸福中也能感受到自身的深层价值或通过个体的劳动和力量创造出满足需求和愿景的现实情境。正如亚里士多德所言，真正的快乐体现在德行之中。学生只觉得语文学习很轻松，那在学校的生活有着单纯的快乐和幸福就能产生相对应的语文学习获得感吗？答案必然是否定的。

语文学习获得感是一种积极的、正向的主观感受，但它与主观幸福感一样，除了快乐和幸福以外，它们还体现着自我成长和个人感知到的意义与价值。语文学习获得感的"获得"更多地不是强调学生通过语文学科的学习增长了多少语法知识和文学知识，而是学生是否感受到了学习语文的意义与价值，是否能意识到语文正在帮助其更好地生活，是否能发现学习语文的过程中也实现了一定的自我成长。因此，在设计测量中、小学生语文学习获得感的工具时，应当结合享乐主义的积极情绪"感"和理性主义的价值成长"获得"进行题项的语言组织。有如"在学习语文时，我总感到快乐""我很享受学习语文的过程""我在语文学习上很有成就感"等题项；也有如"能将所学的语文知识运用到实际生活中，我觉得很快乐""我觉得学习语文是有用的""我愿意将更多的精力投入到语文学习中"等题项。

（二）关注语文学习获得感的"主观性"

主观幸福感关注个体的积极内心体验，关注个体的对内心情感的自我评定。因此，有关于主观幸福感的测量主要采用自我报告法，如通过调查问卷或访谈收集来自受访对象的第一手资料。只有自我报告的方式，才能呈现出最为接近真实情况的结果。因此，中、小学生语文学习获得感的研究方法借鉴主观幸福感的主观性特点，采用自我报告法来测量学生的学习获得感。以量化研究为主、质性研究为辅的方式，收集中、小学生语文学习期间内心体验的自我评定。语文学习获得感研究的

---

① 陈秀丽，冯维. 西方心理学幸福感研究新进展 [J]．上海教育科研，2004（3）：20—25．

测量工作也必须重视其主观性的特点，我们要关注的是当前中、小学生对语文学习过程中内心体验的自我真实评价反映，而不是对语文量化学习成果（如语文期末考试等级、分数）的自我感受反馈。

语文学习获得感与主观幸福感一样，都反映了个体对需求和愿景的满意、满足情况，因此个体差异必然存在。同样的语文学习外界环境支持可能带来不一样的语文学习获得感，而获得同样语文学业成绩和同样语文学科相关荣誉的学生其语文学习获得感也不一定相同。因此，我们需要警惕"高语文学习获得—低语文学习获得感"或"低语文学习获得—高语文学习获得感"的特殊情况，挖掘出可能存在的语文学习获得感"钝化"或"锐化"现象。简单的描述性分析无法将其呈现，研究还须将当前中、小学的语文学习获得感水平与其语文学业成绩和相关荣誉进行单因素方差分析检验，通过差异分析和事后检验多重比较观测语文学习获得感的"钝化"或"锐化"现象是否具有普遍性。而个别"高语文学习获得—低语文学习获得感"和"低语文学习获得—高语文学习获得感"特殊情况出现的原因和关键的因素，则需要配合质性探究深入解释。

（三）语文学习获得感的产生也基于社会比较

主观幸福感的形成是基于他境比较，因此具有明显的比较性。获得感与学习获得感可能也来源于对比，包括人对自己现实过往（此前的学习情况与现在的学习情况）的对比、心理预期与实际获得（上一次考试成绩与新一次考试成绩）的对比，甚至是自身与他人（我的学习情况与同班同学的学习情况）的对比。主观幸福感的产生离不开"理想我"与"现实我"的相对统一，这一点与获得感和学习获得感如出一辙。这也是不少研究者在阐述"获得感"时，着重提到"相对获得感"的原因。之所以强调相对的、主观的学习获得感，是因为关注中小学生语文学习的相对性、了解他们有意识或无意识的同伴比较，能够促使我们更加尊重和进一步了解学生个体的需要和意识，推动研究朝着更加务实和全面的方向发展。

将这一特点挪至语文学习获得感的视角上来，可以理解为"我的语文远不如我的同班同学"比"我的语文成绩不太好"对语文学习获得感和主观幸福感有更大的负面影响。喜欢有意或无意与他人、同学进行比较，且常常消极地认为自身与他人存在明显距离的学生更难产生语文学习获得感。因此，在设计测量中、小学生语文学习获得感的工具时，应当基于社会比较理论和"比较性"进行题项的语言组织，如"与其他同学相比，我在语文上得到的荣誉更多""我觉得我的语文学习能力比大多数同学强""过去的语文学习经历为我未来的学习打下了良好的基础"等。

第三节　自我决定论与语文学习获得感

自我决定理论（self-determination theory，简称SDT）由美国心理学家爱德华·L·德西（Edward L. Deci）和理查德·M·瑞安（Richard M. Ryan）等人提出，本理论在上节讨论主观幸福感时稍有提及。自我决定论的最大特征，即将人视为积极的有机体，认为个体具有心理成长和发展的先天潜能[①]。在本书第一章中已经提到，"获得感"强调个体的积极劳动与参与，内含"劳动—获得"的逻辑，而"学习获得感"与"语文学习获得感"也同样强调学生个人积极的学习投入，充分发挥主观能动性，这与自我决定论的观点不谋而合。

一、自我决定论的主要理论

自我决定论衍生出了许多著名的分支理论，包括：（1）认知评价理论；（2）有机整合理论；（3）因果定向理论；（4）基本心理需要理论；（5）目标内容理论；（6）关系动机理论。最先得以发展的是认知评价理论，在此基础上有机整合理论以及因果定向理论被提出，又基于对影响个体内在动机的心理需要进行归纳提出了基本心理需要理论，而后进一步发展提出了目标内容理论和关系动机理论。因篇幅关系，本研究将着重选择对语文学习获得感研究参考意义最大的三项主要理论——基本心理需要理论、认知评价理论以及目标内容理论进行概述。

---

① 刘海燕，闫荣双，郭德俊. 认知动机理论的新近展：自我决定论［J］. 心理科学，2003（6）：1115—1116.

（一）基本心理需要理论

基本心理需要理论（basic psychological need theory，简称BPNT）虽然形成时间较晚，却被认为是自我决定理论的核心理论，与其他五种理论联系紧密。基本心理需要理论认为每个个体都有与生俱来的发展需要，这也是人类最基本的需要，包括自主需要、能力需要和归属需要三种类型[①]。这一著名理论不仅是关注和反映人类个体需要的理论，它同样关心个体基本心理需要的满足与其主观幸福感的关系。而已有的中外研究也呈现出一种共性的结论：个体的基本心理需要满足程度与其主观幸福感基本呈现出正相关。

排在三种基本心理需要之首的自主需要（need of autonomy）是指个体希望自己的意愿不受外界限制，希望对自己甚至对外部环境拥有绝对的控制权，可以根据自己的意愿自主选择和自由决策，拥有对所从事活动的自主选择权。其次的能力需要（need of competence）则与自我效能感意义相似，是指个体希望能在从事某项活动时感受到自己能胜任或掌控任务。归属需要（need of relatedness）则指个体希望自己能感受到自己身处某一群体中，并能被这个群体所接纳，能与群体中的成员们友好互动，收获成员们的关心和关爱。

自主需要、能力需要以及归属需要是具有普适性的，几乎所有的个体都有这三种基本的心理需要，也都具备为满足这些需要而努力的倾向。伴随着三种基本心理需要的满足，个体会自然地产生积极的情感体验，而这些积极的情感体验往往就会激发学习者的内在学习动机。因此，讨论学习就不得不关注学习者的基本心理需要，将学习的主体地位和主动权交还给学生以满足学生的自主需要，在学习过程中多给予学生学习自信感和自我效能感以满足学生的能力需要，创设和谐、友善、团结的学习氛围以满足学生的归属需要等。

（二）认知评价理论

认知评价理论（cognitive evaluation theory，简称CET）是自我决定论中形成最早的理论，它考察影响个体内在动机的因素，这一理论认为外部社会环境背景的奖励、惩罚、评估、反馈等对人的内在动机都有影响，当这些外部激励与个体的自

---

① DECI R E L. The darker and brighter sides of human existence: basic psychological needs as a unifying concept [J]. Psychological inquiry, 2000, 11 (4): 319—338.

主心理需要不一致时，会削弱内部动机，而能为个体需要提供支持和成就感的外部激励则会增强内部动机。因此，要增强学习者的内部动机，不仅要提供外界认为具有积极意义的奖励刺激，还要提供与学习者内在需要一致的外部激励。

张剑、郭德俊强调，认识评价理论认为信息性事件能够促进个体的"胜任感"，而控制性事件（个体产生压力）和去动机事件（个体认为无效）则会削弱内部动机[①]。因此，在学习活动中要增强学习者的内在动机，就应充分尊重学习者的主体地位，给予学习者选择学习内容、学习方式的主动权，使其感知到外部事件与个体行为的因果关系，而非强制性地迫使学习者进行没有胜任感和不自主的学习行为。

同时，内部动力还存在一种来自人际关系的动力——归属需要。个体如若处于一个有安全感和归属感的环境中，那么他将产生更多的内在动机行为，如感觉教师对自己冷漠的学生具有低水平的内在动机[②]。这种来自学校和教师的归属感、安全感必然不是引发学生内部动机行为的唯一和最关键因素，但同样需要我们给予高度关注。如果教师忽视学生互动的需要，那么学生参与课堂学习的内部动机就会降低，课堂表现不积极。由此可看出，满足学生自主需要、提高学生胜任感以及创建积极的师生、生生关系能对学生内部动机产生积极影响，这种持续加强的内部动机直接推动学生的学习活动。

（三）目标内容理论

目标内容理论（goal content theory，简称GCT）是自我决定论发展过程中较新的成果。简而言之，它将目标内容进行了划分，分别是内部目标内容与外部目标内容。目标内容理论认为，每一个个体追求的目标内容是有差异的。以内在目标为个体追求的人，更看重自我实现和个人成长、亲密社会关系、健康体魄等，是具有自我决定倾向的个体，体现出个体以基本心理需要为追求目标；而以外在目标为个体追求的话会更看重金钱、名誉、地位、权力或形象等，可能会对个体基本心理需要的满足起阻碍作用。

---

① 张剑，郭德俊. 内部动机与外部动机的关系［J］. 心理科学进展，2003（5）：545—550.

② 刘海燕，闫荣双，郭德俊. 认知动机理论的新近展：自我决定论［J］. 心理科学，2003（6）：1115—1116.

大量相关研究发现，内部目标对幸福感有积极作用，而当外部目标特别强烈甚至与内部目标不平衡时，就会对幸福感产生消极影响[①]。可见，内部目标与外部目标对个人的动机行为、基本心理需要的满足、主观幸福感的影响大相径庭，内部目标内容带来的影响更加具有积极性，而外部目标内容则与之相反。

客观而言，一个人的生活和学习不可能不存在外部目标内容，也不应当缺少内部目标内容。学生的学习不应是功利化的、"唯分数论"、"唯学位论"的，给予学生的教育和教学当然也不应如此。一线教育领域在回答"培养什么样的人"时，应该关注个体的个人追求、自身成长和自我实现，而不是用机械化的模式和沉重的学习负担"迫使"每个学生都成为所谓的"优生"。当然，根据有机整合理论，社会期盼也可以作为一种能够内化成内在动机的外在动机，但这需要个体能将社会期盼所要求的内容整合到自己的价值体系中，进而约束和指导自身内在目标的制定。

二、自我决定论对语文学习获得感研究的启示

自我决定论与语文学习获得感的最大共性便在于二者都强调了个体的主动性和能动性，自主决定论对于"自主"的强调也符合语文学习获得感由投入到获得再到获得感的逻辑。自我决定论的相关研究成果丰硕，分支理论发展较为成熟，上文中着重介绍了基本心理需要理论、认知评价理论和目标内容理论。自我决定论对语文学习获得感研究的启示主要体现在以下三个方面。

（一）语文学习获得感研究应关注学生的自主需要

自主需要的诉求是学习者在学习活动中的自由选择感和控制权得到满足，语文学习获得感的产生又何尝不依赖于此。

理想的学习行为应当是学生自愿、自主选择的，不过分依赖于外界刺激。即使认知评价理论认为影响内在动机的外界因素是消极的，但有机整合理论指出，因外在因素产生的动机能整合内化成内在动机，而成功整合和内化外在动机的学习者往往就能成为因果决定理论所认为的自我决定倾向水平高的学习者，这些学习者的自主学习行为并不是为了获得某种奖励或者规避某种惩罚，而是自我管理、自我建构的行为倾向。

---

① 丁维维，毛志雄. 自我决定理论在中学生锻炼行为促进领域的应用 [J]. 北京体育大学学报，2014，37（5）：84—91.

当学生个体能在学习过程中感受到自身意志与自身行为表现一致时，他的自主需要才能得到满足。而也只有当学生的自主需要得到满足时才会出现心理机能的最佳状态，进而激发其自主学习的动机，并引发自主掌控未来学习活动的冲动。因此，学生语文学习获得感的产生离不开他们对于语文学习希望感和价值感的认知，自主需要的满足促使学生理解语文学习的意义与价值，并坚定信心在未来继续进行投入，持续发挥自身在语文学习上的主观能动性。

学习的人本主义方法其重心不在学业成绩，而在于青少年的全面发展[①]。学习获得感以学生为主体视角，不以结果为导向而以过程为导向，关注学生在学习过程中的主观体验和实际体验。强调学生学习的获得感，本质上就是重新恢复和重视学生在学习过程中的主体性地位。

（二）语文学习获得感研究应关注学生的能力需要

能力需要是学生在学习活动中感受到的"我能行""我做得到"的积极心理需要，能力需要离不开学生掌握知识、应用知识、拓展技能的过程。当一个学生个体的能力需要得到满足时，他能感知到自己有能力让自身行为得到有效实施，自己对于学习的付出是有回报的、是值得肯定的。这种体现个人自信的"能力感""价值感"是学生与外部环境交互的累积结果，能给学生未来的学习活动提供动力支持，让学生相信自己有能力成功完成某项学习任务或达成某个学习目标，从而产生学习上重要的"自信感"。

中、小学生的语文学习离不开自信，这种自信感可能因收获好的成绩、荣誉或奖项而起，也有可能来源于高层次需要的满足。语文学习自信感高的学生通常相信自己有能力成功完成某项语文学习任务或达成某个语文学习目标。学生在学习语文过程中表现出的自信感是其学习能力及水平的另一体现，这种自信感也会继续影响下一阶段学生语文学习获得感的形成。因此，在设计测量中、小学生语文学习获得感的工具时，应当基于能力需要和语文学习的自信感进行题项拟定，如"我通常都相信自己有能力取得好的语文成绩""只要努力，我就能取得优异的语文成绩""我能达成自己确立的语文学习目标""我觉得我的语文学习能力比大多数同

① 奥恩斯坦，亨金斯. 课程：基础、原理和问题 [M]. 南京：江苏教育出版社，2013：124.

学强"等。

通常而言，语文学业成绩优异、获得更多语文相关荣誉和受语文老师表扬的学生会产生更多的语文学习自信感和语文学习获得感。那么，语文学业成绩略微一般、缺少语文相关荣誉的学生又能如何满足能力需要，提升语文学习自信感和语文学习获得感呢？这是后续研究和教学实践中应该着重思考的问题。

（三）语文学习获得感研究应关注学生的归属需要

归属需要反映了学生希望自己能在身处的学习群体中被接纳和融合，能与学习群体中的其他成员友好互动，收获来自其他成员的关心和关爱，从而产生对群体的认同感、安全感和归属感。学生在学习活动中渴望能与教师和同伴形成亲密友好的关系，都有着体验关爱与被关爱的情感需要。当学生能与群体内的其他个体建立亲密和谐的人际关系，并在群体中感受到人文关怀和安全感时，学生的归属需要就得到满足。

对于学生而言，在学校的语文学习活动中，最重要的人际关系还是更多地发生在与语文老师和同班同学的交流互动中。由此而来的积极感受在本研究中被命名为"师生关系亲和感"和"同伴关系亲和感"，体现中、小学生眼中语文老师或同学与其相处的现实情况，反映其与语文老师或同学在语文学习活动中亲密、和睦的状态和程度。因此，在设计测量中、小学生语文学习获得感的工具时，应当基于归属需要和"师生关系亲和感""同伴关系亲和感"进行题项拟定，如"当我取得进步时，语文老师会替我开心""我和语文老师能愉快地交谈""语文老师经常鼓励我""如果我有语文学习的困难，同学们就会帮我""如果同学有语文学习困难，我也会尽力提供帮助""因为有同学们在，所以我在学校不会无聊"等。

第四节　儿童中心论与语文学习获得感

儿童中心（child-centered）论常常指代帕克（Francis W. Parker）、霍尔（Stanley G.Hall）、杜威（John Dewey）等进步主义教育运动代表人物的儿童教育思想，旨在突出儿童在整体性视域中的中心地位，构成以儿童为中心的同心圆关系结构①。儿童中心，顾名思义，便是把儿童置于中心或主体的地位。杜威强烈地抨击了剥夺儿童自我的、强制实施的、机械主义的传统教育，提出了立足于儿童自身发展的儿童中心论。

一、儿童中心论的教育诉求

从儿童中心论的观点来看，教育的根本目的就是促进儿童的发展，因此儿童是一切教育教学活动的起点和中心，而教育也必须有儿童的积极参与和介入。当前也有不少研究者对于儿童中心论持批判性的态度，认为杜威的教育观并不能跟儿童中心主义画等号，应合理地评价儿童中心论的贡献与局限。但不可否认，以儿童为中心的理念给予了学校教育更高的反思空间，学校教育也理应从过于将儿童成人化、机械地灌输知识或过于自由放纵、不惩戒不干涉的两种极端的桎梏中脱离出来。

（一）把儿童看作儿童，让儿童成为儿童

在儿童中心论看来，儿童是"自然"的人，他们天生是单纯的而又善良的。但传统的儿童教育观把儿童视为"缩小的成人"，认为孩子是父母的私有物，是传宗

---

① 邹红军，麦克莱伦. 中国杜威"儿童中心"百年研究的四个问题：一个批判性考察 [J]. 教育科学，2020，36（5）：49—56.

接代的标志，却并未把儿童当作他们自己。儿童中心论也暗示着我们，对待儿童应当把儿童当作儿童来对待，而非把儿童当作成人来对待。正如卢梭所言："在人生的秩序中，童年有它的地位：应当把成人看作成人，把孩子看作孩子。"[①]

儿童中心并不是将儿童抽象和片面地放置在主体地位，而是关注儿童成长的过程，让教育真正为儿童发展服务。把儿童看作他们自己以及让儿童成为他们自己，便需要我们顺应儿童的身心发展规律，尊重儿童的个体发展倾向。教师不应是"灵魂的工程师"，学生不应是被加工的"对象"和"产品"。因此，在教育活动中，我们需要充分了解儿童、尊重儿童，不将成人的学习规律、习得习惯和对成人的心理行为规范刻板转移到儿童身上。儿童真正需要的是他们学习和活动的环境，是成人对儿童天性的理解和保护。

（二）重视儿童的经验，以"儿童中心"归正"学科中心"

杜威认为，传统的教育将儿童视为"知识的容器"，没有完全尊重儿童的经验，应当把儿童的经验当作是某些正在变化和形成的、富有生命力的东西[②]。正如孟子所言："尽信书，不如无书。"一味地被动"尽信书"，将学生当作知识的"容器"，最终学生拥有的只是标准化的知识，而没有自己的怀疑和思考。因此杜威也提出改革便是"把教育的中心搬一个家"，从学科搬到儿童，"使他能逐渐发展他的本能，直到他能自己教育自己为止"[③]。以学科为中心的理论和以儿童为中心的理论形成了鲜明的对立与差别，而教育教学活动以儿童为中心往往比以学科为中心难得多。

以儿童为中心并不是将教师边缘化，而是更加突出了教师的积极作用。艾达·德彭西尔在《杜威在芝加哥大学实验学校》中指出，教师的任务就是"为儿童选择有价值的经验，选择能激发儿童兴趣的问题，鼓励儿童去探究，并引导儿童观察他们周围的世界"[④]。因此，好的教师必然在教育教学活动中充分重视儿童的经

① 卢梭. 爱弥儿 [M]. 李平沤，译. 北京：商务印书馆，1978：74.
② 杜威. 学校与社会·明日之学校 [M]. 赵祥麟，任钟印，吴志宏，译. 北京：人民教育出版社，2005：41.
③ 同②.
④ 唐斌. 杜威的"儿童中心论"：本真意义与现实品格 [J]. 徐州工程学院学报（社会科学版），2020，35（2）：82-91.

验和兴趣，让儿童已有的经验与学习内容紧密连接，促使儿童的经验走向连续化和知识化。这对课程的设计者——国家、省市、学校和课程的实施者——教师来说，都是极其需要课程智慧的。儿童中心论的"以儿童为中心"或"做中学（learning by doing）"都不是在表面上下功夫，也并不是追求喧闹和做作的形式，而是让儿童作为学习者真正融入教育活动当中，从本能上调动他们的积极性并将经验继续丰富和内化。

二、儿童中心论对语文学习获得感研究的启示

儿童中心论的相关理念近年来在我国被越来越多的认可和提倡。随着基础教育课程改革的逐步深化，教育愈发注重学生的主体地位与学习主观体验，使学生从"知识容器"向"知识建构者"进行转变。语文学习获得感便是以青少年儿童为中心，以学生为主体视角，关注学生在语文学习过程中的主观体验。儿童决定论对语文学习获得感研究的启示主要体现在以下两个方面。

（一）搭建亲和的语文教学交往

过于强调"儿童中心"容易走向另一个极端——学术平等，削弱了作为师生关系本质的教学关系[①]。在20世纪的部分进步主义学校实验中，"儿童中心"的观念逐渐就被极端化，如纽约格林尼治村的游戏学校（Play School）期望通过儿童与环境的相互作用实现自我教育，试图用儿童对游戏的冲动维持他们在学校一整天中或自发或有意的活动[②]。"儿童中心"并不代表"儿童自由"，教师必须存在，而且需要跟学生搭建起较为平等的教学交往关系，这也是语文学习获得感同样强调师生关系亲和感的重要原因。

学生虽然年纪尚小，但是同样也是具有情感和理性功能、主观能动性的主体。教师与学生之间应是一种"我"与"你"的平等关系，存在一种平等的"参与—合作"关系。教师不能以年纪和资历压制学生，完全否定学生的观点和看法，一味地指责和贬低，将他们压制在"五指山"下。亲和的语文教学交往需要教师学会与学

---

① 罗德红，尹筱莉. 儿童中心论：一种教育学与心理学关系的视角 [J]. 南京师大学报（社会科学版），2009（2）：89—95.

② 张斌贤，王慧敏. "儿童中心"论在美国的兴起 [J]. 北京大学教育评论，2014，12（1）：108—122，190—191.

生沟通，增强情感的互通、彼此理解，在语文学习上鼓励学生表达自己的观点和理解，发挥自己的优势与特长。应当实事求是地看待学生，不专断也不放任。学生与语文教师之间是否能够平等交流、实现有效的互动也会在一定程度上影响学生的语文学习获得感，特别是师生关系亲和感。亲和的语文教学交往不是试图将语文教师边缘化，而是以师生之间的人格平等作为师生关系的基础。

（二）重视学生语文学习的兴趣与需要

儿童中心论提醒我们要以"儿童中心"归正"学科中心"，在教育教学活动中抛开课程和教材的束缚，实现"以学生为中心"，充分考虑学生的兴趣与需要。新学生观把学生看作年龄虽小但同样具有主观能动性、有可能参与教育活动的人，同时承认与尊重每一个学生个体的差异和独特性[①]。每一个学生都是独立的、有个性的、有特征的自然的人，他们之间必然存在着各式各样的差异，兴趣爱好、信念、世界观等都可能迥然不同。孔子两千多年前就提出"因材施教"，学生不能被"一概而论"。教育的根本目的是学生的发展，而非"填平补齐"，流水线化地制造出一模一样数以万计的"学习者"。

民主社会的教师能关注到课程和学生两端，"既能满足学生的兴趣需要，又能兼顾课程的方向指引"[②]。以儿童为中心和科学的学生观都在提醒我们，语文教学应当重视每个学生的独特性，了解和关注学生语文学习的兴趣与需要。重视学生语文学习的兴趣与需要，也是语文学习获得感的诉求。在语文学习的现实情况中，不少中小学生表现出了语文学习热情不高、缺乏语文学习兴趣等消极情况，更有甚者直言"语文是我最讨厌的学科"。语文学习获得感的产生需要两个基本条件：第一个，学生在学习过程中的各项学习需求都得到了满足；第二个，学生享有了一定程度的实质收获或是精神收获。若语文教学只是将所有的教材知识一股脑地灌输给学生，很有可能连第一个条件都无法满足，更别提精神层面上的收获了。

---

① 叶澜. "面向21世纪新基础教育"探索性研究理论纲要 [J]. 上海教育科研, 2001 (2): 2-4.

② 邹红军, 柳海民. 杜威"儿童中心"论在中国: 历史回望、基本共识与遗留问题 [J]. 教育学报, 2020, 16 (4): 119-128.

第 三 章
语文学习获得感的测量工具编制

科学、规范的研究离不开清晰、良好的研究设计，语文学习获得感的观测和考察也需要编制出一套适用于中国学生的测量工具。本研究基于已有相关研究与事先访谈，初步构建语文学习获得感的内涵实质与理论结构，并自行编制出具备良好信效度、适合进行本土化测量的有效工具《中小学生语文学习获得感问卷》。

第三章将主要针对语文学习获得感研究的测量目的、测量方法、维度结构以及研究工具《中小学生语文学习获得感问卷》（含《中小学生语文学习获得感现状分问卷》及《中小学生语文学习获得感影响因素分问卷》）的编制过程进行详细说明。

第一节 测量目的与方法

一、测量目的

本研究以广东省内副省级城市、经济特区等4个城市的中、小学生为案例，聚焦中国本土情境下小学生、初中生和高中生的语文学习获得感，目的在于调查和了解当前我国中、小学生语文学习获得感的整体水平与具体现状，挖掘和探究影响中、小学生语文学习获得感的关键内外界因素，诊断和探讨中、小学生语文学习获得感与其语文学业成绩之间的关系，进而提出提升中、小学生语文学习获得感的建议。

适宜和具体的研究问题是研究开展的重要基础和关键依据。语文学习获得感研究的三个测量目的如下：

1. 语文学习获得感是什么

（1）语文学习获得感如何定义？

（2）语文学习获得感包含哪些维度？

（3）能否在理论基础上编制一份信效度良好的调查问卷作为研究工具？

2. 当前中、小学生语文学习获得感现状如何

（1）当前小学生、初中生、高中生的语文学习获得感分别呈现出何种状态？

（2）不同性别、年级（学段）、语文学业成绩、户籍地、是否班干、父母文化程度等的中、小学生之间语文学习获得感是否存在差异？

（3）如果存在差异，差异又体现在哪些方面？

3．影响中、小学生语文学习获得感的因素有哪些

（1）影响中、小学生语文学习获得感的内在因素有哪些？

（2）影响中、小学生语文学习获得感的外在因素有哪些？

二、测量方法

本研究主要围绕中、小学生的语文学习获得感进行研究。中、小学生的语文学习获得感可以通过自我报告法进行观测，进而用数据进行分析，观测出当前小学生、初中生、高中生语文学习获得感的基本情况和不同类型与类别中、小学生语文学习获得感的差异，以及各个可能存在的影响因素与中、小学生语文学习获得感的相关性大小。同时，也可以通过深入的一对一访谈收集质性的文字，结合文本分析提炼概况，深入探究中小学生语文学习获得感的关键影响因素，进一步获取"师"与"生"不同角度学生语文学习获得感取得成就或存在问题的深层原因。

研究团队依据前期制定的三个主要研究问题，决定采用以问卷调查法为主、访谈法为辅的方式进行中、小学生语文学习获得感的研究。

（一）问卷调查法

若要调查中、小学生的语文学习获得感，当前最为快捷和有效的方式便是进行大规模的问卷调查。本研究通过整理已有相关研究，把握关键理论，并参考孙小红《2015版中学生学习幸福感量表》、张兴贵《青少年学生生活满意度量表》以及苗元江《综合幸福问卷》，通过设计、试测、调整等环节，自行编制《中小学生语文学习获得感问卷》（含《中小学生语文学习获得感现状分问卷》及《中小学生语文学习获得感影响因素分问卷》）。

为便于发放和整理、统计，本研究根据研究对象将问卷分别命名为《小学生语文学习获得感问卷》《中学生语文学习获得感问卷（初中版）》以及《中学生语文学习获得感问卷（高中版）》。

（二）访谈法

本研究依据自编的《中小学生语文学习获得感访谈提纲》对被试测对象中的部分小学生、初中生和高中生进行半结构访谈，主要选取有代表性的中、小学生进行访谈，如语文学业成绩优异的学生或在语文学习上有较大困难的学生。半结构访谈

将在安静的场所以个别访谈的方式进行，预计一个访谈对象的访谈用时为30分钟到1小时。通过与中、小学生的访谈，旨在从学生本人角度深入探究中、小学生语文学习获得感的基本情况及影响因素，进一步获取学生角度取得语文学习获得感或存在问题的深层原因。研究团队在访谈文本材料中寻找本土概念，以求深入挖掘形成当前中、小学生语文学习获得感现状和存在差异、薄弱环节的根本原因。

具体环节如下：

1. 访谈文本材料的搜集

研究者在访谈开始前先邀请受访中、小学生阅读《访谈知情同意书》，并签字确认。《访谈知情同意书》包括开场语、主要研究人员介绍及联系方式、研究目的、研究程序和"可能给你带来的不便"等部分。在此环节的最后再次提醒受访学生阅读结束语："本人已阅读上述有关'中小学生语文学习获得感'研究的介绍，并自愿参与该项研究。本人同意：（1）研究者对访谈内容进行录音；（2）访谈资料可以匿名的形式进行公开发表；（3）深圳大学或其他监管机构有权检阅不透露个人信息的访谈资料；（4）匿名的访谈资料可以与研究人员进行共享；（5）研究者可以保留本人的联系方式，以便我了解研究结果"并签名。研究者保证所有访谈录音均得到受访学生允许，不会泄露任何个人信息。为确保答案的真实性、可靠性和有效性，支持和鼓励受访学生告知研究人员真实想法，同时学生也有权利随时终止录音或退出本研究。

在完成《访谈知情同意书》的签字确认后，访谈由研究者主持和记录，配用手机和录音笔（或两支录音笔）同时对访谈内容进行录音，以确保访谈资料的完整，避免录音文件丢失造成不必要的损失。访谈录音于当日由研究者采用"讯飞听见语音转写平台"进行文本转制，再由研究团队根据真实访谈录音对文本材料进行二次修正，同时标记出重点内容。

研究者对所有访谈文本进行命名，命名规则为"被试姓名首字母—学段（P：小学；M：初中；H：高中）+年级—性别（M：男性；F：女性）—访谈地点（O：办公室；C：教室；M：会议室；等等）—访谈时间（YYYY/MM/DD）"。例如，"H-H2-F-O-20200805"，即为高二年级H姓女学生于2020年8月5日在办公室接受访谈的文本材料。

2．访谈文本材料的分析

本研究对受访中、小学生访谈录音进行文本转录后，将学生回答同一问题或相关问题的答案进行合并归类，研究团队对访谈文本材料进行持续对比。具体流程如下：

针对"学校为你的语文学习提供了足够的资源吗"这一问题，研究者先从访谈文本资料中搜寻与该部分相关的语句并尝试归类。如受访中、小学生提到的"图书馆开放时间不合理""语文文化活动单一"等。之后，持续进行上述步骤，重复分析，反复比对，逐步修正和完善文本分析结构，直至研究团队认为不再需要调整为止。在研究团队请教心理学、教育学专家学者后，确定最终的分类与编码。

研究团队充分将量化研究与质性研究相结合，文本分析结果结合问卷调查的数据结果，为中、小学生语文学习获得感的提升建议提供更为生动和丰富的材料。

第二节　语文学习获得感分析框架的建立

　　就学习获得感这一研究热点而言，它在思想政治教育领域备受关注，但在其他学科上还未引起研究者的注意。语文学习获得感是学习获得感在语文学科当中具体的表现，而当前系统进行语文学习获得感的研究还未出现。

　　因此，对于语文学习获得感概念的阐述，也尚未产生较为准确和概括的观点。本研究在获得感以及学习获得感研究基础之上，借鉴参考思想政治教育学习获得感等相关概念表述和阐释，认为语文学习获得感是学生在语文学习过程中，因各项学习需求得到满足，享有一定语文相关实在获得后，产生的一种正向的、积极的主观感受。同时，从学生主体角度出发，本研究认为语文学习获得感大致包括语文学习自信感、语文学习愉悦感、语文学习希望感、师生关系亲和感与同伴关系亲和感。本研究对语文学习获得感的尝试性建构也与马丁·赛利格曼"幸福2.0"理论中的PERMA五元素存在多种契合。

一、语文学习自信感

　　语文学习获得感产生的主要动力源泉就是语文学习自信感。

　　《现代汉语词典》对"自信"一词的解释是"相信自己"，"相信自己"对于青少年的学习和生活而言都十分重要。聂衍刚等在进行青少年自我意识功能结构的研究时提出，自信感是自我体验维度中的一个重要因素，是在自我认识的基础上产生的，表现了青少年在生活和学习中对自己的信任感、自我效能感等自我体验的内容①。卢家楣等在对我国青少年理智情感进行现状调查时也将"自信感（feeling of self-confidence）"纳入青少年理智情感的范畴，认为自信感是一种对自己学习能力确信的情感②。而语文学习获得感中的语文学习自信感也是同理，它反映出了学生在语文学习中的自我认知和预期，表现在是否相信自己有能力完成某项语文学习任务或达成某个语文学习目标。语文学习自信感可谓是产生语文学习获得感的主要动力源泉，也是语文学习获得感中的重要组成部分，学生在学习语文过程中表现出的自信感是其学习能力及水平的另一体现。同时，这种自信感将继续影响下一阶段学生语文学习获得感的形成。另外，学生的语文学习自信感也是其学习自我效能感在语文学习上的反映。

语文学习自信感反映了相信自己有能力成功完成某项语文学习任务或达成某个语文学习目标，是对自己能力的自信。而这种自信感建立在已经发生的成功事件基础之上，可能源于收获了好成绩、荣誉或奖项，也有可能源于高层次需要的满足，如个体自尊需求等。这与幸福2.0理论中的成就（或成绩）相似。但自信感与马丁·赛利格曼提出的成就元素仍有细微的差别，"成就"存在一种特别的情况，即"为了赢而赢"，哪怕这份成功不能带来任何积极的情绪、关系，哪怕是作弊得来的"卑劣的胜利"③。但语文学习自信感更关注学生因为已经发生的实际性的"成就"（包括成绩、荣誉、表扬等）而产生的自我认知上的积极作用和影响。

二、语文学习愉悦感

语文学习获得感中的关键组成部分之一就是语文学习愉悦感。

学习获得感的概念由获得感引申而来，而语文学习获得感恰恰是学习获得感在语文学科的具体表现。因此语文学习获得感的概念本质还要回到获得感本身上来探讨。如果一个学生在语文学习上十分痛苦，即便他取得了优秀的学业成绩，又怎谈幸福感和获得感呢？究其来源，语文学习获得感是一种积极的情感体验和正向的主观感受。而在这之中，语文学习带来的愉悦感必然是非常重要的积极情感成分，

---

① 聂衍刚，张卫，彭以松，等. 青少年自我意识的功能结构及测评的研究 [J]. 心理科学，2007（2）：411-414.
② 卢家楣，汪海彬，陈宁，等. 我国青少年理智情感现状调查研究 [J]. 教育研究，2012，33（1）：110-117.
③ 塞利格曼. 持续的幸福 [M]. 赵昱鲲，译. 杭州：浙江人民出版社，2012：17.

也是积极学业情绪的关键构成要素。语文学习愉悦感反映出学生在学习语文的过程中持续地产生出的欢乐、喜悦的心理状态，这与PERMA中积极情绪（positive emotion）有着共同之处。赛利格曼认为，积极情绪起到基石的作用，是快乐或愉悦的要素，包含了高兴、狂喜、舒适等[①]。在语文学习中，愉悦感即表现了学生开心、愉悦的情绪状态，描绘了学生所感知到的语文学习幸福程度。

《现代汉语词典》对"愉悦"一词的解释是"喜悦"。而对学生而言，愉悦并不是表层的、浅显的、快乐的情绪，而应当是更为深层次的，更多地来源于认知获得的结果。语文学习愉悦感绝不来自轻松的课业任务，也不来自对学习活动的成功"逃避"。庆幸于"今天语文老师没有布置作业"，又或是"这节课语文抽背没有抽到我"的学生可能在当时有开心、快乐的心情，但必然产生不了较高水平的语文学习愉悦感。语文学习愉悦感应该表现为学生在学习语文的过程中持续地产生出的欢乐、喜悦的心理状态，它对学生语文学习的内部动机和外部行为都应当有强有力的强化作用。一个语文学习愉悦感水平高的学生，对语文学习任务能持续保持一个较高的兴趣水平和较高的学习投入水平，在没有外界要求（如教师、家长的监督和要求）下也能够自觉和主动地沉浸在学习活动当中。在学生学习语文的过程中，其愉悦感状况也在一定程度上体现出了其参与语文学习活动的深度和广度。学生在进行语文学习时，是否产生了一定的愉悦感是衡量其语文学习获得感的重要维度。

三、语文学习希望感

语文学习获得感中的有关未来的积极情绪便是语文学习希望感。

《现代汉语词典》中对"希望"一词的解释是"心里想着达到某种目的或出现某种情况"。斯奈德（Charles Richard Snyder）的希望理论（hope theory）也提出，人的希望感与其心理健康密切相关，希望这种积极的动力状态能够促使人朝着目标前进，寻求路径，克服困难。张萍等将青少年儿童的希望感解释为"个体对美好关系或美好目标有积极期待的认知和情感体验"。同时也提出这种"美好关系"和"美好目标"来源于青少年儿童的家庭、社会、人际、学习等方面[②]。而聚

---

① 塞利格曼. 持续的幸福 [M]. 赵昱鲲, 译. 杭州: 浙江人民出版社, 2012: 15.
② 张萍, 汪海彬, 李志专, 等. 儿童青少年希望感问卷编制 [J]. 中国临床心理学杂志, 2022, 30 (1): 30—35.

焦在语文学习中，本研究认为学生的希望感主要体现在两个方面。一方面为理解语文学习的价值与意义。就如叶圣陶先生所言："学语文为的是用，就是所谓学以致用。"①只有当学生认为其学习和学习目标是有意义的，并伴有一定难度和挑战性时，其语文学习希望感才会最为强烈。若其认为学习语文实际并不实用或仅是浪费时间，那么希望感也自然不会存在。另一方面则为有克服困难和实现目标的决心、方法。较高的语文学习希望感水平也体现在学生能够在克服困难、实现目标的过程中积极寻求路径并按部实施计划，充分发挥其主观能动性。孙小红在其博士论文中也将"希望感"列为中学生学习幸福感的其中一个因素，提出希望感维度包括了学力优势、学业乐观和求解欲三个因子②，本研究在设计语文学习希望感维度时也参照了这一解释。

语文学习希望感与幸福2.0理论中的意义和投入有着较强的联系。马丁·赛利格曼将"意义"的特征解释为"通常会觉得自己的行为是有价值的"，它不仅是一种单纯的主观感受，还是较为冷静和客观的判断③。语文学习希望感其首要层面就体现在理解语文学习的意义与价值，明白语文学习的重要性。PERMA中的"投入"也可以理解为沉浸体验，强调人完全投入到他所做的事情当中。在语文学习中，也体现为学生认为自己在语文上的投入是有价值和积极作用的，喜欢和愿意学习新知识，并有决心克服困难，有方法实现目标。

四、师生关系亲和感、同伴关系亲和感

语文学习获得感中的重要关系支柱便是师生关系亲和感与同伴关系亲和感。

本研究认为的语文学习中的亲和感主要来自学生的人际关系，而在学校中对于学生而言最重要的人际关系便是师生关系和生生关系，因此亲和感也应包含"师生关系亲和感"与"同伴关系亲和感"两个元素。《现代汉语词典》对"亲和"一词的解释是"亲爱和睦（蔼）"。张兴旭、郭海英、林丹华在对同伴、师生关系与青少年主观幸福感关系的研究中发现，同伴、师生关系均能正向预测学生的主观幸

---

① 叶圣陶. 语文随笔 [M]. 北京：中华书局，2007：3.
② 孙小红. 中学生学习幸福感的结构与测量 [D]. 南京：南京师范大学，2016：52—54.
③ 塞利格曼. 持续的幸福 [M]. 赵昱鲲，译. 杭州：浙江人民出版社，2012：16，25.

福感，青少年主观幸福感的提高还需要促进良好师生关系和生生关系的建立①。亲和的、积极的师生、生生等人际关系能为学生带来更为丰富和充实的学校生活，同时也会影响其学习投入、学习体验等。语文学习的亲和感包含学生与语文老师和同学的关系融洽度、对集体的归属感、团队合作与互助的参与程度及和谐程度等。亲密、和谐的师生情谊和同伴友谊更有利于学生在学习上获得成功，从而产生更多的语文学习获得感。

师生关系亲和感与同伴关系亲和感也与赛利格曼提到的人际关系相似。人际关系强调积极的关系，也是发展蓬勃人生的重要依靠。通过语文学习，学生可以获得和提升积极的人际关系，在这里特别强调校园环境中的师生关系和生生关系。青少年与同伴相处的时间，要多于与家人在一起的时间②。丁托的离校纵向模型也提出，师生之间以及生生之间的良好交流都有助于学生圆满完成学业③。但过往的学习获得感相关研究多关注师生关系对学生的影响，而较少考虑到生生关系、同伴关系对学生生活满意度、主观幸福感和学习获得感的影响。语文学习获得感中师生关系亲和感和同伴关系亲和感的获得是学生感受到被爱与被关心、群己联结的一种体现。

综合来看，语文学习获得感的核心指向学生，可以认为，语文教学质量的评价指标之一便是学生的语文学习获得感。从学生主体角度出发，语文学习获得感具有语文学习自信感、语文学习愉悦感、语文学习希望感、师生关系亲和感与同伴关系亲和感五个维度。语文学习自信感反映学生在语文学习中的自我认知和预期，其水平高低表现在是否相信自己有能力成功完成某项语文学习任务或达成某个语文学习目标。语文学习愉悦感表现为学生在学习语文的过程中产生出的具有一定持续性的欢乐、喜悦的心理状态，这种愉悦感是深层的，更多地来源于认知获得的结果。语文学习希望感主要体现在两个方面，一是理解语文学习的价值与意义，二是有克服语文学习困难和实现语文学习目标的决心、方法。师生关系亲和感反映学生与语文老师的关系融洽程度和亲近程度，是否能感受到语文老师对自己的关心、鼓励。同

① 张兴旭，郭海英，林丹华. 亲子、同伴、师生关系与青少年主观幸福感关系的研究 [J]. 心理发展与教育，2019，35（4）：458—466.

② 谢弗，基普. 发展心理学 [M]. 邹泓，译. 北京：中国轻工业出版社，2009：547.

③ VINCENT TINTO. Leaving college: rethinking the causes and cures of student attrition [M]. 2nd. Chicago: Univercity of Chicago Press，1993：114.

伴关系亲和感代表学生与同伴的关系融洽程度和关系亲近程度，以及对集体的归属感、团队合作与互助的参与程度及和谐程度等。

良好的语文学习获得感会体现在以下三个方面。

第一，学生通过语文的学习，产生了一定知识和能力的实质获得。学生语文学习获得感产生的第一前提是实实在在的收获和获得，有实质的获得才能带来积极的获得感。拥有良好语文学习获得感的学生，在其语文学习过程中，必然获得了一定程度的知识和能力。并且，学生对自己获得的知识与能力有着明显的自我感知，伴随这种自我感知而来的是成就感、自信感、自我效能感等。

第二，学生在进行语文学习活动时能一直保持一种较为积极的情感体验和情绪状态。本研究认为，获得感、学习获得感以及语文学习获得感的本质均为一种正向的、积极的主观感受，因此获得感就其本源是一种积极的存在。语文学习获得感水平较高的学生在其语文学习过程中能保持向上的心态，学习投入水平也较高，学习体验也较为积极。同时，这种正向的、积极的主观感受也将持续地影响学生下一阶段的学习。

第三，学生在学习语文时有着较强的主观能动性，面对语文学习困难时也能保持正确的心态，不断地学习学科知识，提升认知，充实情感。语文学习获得感较为良好的学生能充分发挥自己的主观能动性，有着更为明确和细致的学习目标和学习计划，能真正促使自己做到学有所得、学有所获。

第三节 《中小学生语文学习获得感问卷》编制

若要了解当前小学生、初中生、高中生的语文学习获得感状况，进行大规模的问卷调查是效率最高、可推广性最大的方法。因此，编制一份适于测量我国中、小学生语文学习获得感的本土问卷是本研究的重中之重、难中之难。在本节中，将详细阐述《中小学生语文学习获得感问卷》的编制过程，包括题项设计、试测以及修订。本研究问卷编制与修订的设计流程如下：

首先，研究者在文献分析、咨询专家以及对部分中、小学生进行事先访谈的基础之上，借鉴相对成熟且认可度、推广度较高的相关问卷，尝试建构出中、小学生语文学习获得感的理论框架，并由此设计每个维度的具体题项。

其次，通过小范围测试收回的有效数据对《中小学生语文学习获得感问卷》进行第一轮探索性因子分析（《中小学生语文学习获得感现状分问卷》及《中小学生语文学习获得感影响因素分问卷》两个分问卷的数据分析将分开进行），依据探索性因子分析的结果对问卷题目和维度进行适当地调整。

最后，通过车轮式的逐题调整和修订，确定《中小学生语文学习获得感问卷》的最终维度结构与组成题项，并验证每一维度和总体问卷的信效度，确保本问卷可以作为测量中、小学生语文学习获得感的工具进行大范围地使用。

一、题项设计

在整份调查问卷当中，题项的设计是最为关键和耗时的环节。在正式编制《中小学生语文学习获得感问卷》前，研究者按目的抽样对广东省S市6名中、小学生进行事先访谈，男生3名（分别为1名小学生、1名初中生和1名高中生），女生3名（分别为1名小学生、1名初中生和1名高中生）。

事先访谈主要针对以下三个问题进行调查：（1）请评价一下你在语文学习上的表现，可以举具体事例；（2）在小学/初中/高中阶段，学习语文有没有给你带来积极的心理感受，具体是什么；（3）你认为影响你语文学习热情和兴趣的因素有哪些。事先访谈时长约为3小时，转录后形成的文本资料约3万字。研究团队对访谈文本进行梳理和反复对比，提拔本土概念，形成结构条目，获得了关于中、小学生语文学习获得感的有用信息，尝试将此有用信息转化为《中小学生语文学习获得感问卷》的备用题项。

同时，本研究整理"学习体验""学习收获""学习投入""学生主观幸福观""学习满意度""sense of learning gains""student satisfaction""learning well-being"等相关领域已有文献，把握关键理论。参考孙小红《2015版中学生学习幸福感量表》、张兴贵《青少年学生生活满意度量表》以及苗元江《综合幸福问卷》等信效度较高的量表，对问卷的维度及题项进行修订与完善。同时，邀请教育学、心理学专家为问卷提供修改建议，并对问卷语言进行斟酌和润色[①]。让每个题项既是个体又是整体，有自己单独存在的意义，也有自己可属的维度。

经过上述步骤，形成具有52个题项的初版《中小学生语文学习获得感问卷》，包括《中小学生语文学习获得感现状分问卷》（37题）以及《中小学生语文学习获得感影响因素分问卷》（15题）。《中小学生语文学习获得感问卷》采用Likert5点量表进行计分，从"很不符合""不太符合""一般""比较符合"到"非常符合"依次记为1分到5分（3道反向题进行反向计分）。问卷指示语明确："下列题目将了解你的语文学习情况。请根据你的真实想法，选择'很不符合''不太符合''一般''比较符合'或'非常符合'。"

两个分问卷分别设置维度和题项，详细情况如下。

初版《中小学生语文学习获得感现状分问卷》初步设置了4个维度，分别为：语文学习愉悦感（8题）、语文学习自信感（13题）、语文学习亲和感（11题）、语

————————

①　特此感谢深圳大学湾区教育研究院赵明仁院长、深圳大学心理学院迟新丽副教授、人民教育出版社博士后科研工作站孟宪云博士、深圳市莲花小学郑玉平博士对本研究问卷设计的指导！

文学习希望感（8题）。以问卷总分作为中、小学生语文学习获得感的评价指标，分数越高表明受测中、小学生语文学习获得感水平越强，分数越低表明受测中、小学生语文学习获得感水平越低。初版《中小学生语文学习获得感影响因素分问卷》初步设置了3个维度，分别为个体自身因素、学校环境因素、课堂教学因素，每个子维度各设5个题项。为保证回收数据的可靠性和科学性，研究团队在15个题项中设置了反向题3道。初版《中小学生语文学习获得感问卷》的最后附上静态信息12题，涵盖学生性别、年级、最喜欢和最讨厌的科目、是否住校、语文成绩、担任职务、是否为独生子女、父母文化程度等个人信息。

为了不影响受测中、小学生填写问卷时的真实判断和第一反应，研究团队在发放问卷时使用问卷别名《小学生语文学习情况调查》《中学生语文学习情况调查（初中生）》以及《中学生语文学习情况调查（高中生）》。

因为部分问卷调查在线上进行，研究团队成员无法到场解释说明，因此特在问卷开头下方设置开场指示语："亲爱的同学：你好！为了解小（中）学生的语文学习情况，改进语文教学，推动学习质量提升，课题组特编制此次问卷，现诚邀你参加。调查数据仅用于科学研究，不会给你带来任何不良影响。答案没有对错，请根据你的真实情况放心填写。谢谢你的参与！"让参与调查的中、小学生简单了解本研究的目的和意义，同时引起他们对问卷作答的重视，也消除学生对问卷填写内容是否保密等问题的担心。在问卷的最后也设置了结束语："问卷到此结束，感谢你参与本研究！祝学习进步，天天开心！"对参与调查研究的学生再一次表示感谢。

二、《中小学生语文学习获得感问卷》的试测

（一）试测对象

本研究采取随机抽样的方式抽选两所学校进行试测，共回收问卷599份。其中，有效问卷526份，无效问卷73份，回收有效率87.81%。因试测首先在中学展开，因此第一轮样本全部为初中生和高中生。

在人口统计因素方面，受测男生272名，占总有效受测人数的51.71%；受测女生254名，占总有效受测人数的48.29%。受测初一年级学生349名，占总有效受测人数的66.35%；受测初二年级学生150名，占总有效受测人数的28.52%；受测初三年级

学生4名，占总有效受测人数的0.76%；受测高一年级学生14名，占总有效受测人数的2.66%；受测高二年级学生9名，占总有效受测人数的1.71%。受测城市户籍学生360名，占总有效受测人数的68.44%；受测农村户籍学生166名，占总有效受测人数的31.56%。受测独生子女113名，占总有效受测人数的21.48%；受测非独生子女413名，占总有效受测人数的78.52%。

总体来看，试测样本基本情况比较理想。有效样本做到男女学生数目均等，年级涵盖广泛（除面临中考、高考的毕业年级外），被试学生自我报告的语文成绩也呈现出较为合理的正态分布。有效问卷学生样本信息如下表3-3-1所示。

表3-3-1　学生样本特征统计（N=526）

变量	选项	数量/人	比例/%
性别	男	272	51.71
	女	254	48.29
年级	初一年级	349	66.35
	初二年级	150	28.52
	初三年级	4	0.76
	高一年级	14	2.66
	高二年级	9	1.71
语文成绩	名列前茅	34	6.46
	中上水平	152	28.90
	中等水平	242	46.01
	中下水平	75	14.26
	比较差	23	4.37

（二）统计分析

初版《中小学生语文学习获得感问卷》的试测分析由研究团队采用SPSS 26.0和AMOS 26.0两个软件对回收的有效数据进行信度和效度的检验，包括项目分析、探索性因素分析、信度分析、验证性因素分析和效度分析等环节。

特别要指出的是，《中小学生语文学习获得感现状分问卷》与《中小学生语文学习获得感影响因素分问卷》的各项分析均分开进行，但为方便读者后续阅读，将在下文陈述中作合并说明。

三、《中小学生语文学习获得感问卷》的修订

（一）《中小学生语文学习获得感问卷》的区分度检验

《中小学生语文学习获得感问卷》的区分度检验通过项目分析完成，采用试测的回收有效数据（N=526）进行。题总分析显示，所有题项与总分的相关系数均大于0.400，所有项目在高分、低分组均有显著差异（$p < 0.001$），且决断值（Critical Ratio，简称CR）均大于3.00，说明初版《中小学生语文学习获得感问卷》的52个题项均具有良好的区分性和鉴别度。经过上述项目分析，暂时保留两个分问卷的所有52个题项。

（二）《中小学生语文学习获得感问卷》的探索性因素分析

《中小学生语文学习获得感问卷》KMO值为0.962，$p < 0.001$达到显著水平。《中小学生语文学习获得感现状分问卷》与《中小学生语文学习获得感影响因素分问卷》的KMO值也分别为0.962和0.896，接近1.000，同时p值均小于0.001，两个分问卷也都超过标准。分析结果如下表3-3-2所示。可见，试测的样本数据适合进行因素分析。

表3-3-2　《中小学生语文学习获得感问卷》KMO值与巴特利特球形检验

检验对象	KMO值	巴特利特球形检验 Sig
《中小学生语文学习获得感问卷》试测数据	0.962	0.000
《中小学生语文学习获得感现状分问卷》试测数据	0.962	0.000
《中小学生语文学习获得感影响因素分问卷》试测数据	0.896	0.000

编者注：基于统计学的数据精确度，表中的0.000不约为0，以下全书同。

1. 《中小学生语文学习获得感现状分问卷》的维度与题项修订

针对初版《中小学生语文学习获得感现状分问卷》的37个题项采用主成分分析法提取因子，并用最大方差法进行旋转。最终，生成了特征值大于1的因子5个，累积方差解释率65.130%。从主成分特征的碎石图（见图3-3-1）中也可以发现，曲线在第5个因素后逐渐趋于平缓。

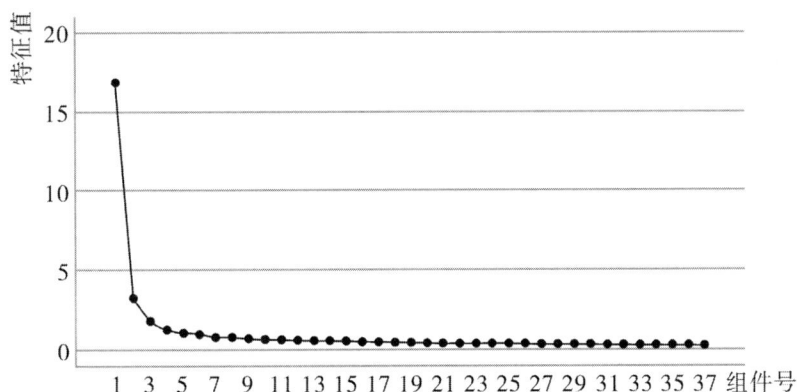

图3-3-1　《中小学生语文学习获得感现状分问卷》主成分特征碎石图

　　为确定各个因子中需要包含的题项，需要查看最大方差法旋转后的成分矩阵，并以其数据结果为依据对项目进行删减。修正前的《中小学生语文学习获得感现状分问卷》旋转后的成分矩阵如表3-3-3所示。

表3-3-3　《中小学生语文学习获得感现状分问卷》探索性因素分析结果（修正前）

题项	维度				
	因子1	因子2	因子3	因子4	因子5
T12.语文考试取得好成绩对我来说不是一件难事	0.844				
T11.我对我的语文成绩感到满意	0.801				
T16.我对我的语文学习情况很满意	0.752				
T5.我觉得我的语文学习能力比大多数同学强	0.744				
T30.与其他同学相比，我在语文上得到的荣誉更多	0.692				
T13.我在语文学习上很有成就感	0.673				
T6.我通常都相信自己有能力取得好的语文成绩	0.661				
T23.我总能实现他人在语文学习上对我的期望	0.641				
T17.我一点儿也不害怕语文考试	0.628				
T24.我能达成自己确立的语文学习目标	0.619				

（续表）

题项	维度				
	因子1	因子2	因子3	因子4	因子5
T37.我能够想出许多解决语文难题的方法	0.548				
T14.只要努力，我就能取得优异的语文成绩	0.524				
T34.过去的语文学习经历为我未来的学习打下了良好的基础	0.519				
T25.我觉得语文课上学到的东西很重要		0.684			
T22.我愿意花时间学习语文		0.647			
T28.我愿意将更多的精力投入到语文学习中		0.644			
T35.我觉得学习语文是有用的		0.630			
T20.我希望在语文学科上取得更大的成就		0.547			
T27.如果同学有语文学习困难，我也会尽力提供帮助		0.526			
T18.我能感受到学习语文的意义与价值		0.511			
T10.能将所学的语文知识运用到实际生活中，我觉得很快乐		0.476			
T1.我觉得语文课的时间总是过得很快			0.713		
T3.我很享受学习语文的过程			0.711		
T4.我喜欢在语文课上学习新知识			0.695		
T9.在学习语文时，我总感到快乐			0.658		
T8.我总是期待上语文课			0.632		
T15.学习语文对我来说一点儿也不无聊			0.575		
T7.上语文课时，我会全身心地投入其中			0.508		
T31.语文老师经常鼓励我				0.778	
T32.我和语文老师能愉快地交谈				0.754	
T33.语文老师会平等地对待每一位同学				0.718	
T2.语文老师对我很好				0.675	
T21.当我取得进步时，语文老师会替我开心				0.673	

（续表）

题项	维度				
	因子1	因子2	因子3	因子4	因子5
T36.通过语文学习活动，我和同学们的关系更加亲近了				0.422	
T29.因为有同学们在，所以我在学校不会无聊					0.786
T19.我的同学们对我很友善					0.785
T26.如果我有语文学习的困难，同学们就会帮我					0.606

在依据旋转后成分矩阵进行题项删减时，本研究筛选题目的标准主要有以下两点：（1）在所属维度中最大载荷仍小于0.450的题项需要删除；（2）存在双重负荷（甚至多重负荷）的题项需要删除。

每删除一个题项便重新进行分析，以新一轮的旋转后成分矩阵结果决定下一轮需要进一步进行删除的题项。此外，本研究也对一个因子和维度内与其他题项内容关联度低的题项进行尝试删除，同时保证每个因子和维度至少包含3个题项。

经过此项程序后，《中小学生语文学习获得感现状分问卷》最终删除T16、T34 2个题项，剩余35个题项。本研究对剩下的35个题项再次进行探索性因素分析，结果显示：KMO=0.968，巴特利特球形检验 x^2 =34 210.339，DF=595，$p < 0.001$，累积解释65.545%的变异。可见，问卷分析修正后的结果比较理想。

表3-3-4　《中小学生语文学习获得感现状分问卷》探索性因素分析结果（修正后）

题项	维度				
	因子1	因子2	因子3	因子4	因子5
T12.语文考试取得好成绩对我来说不是一件难事	0.848				
T11.我对我的语文成绩感到满意	0.779				
T5.我觉得我的语文学习能力比大多数同学强	0.735				
T30.与其他同学相比，我在语文上得到的荣誉更多	0.714				
T6.我通常都相信自己有能力取得好的语文成绩	0.670				

（续表）

题项	维度				
	因子1	因子2	因子3	因子4	因子5
T13.我在语文学习上很有成就感	0.662				
T23.我总能实现他人在语文学习上对我的期望	0.652				
T24.我能达成自己确立的语文学习目标	0.629				
T17.我一点儿也不害怕语文考试	0.615				
T37.我能够想出许多解决语文难题的方法	0.540				
T14.只要努力，我就能取得优异的语文成绩	0.532				
T3.我很享受学习语文的过程		0.777			
T1.我觉得语文课的时间总是过得很快		0.741			
T4.我喜欢在语文课上学习新知识		0.715			
T9.在学习语文时，我总感到快乐		0.691			
T8.我总是期待上语文课		0.670			
T15.学习语文对我来说一点儿也不无聊		0.542			
T7.上语文课时，我会全身心地投入其中		0.537			
T10.能将所学的语文知识运用到实际生活中，我觉得很快乐		0.478			
T20.我希望在语文学科上取得更大的成就			0.648		
T25.我觉得语文课上学到的东西很重要			0.636		
T35.我觉得学习语文是有用的			0.628		
T22.我愿意花时间学习语文			0.627		
T18.我能感受到学习语文的意义与价值			0.598		
T28.我愿意将更多的精力投入到语文学习中			0.554		
T31.语文老师经常鼓励我				0.766	
T32.我和语文老师能愉快地交谈				0.766	
T33.语文老师会平等地对待每一位同学				0.674	
T21.当我取得进步时，语文老师会替我开心				0.653	
T2.语文老师对我很好				0.614	
T29.因为有同学们在，所以我在学校不会无聊					0.737

（续表）

题项	维度				
	因子1	因子2	因子3	因子4	因子5
T19.我的同学们对我很友善					0.732
T26.如果我有语文学习的困难，同学们就会帮我					0.730
T27.如果同学有语文学习困难，我也会尽力提供帮助					0.595
T36.通过语文学习活动，我和同学们的关系更加亲近了					0.555

由上表3-3-4可见，《中小学生语文学习获得感现状分问卷》的5个因子结构清晰，各个指标均表现良好。

因子1（11个题项）主要反映了中小学生是否相信自己有能力成功完成某项语文学习任务或达成某个语文学习目标的情况，因此将这一因子命名为"语文学习自信感"。

因子2（8个题项）主要反映了中小学生在学习语文的过程中能持续地产生出的欢乐、喜悦的情绪状态水平高低，因此将这一因子命名为"语文学习愉悦感"。

因子3（6个题项）主要反映了中小学生是否理解语文学习的意义与价值并且能否在将来进行持续的投入，因此将这一因子命名为"语文学习希望感"。

因子4（5个题项）主要反映了中小学生眼中语文老师与其相处的现实情况，师生关系是否亲近、和谐，因此将这一因子命名为"师生关系亲和感"。

因子5（5个题项）主要反映了中小学生在语文学习活动中与同学相处的现实情况，生生关系是否亲近、和谐，因此将这一因子命名为"同伴关系亲和感"。

2.《中小学生语文学习获得感影响因素分问卷》的维度与题项修订

针对初版《中小学生语文学习获得感影响因素分问卷》的15个题项采用主成分分析法提取因子，并用最大方差法进行旋转。最终，生成了特征值大于1的因子3个，累积方差解释率57.906%。从主成分特征的碎石图（见图3-3-2）中也可以发现，曲线在第3个因素后逐渐趋于平缓。

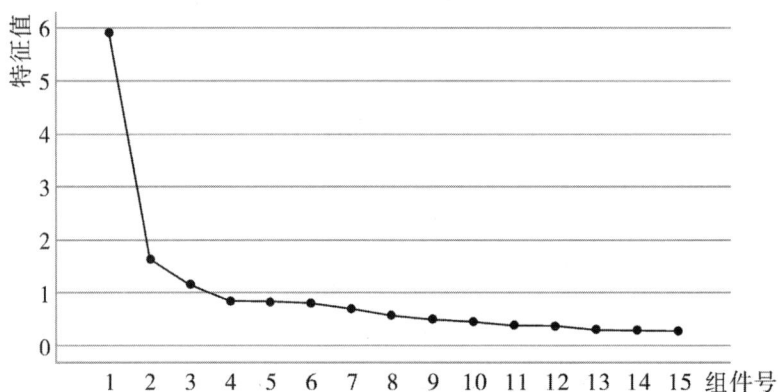

图3-3-2 《中小学生语文学习获得感影响因素分问卷》主成分特征碎石图

为确定各个因子中需要包含的题项，需要查看最大方差法旋转后的成分矩阵，并以其数据结果为依据对项目进行删减。修正前的《中小学生语文学习获得感影响因素分问卷》旋转后的成分矩阵如下表3-3-5所示。

表3-3-5 《中小学生语文学习获得感影响因素分问卷》探索性因素分析结果（修正前）

题项	维度		
	因子1	因子2	因子3
T9.语文老师能清晰地讲解知识点	0.814		
T11.语文老师会给每一名同学发言或提问的机会	0.802		
T14.语文老师在课上经常与我们互动和交流	0.752		
T1.语文老师上课讲的内容都很有趣	0.716		
T4.语文老师讲课时会运用多媒体，让课堂变得更生动	0.665		
T2.我喜欢我们学校的校园环境	0.571		
T10.我喜欢我们学校的教室空间设计	0.530		
T5.我会制订自己的语文学习计划		0.801	
T6.学校的图书馆能满足我学习语文的需要		0.791	
T8.学校提供的多媒体资源能满足我学习语文的需要		0.680	
T3.我会反思自身语文学习上的不足		0.656	
T15.学校举行了丰富的语文文化活动		0.529	
T12.我的消极情绪总会影响语文学习			0.707
T13.我在语文考试中失误是因为运气太差			0.651
T7.我的性格比较内向			0.639

在依据旋转后的成分矩阵进行题项删减时，本研究筛选题目的标准与流程同《中小学生语文学习获得感现状分问卷》的修订所述，此处不再多做赘述。

经过上述程序后，《中小学生语文学习获得感影响因素分问卷》最终删除T2、T3、T5、T7、T12、T13这6个题项，剩余9个题项。本研究对剩下的9个题项再次进行探索性因素分析，结果显示：KMO=0.886，巴特利特球形检验x^2=2217.182，DF=36，$p < 0.001$，累积解释64.788%的变异。可见，问卷分析修正后的结果比较理想。

表3-3-6 《中小学生语文学习获得感影响因素分问卷》探索性因素分析结果（修正后）

题项	维度	
	因子1	因子2
T11.语文老师会给每一名同学发言或提问的机会	0.789	
T9.语文老师能清晰地讲解知识点	0.779	
T14.语文老师在课上经常与我们互动和交流	0.764	
T1.语文老师上课讲的内容都很有趣	0.746	
T4.语文老师讲课时会运用多媒体，让课堂变得更生动	0.703	
T6.学校的图书馆能满足我学习语文的需要		0.839
T8.学校提供的多媒体资源能满足我学习语文的需要		0.777
T15.学校举行了丰富的语文文化活动		0.720
T10.我喜欢我们学校的教室空间设计		0.650

由表3-3-6可见，《中小学生语文学习获得感影响因素分问卷》的2个因子结构清晰，各指标均良好。

因子1（5个题项）主要反映了中小学生眼中语文教师的课堂教学情况，因此将这一因子命名为"课堂教学因素"。

因子2（4个题项）主要反映了中小学生对所属学校客观外界环境的满意度评价，因此将这一因子命名为"学校环境因素"。

经过上述分析后，本研究认为通过试测数据分析所得出的课堂教学因素和学校环境因素不足以涵盖影响中小学生语文学习获得感的关键因素。因此，经与学界专家及同人商议，决定再次修正题项。后续在正式发放过程中在初期再次抽取部分样本进行此分问卷的探索性因素分析，结果详见表3-3-7（正式发放时，问卷题项序号已重新打乱）。

表3-3-7　《中小学生语文学习获得感影响因素分问卷》探索性因素分析结果（二次修正后）

题项	维度			
	因子1	因子2	因子3	因子4
T9.语文老师能清晰地讲解知识点	0.827			
T16.语文老师在课上经常与我们互动和交流	0.820			
T1.语文老师上课讲的内容都很有趣	0.814			
T11.语文老师会给每一名同学发言或提问的机会	0.782			
T4.语文老师讲课时会运用多媒体，让课堂变得更生动	0.623			
T14.在语文学习上，父母经常鼓励我		0.801		
T3.我和父母的关系很亲密		0.774		
T7.我能感受到父母的良苦用心		0.760		
T18.父母关注我的语文学习		0.755		
T5.学校的图书馆能满足我学习语文的需要			0.851	
T8.学校提供的多媒体资源能满足我学习语文的需要			0.718	
T17.学校举行了丰富的语文文化活动			0.460	
T2.我的性格比较外向				0.793
T13.我能较好地控制自己的情绪				0.660
T12.遇到语文学习困难时，我总能乐观面对				0.538

二次修正后的《中小学生语文学习获得感影响因素分问卷》共包含4个因子，其中因子1，课堂教学因素（5个题项）；因子2，父母家庭因素（4个题项）；因子3，学校资源因素（3个题项）；因子4，个体自身因素（3个题项），共15题。经过对《中小学生语文学习获得感影响因素分问卷》的两次调整，最终发现其结构清晰，各个指标均表现良好，可以使用。

（三）《中小学生语文学习获得感问卷》的信度分析

《中小学生语文学习获得感问卷》的信度分析同样分《中小学生语文学习获得感现状分问卷》及《中小学生语文学习获得感影响因素分问卷》两个问卷进行，信度分析结果如表3-3-8所示。

表3-3-8　《中小学生语文学习获得感问卷》各因子及总体信度

问卷	因子	题项数量	同质性信度
《中小学生语文学习获得感现状分问卷》	语文学习自信感	11	0.924
	语文学习愉悦感	8	0.916
	语文学习希望感	6	0.881
	师生关系亲和感	5	0.863
	同伴关系亲和感	5	0.849
	总体	35	0.958
《中小学生语文学习获得感影响因素分问卷》	课堂教学因素	5	0.908
	父母家庭因素	4	0.857
	学校资源因素	3	0.801
	个体自身因素	3	0.727
	总体	15	0.927

在《中小学生语文学习获得感现状分问卷》中，"语文学习自信感""语文学习愉悦感""语文学习希望感""师生关系亲和感"及"同伴关系亲和感"五个因子的同质性信度在0.849～0.924，分问卷的总体内部一致性系数为0.958。可见，《中小学生语文学习获得感现状分问卷》具有较高的信度。

在《中小学生语文学习获得感影响因素分问卷》中"课堂教学因素""父母家庭因素""学校资源因素"及"个体自身因素"四个因子的同质性信度在0.727～0.908，分问卷的总体内部一致性系数为0.927。可见，《中小学生语文学习获得感影响因素分问卷》具有较高的信度。

（四）《中小学生语文学习获得感问卷》的验证性因素分析

依据信效度检验要求，《中小学生语文学习获得感问卷》的验证性因素分析采用研究正式施测回收中的第一批样本（$N=1354$）数据进行。

首先，本研究进行《中小学语文学习获得感现状分问卷》的验证性因素分析。根据探索性因素分析结果，将因子数量设定为5，并采用结构方程模型对其进行验证性因素分析。分析结果如表3-3-9所示。

表3-3-9 《中小学生语文学习获得感现状分问卷》的模型拟合指数

模型拟合指标	x^2/DF	RMSEA	RMR	GFI	CFI	TLI	IFI	PGFI	PNFI
数值	6.283	0.062	0.048	0.856	0.912	0.903	0.912	0.738	0.816

模型拟合指标显示，x^2/DF=6.283，RMSEA=0.062，RMR=0.048，GFI=0.856，CFI=0.912，TLI=0.903，IFI=0.912，PGFI=0.738，PNFI=0.816。其中，RMSEA、RMR指数接近于0.000，GFI、CFI、TLI、IFI、PGFI、PNFI指数均接近于1.000。可见，《中小学语文学习获得感现状分问卷》模型拟合的各项指标（除卡方自由度比外）均达到测量学要求。

再者，本研究进行《中学语文学习获得感影响因素分问卷》的验证性因素分析。根据探索性因素分析结果，将因子数量设定为4，并采用结构方程模型对其进行验证性因素分析。分析结果如表3-3-10所示。

表3-3-10 《中小学生语文学习获得感影响因素分问卷》的模型拟合指数

模型拟合指标	x^2/DF	RMSEA	RMR	GFI	CFI	TLI	IFI	PGFI	PNFI
数值	6.214	0.062	0.033	0.948	0.963	0.954	0.963	0.663	0.765

模型拟合指标显示，x^2/DF=6.214，RMSEA=0.062，RMR=0.033，GFI=0.948，CFI=0.963，TLI=0.954，IFI=0.963，PGFI=0.663，PNFI=0.765。其中，RMSEA、RMR指数接近于0.000，GFI、CFI、TLI、IFI、PGFI、PNFI指数均接近于1.000。可见，《中小学语文学习获得感影响因素分问卷》模型拟合的各项指标（除卡方自由度比外）均达到测量学要求。

针对《中小学语文学习获得感现状分问卷》及《中小学语文学习获得感影响因素分问卷》验证性因素分析卡方自由度偏大的情况，进行如下说明。卡方值的大小极易受样本数量影响：当样本数较大时，卡方值也相对地会偏大，因此可以考虑其他适配度统计量[1]。进行本轮验证性因素分析的样本数据超过了1300份，属于大样本，因此卡方自由度比稍超出标准也可以理解。通过验证性因素分析可见，《中小学生语文学习获得感问卷》的模型拟合程度比较理想。

---

[1] 吴明隆. 结构方程模型: AMOS的操作与应用 [M]. 重庆: 重庆大学出版社, 2010: 233.

（五）《中小学生语文学习获得感问卷》的效度分析

在内容效度方面，《中小学生语文学习获得感问卷》的设计经过了颇为严格和规范的研究程序。首先，中小学生语文学习获得感的概念和构成通过参考、借鉴中外文文献确定。其次，在参考中外相关文献基础上，搜集中小学生访谈资料以编码。最后，借鉴学生主观幸福感、学习满意度等相关具备一定权威性的测量工具编写题项，并邀请专家学者及相关研究人员与研究团队共同进行审阅。上述措施均在一定程度上保证了《中小学生语文学习获得感问卷》能尽可能全面而真实地反映中小学生语文学习获得感的各方面状况，切实提升了问卷的内容效度。

在结构效度方面，《中小学生语文学习获得感现状分问卷》的验证性因素分析结果显示，"语文学习自信感""语文学习愉悦感""语文学习希望感""师生关系亲和感""同伴关系亲和感"5个维度设置合理（见表3-3-11）。计算总分对数据进行相关分析后发现，各维度与总分相关系数的范围在0.788～0.892，属于强相关。因各构成概念同属于"感"，内涵较为相近，因此各个维度两两之间相关系数偏高。各个维度两两之间相关系数在0.497～0.785，但各个维度与现状总分的相关系数均大于维度与维度间的相关系数，这说明各个维度之间存在共性的同时也存在一定的差异，同时各个维度与总体概念的一致性也较高。

表3-3-11　"中小学生语文学习获得感现状分问卷"结构矩阵

维度	现状总分	语文学习自信感	语文学习愉悦感	语文学习希望感	师生关系亲和感	同伴关系亲和感
现状总分	1					
语文学习自信感	0.846***	1				
语文学习愉悦感	0.886***	0.658***	1			
语文学习希望感	0.892***	0.633***	0.785***	1		
师生关系亲和感	0.791***	0.497***	0.656***	0.715***	1	
同伴关系亲和感	0.788***	0.535***	0.601***	0.721***	0.657***	1

注：*，$p<0.05$；**，$p<0.01$；***，$p<0.001$。下同。

《中小学生语文学习获得感影响因素分问卷》的验证性因素分析结果显示，"课堂教学因素""父母家庭因素""学校资源因素""个体自身因素"4个维度设置合理（见表3-3-12）。计算总分对数据进行相关分析后发现，各个维度与现状总分相关系数在0.804～0.872，各维度两两之间相关系数在0.575～0.686。各个维度与现状总分的相关系数均大于维度与维度两两间的相关系数，这说明各个维度之间存在共性的同时也存在一定的差异，同时各个维度与总体概念的一致性也较高。

表3-3-12 《中小学生语文学习获得感影响因素分问卷》结构矩阵

维度	影响因素总分	课堂教学因素	父母家庭因素	学校资源因素	个体自身因素
影响因素总分	1				
课堂教学因素	0.872***	1			
父母家庭因素	0.840***	0.575***	1		
学校资源因素	0.844***	0.686***	0.607***	1	
个体自身因素	0.804***	0.583***	0.622***	0.601***	1

学习获得感是一个兼具教育、心理内涵的新兴本土学术词汇，其概念结构、测评体系等仍处于不断完善和健全之中。本研究将学习获得感具化于语文学科进行探讨并自行编制《中小学生语文学习获得感问卷》，是一个压力不少的尝试。整个测量工具的编制、修订和分析工程量不小，要求研究者具备心理学、统计学等专业知识，问卷的形成和分析还有赖于各位教育学、心理学专家以及课程与教学论同人的鼎力相助。

研究团队在关键理论和相关研究基础之上，经过事先访谈、初编题项、试测与修订、信效度检验等环节，成功编制《中小学生语文学习获得感问卷》。《中小学生语文学习获得感问卷》由《中小学生语文学习获得感现状分问卷》《中小学生语文学习获得感影响因素分问卷》和"静态信息"三大部分构成。中小学生语文学习获得感包含五个主要构成维度，因此《中小学生语文学习获得感现状分问卷》包含 5 个因素，共35题（因素1"语文学习自信感"：11道；因素2"语文学习愉悦感"：8道；因素3"语文学习希望感"：6道；因素4"师生关系亲和感"：5道；因素5"同伴关系亲和感"：5道）。中小学生语文学习获得感受 4 个关键因素影响，因此《中小学生语文学习获得感影响因素分问卷》包含 4 个因素，共15题（因素1"课堂教学因素"：5道；因素2"父母家庭因素"：4道；因素3"学校资源因素"：3道；因素4"个体自身因素"：3道）。静态信息共12题，涵盖性别、年级、最喜欢和最讨厌的科目、是否住校、语文成绩、担任职务、是否为独生子女、父母文化程度等个人信息。

经过调整、修订和再分析发现，最终版《中小学生语文学习获得感问卷》结构清晰，具有较好的理论构想和信效度指标，可以作为测量中学生语文学习获得感的有效工具。

第四章
语文学习获得感的现状

　　本研究对中、小学生的语文学习获得感调查的展开主要通过具有可靠性和科学性的自编工具《中小学生语文学习获得感问卷》（含《中小学生语文学习获得感现状分问卷》及《中小学生语文学习获得感影响因素分问卷》）进行，同时辅以对学生的访谈。测量工具的编制及修订过程在上一章中已有详细概述，借此深入考察和分析中、小学生语文学习获得感的现状及影响中、小学生语文学习获得感的关键因素，为发现问题和解决问题提供科学依据。

第一节 调查对象与过程

一、调查对象

本研究利用自编工具《中小学生语文学习获得感问卷》（别名：《小学生语文学习情况调查》《中学生语文学习情况调查（初中生）》以及《中学生语文学习情况调查（高中生）》）对广东省内副省级城市、经济特区等4个城市的中、小学生进行了随机抽样。最终，共回收线上电子问卷和线下纸质问卷3139份，并对所回收的3139份问卷经行逐一编号和检查。经统一标准筛选后得到有效问卷2663份，无效问卷476份，回收有效率84.84%。所有有效问卷数据统一录入电脑，并对小学生、初中生、高中生数据进行逐一分区，以便进行后续的数据分析工作。中、小学生语文学习获得感问卷的有效数据均形成Excel表格，表格数据由至少三名本研究团队人员进行核对，确保研究数据的可靠性。

经统计，《中小学生语文学习获得感问卷》回收有效数据在人口统计因素方面的表现如下所述（部分有效问卷学生样本信息如表4-1-1所示）。

在性别方面，回收有效样本中有：（1）男性学生1273名，占47.80%；（2）女性1390名，占52.20%。

在学段方面，回收有效样本中有：（1）小学生1309名（涵盖小学三至六共4个年级），占49.16%；（2）初中生910名（涵盖初中一至三共3个年级），占34.17%；（3）高中生444名（涵盖高中一至三共3个年级），占16.67%。

在年级方面，回收有效样本中有：（1）小学三年级学生215名，占8.07%；

（2）小学四年级学生413名，占15.51%；（3）小学五年级学生267名，占10.03%；（4）小学六年级学生414人，占15.55%；（5）初中一年级学生659名，占24.75%；（6）初中二年级学生155名，占5.82%；（7）初中三年级学生96名，占3.60%；（8）高中一年级学生81名，占3.04%；（9）高中二年级学生344名，占12.92%；（10）高中三年级学生19名，占0.71%。

在学科偏好方面，回收有效样本中有：（1）喜爱语文学科的学生713名，占26.77%；（2）讨厌语文学科的学生228人，占8.56%。

在户籍方面，回收有效样本中有：（1）城市户籍学生1672名，占62.79%；（2）农村户籍学生991名，占37.21%。

在独生子女与否（家庭生育情况）方面，回收有效样本中有：（1）独生子女学生574名，占21.55%；（2）非独生子女学生2089名，占78.45%。

在自我感知和自我报告的语文学业成绩方面，回收有效样本中有：（1）语文成绩名列前茅的学生228名，占8.56%；（2）语文成绩中上水平的学生890名，占33.42%；（3）语文成绩中等水平的学生1049名，占39.39%；（4）语文成绩中下水平的学生320名，占12.02%；（5）语文成绩比较差的学生176名，占6.61%。

从有效样本的涵盖上来看，被试男女学生比例基本均衡，在小学、初中、高中三个不同学段皆有一定数量的有效数据，且包含小学三年级到高中三年级的所有年级学生。同时，自我感知和自我报告的语文学业成绩也基本呈现常规正态分布。可见，本研究的样本基本做到了涵盖面广、样本量足，具有一定的数据分析和研究价值。

表4-1-1　学生样本特征统计（N=2663）

变量	选项		数量 / 人	比例 / %
性别	男		1273	47.80
	女		1390	52.20
学段与年级	小学（N=1309）	小学三年级	215	8.07
		小学四年级	413	15.51
		小学五年级	267	10.03
		小学六年级	414	15.55

（续表）

变量	选项		数量 / 人	比例 / %
	初中（*N*=910）	初一年级	659	24.75
		初二年级	155	5.82
		初三年级	96	3.60
	高中（*N*=444）	高一年级	81	3.04
		高二年级	344	12.92
		高三年级	19	0.71
语文成绩	名列前茅		228	8.56
	中上水平		890	33.42
	中等水平		1049	39.39
	中下水平		320	12.02
	比较差		176	6.61

此外，本研究根据自编的《中小学生语文学习获得感访谈提纲》，按目的抽样选择广东省S市12名学生进行半结构化个别访谈，接受访谈的学生包括：小学生4名，初中生4名，高中生4名；三个学段分别由男性学生2名和女性学生2名组成，共计男性学生6名，女性学生6名。受访的12名学生都在该学段的语文学习上具有一定的代表性，都为语文学业成绩优异的学生或在语文学习上有较大困难的学生。选取在语文学习上有明显特征的所谓"学优生"和"学困生"的目的在于获取其相对应的语文学习获得感特征，试图解释语文学习获得感水平偏高或偏低的原因，挖掘影响其语文学业表现和语文学习获得感的深层次原因。

二、调查过程

调查期间受新冠疫情影响，各地中小学学校均进行严格管控。因此本研究出于"防疫第一"的考虑，主要借用"问卷星"平台采用电子问卷的方式进行问卷发放和数据回收，小部分学校在疫情防控的允许下进行了纸质问卷的发放和回收。

要确保线上电子问卷的真实性和可靠性，给问卷的发放和回收带来了不小的难度。本研究最终协商确认了线上问卷发放和回收的实施流程，并严格实施。线上问卷的调查过程有以下几个关键步骤：第一，邀请学校信息技术老师参与协助本研究，向受邀并同意协助的信息技术教师解释说明调查目的及填写作答要求，协商确定不同年级、不同班级的作答时间。第二，以班级为单位，在信息技术课上由信息技术教师指导该班级学生进行集体的统一作答。第三，研究团队的一名研究人员线上实时监控学生问卷的作答情况与回收情况，与当堂的信息技术教师保持沟通和联系，出现作答问题及时解决。线上问卷填写过程约为15分钟。纸质问卷同样以班级为单位邀请学生进行填写，在学校防疫工作允许之下由研究团队一名研究人员到场，向学生简单介绍调查内容及作答要求，并进行纸质问卷的发放与回收。一个班级纸质问卷的解释说明、发放与回收整个过程约耗时20分钟，每个班级逐一进行。

在线上电子问卷数据和线下纸质问卷数据录入前，本研究分两批先行剔除无效问卷，以保证研究数据和结论的真实性、可靠性和有效性。本研究所制定的有效问卷标准为：（1）无缺漏基本信息或题项答案；（2）题项答案不带有明显的规律性；（3）同质或互斥题项答案协调一致。同时满足以上三点的问卷才能被列入有效问卷范围。此外，本研究也全部保留电子、纸质问卷中的有效与无效问卷，以便满足后续研究中可能存在的核查需要。将所回收的所有线上、线下有效数据录入Excel表格，方便后续采用SPSS 26.0和AMOS 26.0软件进行数据分析与处理。

访谈则由研究者主持和记录，所有访谈都需要进行笔头记录和录音记录，访谈录音均事先得到受访学生的知晓和允许，每个访谈录音时长从半个小时到一个小时不等。后续将笔头记录和录音记录相结合，并转换为本研究的访谈文本材料，再集本研究团队之力进行分类与编码。

为确保访谈文本分析的顺利进行，方便后期归纳与引用，本研究将所有整理后的访谈资料进行了文本命名。命名规律为：被试测学生姓名首字母—学段（P：小学；M：初中；H：高中）+年级—性别（M：男性；F：女性）—访谈地点（O：办公室；C：教室；M：会议室；等等）—访谈时间（YYYY/MM/DD）。12个访谈文本的名称分别为：L2-P3-M-O-20220725（小学三年级男生）、W-P4-M-O-20220727（小学四年级男生）、L-P6-F-O-20220725（小学六年级女生）、J-P6-F-O-20220727（小学六年级女生）、Z-M1-M-O-20200807（初中一年级男生）、D-M1-M-O-20200811（初中一年级男生）、C-M2-F-O-20200804（初中二年级女生）、R-M2-F-O-20200806（初中二年级女生）、W-H1-F-O-20200811（高中一年级女生）、C-H1-M-O-20200812（高中一年级男生）、H-H2-F-O-20200805（高中二年级女生）、W2-H2-M-O-20200812（高中二年级男生）。本研究将文本分析结果结合问卷调查的数据结果，以期深化中、小学生语文学习获得感分析研究。

第二节 描述性分析

语文学习获得感是学生学习获得感在语文学科的具体表现；是学生在语文学习过程中，因各项学习需求得到满足，享有一定语文相关实在获得后，产生的一种正向的、积极的主观感受。通过SPSS 26.0软件对所获得的2663份中、小学生有效样本进行数据分析，可以得到一些描述性结论。以下将对语文学习获得感总体、语文学习获得感的五个维度以及单个题项的分值进行阐述。

就总体而言，当前学生的语文学习获得感处于一般水平，有较大的提升空间，同时个体差异显著。中、小学生语文学习获得感具体的学段与学段比较将在本章第四节中进行阐述，本节仅做描述性分析。

一、小学生语文学习获得感的描述性分析

对小学生语文学习获得感有效样本数据进行描述性分析，可以大致了解当前小学生语文学习获得感的现状水平。经过对小学生有效样本的描述性统计分析，得出小学生语文学习获得感及各维度的均值、得分率、中位数及标准差（如表4-2-1所示）。

表4-2-1 小学生语文学习获得感数据分析

项目	语文学习自信感	语文学习愉悦感	语文学习希望感	师生关系亲和感	同伴关系亲和感	语文学习获得感
满分	55	40	30	25	25	175
均值	40.11	30.88	24.00	19.97	19.93	135.04

（续表）

项目	语文学习自信感	语文学习愉悦感	语文学习希望感	师生关系亲和感	同伴关系亲和感	语文学习获得感
得分率/%	72.93	77.20	80.00	79.88	79.72	77.17
中位数	41	32	26	21	20	137
标准差	8.61	7.00	4.64	4.57	4.19	25.48

　　小学生语文学习获得感的均值为135.04，并略低于其中位数，说明当前小学生语文学习获得感总体处于中等偏上水平，但仍有一定的提升空间。此外特别注意的是，小学生语文学习获得感的标准差为25.48，说明小学生在语文学习获得感上的个体差异非常明显。

　　就得分率来看，被测小学生表现出的语文学习获得感五个维度得分率排序依次为：语文学习希望感、师生关系亲和感、同伴关系亲和感、语文学习愉悦感、语文学习自信感。其中，小学生的语文学习希望感处于较高水平，单个维度的得分率高达80%。小学生的师生关系亲和感、同伴关系亲和感以及语文学习愉悦感都处于中等偏上水平，特别是师生关系亲和感与同伴关系亲和感的得分率较高，两个维度的得分率也都接近80%。唯一处于中等偏下水平的维度便是语文学习自信感，得分率仅为72.93%，明显低于其他四个维度。此外，就标准差来看，小学生的语文学习自信感和语文学习愉悦感存在较大的个体差异。

　　通过小学生语文学习获得感的平均值、得分率与标准差可见，大部分小学生的语文学习获得感都在中等偏上水平，个别小学生的语文学习获得感仍需提高。同时，大部分小学生能够认识到学习语文的意义与价值，并愿意投入更多的时间和精力。并且，他们在学习语文的过程中能够产生快乐、幸福、愉悦的积极情绪，感知到的语文学习的负担并不过重。同时，在校内人际关系方面，多数小学生都对自己与语文老师和同学的相处感到满意，能够感受到自己与老师、同学之间融洽、和谐的氛围。

　　但小学生对自身的语文学习缺乏一定的信心，没有自信说自己具备较强的语文学习能力，也没有自信认为自己能取得更佳的语文学习成绩。可见，小学生对他们的语文学习并非完全满意，这与国内其他学者对小学生语文学习的调查结论大体相似。如有研究者发现当前小学生语文学习的状况整体良好，小部分学生存在语文学习不良、倦怠的情况，需要帮助学生从正面评价中找回语文学习的信心[①]。也有研究者在调查小学生自我效能感时发现，有超过半数的小学生因为"学习成绩不好"而感到烦恼（位居"烦恼之事"的榜首），有一个班接近70%的学生认为自己的学习状态不理想，研究者也只能从学生"对学习能力不自信"的角度进行解释[②]。可见小学生语文学习自信感薄弱的背后可能有诸多原因，需要研究者的进一步挖掘。

表4-2-2　小学生语文学习获得感各题项均值与标准差

维度	题项	均值	标准差
语文学习自信感	只要努力，我就能取得优异的语文成绩	4.19	0.981
	我能达成自己确立的语文学习目标	3.71	1.048
	我能够想出许多解决语文难题的方法	3.76	1.074
	我通常都相信自己有能力取得好的语文成绩	3.72	1.086
	我在语文学习上很有成就感	3.64	1.128
	我总能实现他人在语文学习上对我的期望	3.59	1.059
	我一点儿也不害怕语文考试	3.62	1.195
	我觉得我的语文学习能力比大多数同学强	3.18	1.093
	与其他同学相比，我在语文上得到的荣誉更多	3.23	1.109
	语文考试取得好成绩对我来说不是一件难事	3.30	1.169
	我对我的语文成绩感到满意	3.32	1.134
语文学习愉悦感	我喜欢在语文课上学习新知识	4.16	0.996
	我很享受学习语文的过程	3.95	1.037
	能将所学的语文知识运用到实际生活中，我觉得很快乐	4.04	1.037
	上语文课时，我会全身心地投入其中	3.87	1.012

① 宗胜男，程岭．小学生语文学习倦怠的实证研究及其干预：以徐州市C小学为例 [J]．教育测量与评价，2019（4）：58-64．

② 李宜娟．青少年自我效能感不足的原因与提升策略 [J]．中国青年研究，2018（4）：95-101．

（续表）

维度	题项	均值	标准差
语文学习 愉悦感	学习语文对我来说一点儿也不无聊	3.92	1.128
	在学习语文时，我总感到快乐	3.80	1.106
	我觉得语文课的时间总是过得很快	3.56	1.197
	我总是期待上语文课	3.58	1.162
语文学习 希望感	我希望在语文学科上取得更大的成就	4.36	0.904
	我觉得学习语文是有用的	4.43	0.883
	我觉得语文课上学到的东西很重要	4.26	0.929
	我愿意花时间学习语文	3.98	1.036
	我能感受到学习语文的意义与价值	4.10	0.991
	我愿意将更多的精力投入到语文学习中	3.86	1.042
师生关系 亲和感	语文老师会平等地对待每一名同学	4.27	1.090
	语文老师对我很好	4.13	1.035
	当我取得进步时，语文老师会替我开心	4.09	1.063
	我和语文老师能愉快地交谈	3.72	1.221
	语文老师经常鼓励我	3.74	1.182
同伴关系 亲和感	我的同学们对我很友善	4.08	1.061
	因为有同学们在，所以我在学校不会无聊	4.32	0.976
	如果同学有语文学习困难，我也会尽力提供帮助	4.00	1.052
	通过语文学习活动，我和同学们的关系更加亲近了	3.90	1.143
	如果我有语文学习的困难，同学们就会帮我	3.64	1.233

《中小学生语文学习获得感问卷》小学生版采用Likert5点量表进行计分，每个题项分数最小值为1.00，最大值为5.00。如表4-2-2所示，在小学生语文学习获得感的35个题项中，没有均值低于中间值3.00（表示"一般"）的题项，其中单题均值高于或等于4.00（表示"比较符合"）的选项高达13个，可知整体水平仍处于中等偏上程度。特别是在"我觉得学习语文是有用的"（M=4.43）、"我希望在语文学科上取得更大的成就"（M=4.36）、"因为有同学们在，所以我在学校不会无聊"（M=4.32）、"语文老师会平等地对待每一名同学"（M=4.27）、"我觉得语文课上学到的东西很重要"（M=4.26）五个题项上，小学生赋予的单题分值较高。这

表明，小学生积极肯定语文学科和语文学习的作用与价值，也期望着自己能获得更为优秀的学业成绩，在与语文老师和同学的相处之中也比较愉快。国内有量化研究表明，小学生的心灵触动、求知力、合作力、友善和谦虚等心理品质对语文成绩都有显著的正向预测作用[①]。可见，师生关系亲和感与同伴关系亲和感对小学生的语文学习和语文学习获得感大有益处，而当前小学生的师生关系亲和感与同伴关系亲和感水平都比较理想。

但有"我对我的语文成绩感到满意"（$M=3.32$）、"语文考试取得好成绩对我来说不是一件难事"（$M=3.30$）、"与其他同学相比，我在语文上得到的荣誉更多"（$M=3.23$）、"我觉得我的语文学习能力比大多数同学强"（$M=3.18$）4个题项的单题均值同时小于3.50，接近于3.00。4个题项均来源于语文学习自信感维度。可见，小学生在语文学习自信感上的问题较为严重，不少小学生对自己的语文成绩不太满意，对自己的语文学习表现和语文学习能力持一般或偏下的态度，也对自己将来获得更高的语文成绩不抱太大的希望。特别是在需要与其他同学形成对比的两个题项上，小学生赋予的分值最低。可见，自认为自己的语文学习不如同班同学是小学生语文学习自信感薄弱的一个重要原因。而这种比较和对比从何而来，为什么小学生会在这种比较和对比中降低自己的语文学习自信感还需要研究团队的进一步深入探究。

二、中学生语文学习获得感的描述性分析

在对中学生语文学习获得感进行描述性分析时，本研究将初中生与高中生的数据进行合并统计。经过对中学生有效样本的描述性统计分析，得出了中学生语文学习获得感及各维度的均值、得分率、中位数及标准差（如表4-2-3所示）。

[①] 卫萍. 小学生积极心理品质与学业成绩的关系研究 [J] . 中国特殊教育, 2016 (10)：65—70.

表4-2-3　中学生语文学习获得感数据分析

项目	语文学习自信感	语文学习愉悦感	语文学习希望感	师生关系亲和感	同伴关系亲和感	语文学习获得感
满分	55	40	30	25	25	175
均值	36.27	29.85	23.96	19.97	19.61	129.66
得分率/%	65.95	74.63	79.87	79.88	78.44	74.09
中位数	36	30	24	20	20	130.10
标准差	7.938	6.026	4.324	3.908	3.778	21.980

中学生语文学习获得感的均值为129.66，略低于其中位数，同时低于小学生语文学习获得感均值。可见，当前中学生语文学习获得感总体处于中等偏下水平，与小学生语文学习获得感水平相比较差，仍有较大的提升空间。此外特别注意的是，中学生语文学习获得感的标准差为21.980，说明中学生在语文学习获得感上的个体差异也十分明显。

就得分率来看，被测中学生表现出的语文学习获得感五个维度得分率排序依次为：师生关系亲和感、语文学习希望感、同伴关系亲和感、语文学习愉悦感、语文学习自信感。其中，中学生的语文学习希望感、师生关系亲和感、同伴关系亲和感处于中等偏上水平，特别是语文学习希望感与师生关系亲和感的得分率较高，两个维度的得分率都接近80%的较好水平。中学生的语文学习愉悦感处于中等水平，该维度的单题得分平均为3.73。需要注意的是，中学生的语文学习自信感总体处于偏低水平，该维度的得分率为65.95%，远远低于其他维度的得分率。中学生的语文学习自信感也是唯一一个得分率在70%以下的语文学习获得感维度。此外，就标准差来看，中学生的语文学习自信感和语文学习愉悦感存在较大的个体差异。

通过中学生语文学习获得感的平均值、得分率与标准差可见，部分中学生的语文学习获得感较强，但也有部分中学生的语文学习获得感表现出明显的低下水平。大部分中学生能够认识到学习语文的意义与价值，并愿意投入更多的时间和精力，却普遍对自身的语文学习现状（特别是学业成绩和荣誉）缺乏信心。这与已有相关研究存在明显一致性，高中生愿意为获得好的学业表现而付出努力，但又极易受周围因素干扰，不敢对自己的能力表示肯定，在学习上表现得不够自信，特别是当成绩不理想时，更容易表现出学习的无能为力感①。同时，中学生在学习语文的过程中感受到的积极情绪并不突出，存在一定矛盾和复杂的心理。有针对八年级学生的学业负担调查研究发现，过半数的初中生在语文、数学、英语的学习上呈现出"吃力状态"，虽然语文带来的吃力感较小，但也带来了一定的负担感②。在人际关系方面，多数中学生对与语文教师的相处感到满意，对与同伴的相处也能感到较为满意。

表4-2-4 中学生语文学习获得感各题项均值与标准差

维度	题项	均值	标准差
语文学习自信感	只要努力，我就能取得优异的语文成绩	3.66	0.956
	我能达成自己确立的语文学习目标	3.48	0.932
	我能够想出许多解决语文难题的方法	3.47	0.961
	我通常都相信自己有能力取得好的语文成绩	3.44	0.987
	我在语文学习上很有成就感	3.37	0.962
	我总能实现他人在语文学习上对我的期望	3.33	0.922
	我一点儿也不害怕语文考试	3.29	1.025
	我觉得我的语文学习能力比大多数同学强	3.12	0.931
	与其他同学相比，我在语文上得到的荣誉更多	3.12	0.978
	语文考试取得好成绩对我来说不是一件难事	3.03	0.985
	我对我的语文成绩感到满意	2.95	0.986
语文学习愉悦感	我喜欢在语文课上学习新知识	4.05	0.891
	我很享受学习语文的过程	3.88	0.927
	能将所学的语文知识运用到实际生活中，我觉得很快乐	3.86	0.921
	上语文课时，我会全身心地投入其中	3.74	0.868
	学习语文对我来说一点儿也不无聊	3.66	0.962
	在学习语文时，我总感到快乐	3.64	0.937
	我觉得语文课的时间总是过得很快	3.55	0.981
	我总是期待上语文课	3.48	0.983

---

① 江萍萍. 高中生语文学习自我效能感的培养研究 [D]. 重庆：西南大学，2012：36.
② 薛海平，孙慧敏. 学业负担对初中生身体健康的影响研究：基于中国教育追踪调查（CEPS）数据分析 [J]. 当代教育科学，2022（1）：86-95.

（续表）

维度	题项	均值	标准差
语文学习 希望感	我希望在语文学科上取得更大的成就	4.29	0.832
	我觉得学习语文是有用的	4.23	0.856
	我觉得语文课上学到的东西很重要	3.99	0.859
	我愿意花时间学习语文	3.88	0.887
	我能感受到学习语文的意义与价值	3.85	0.902
	我愿意将更多的精力投入到语文学习中	3.72	0.906
师生关系 亲和感	语文老师会平等地对待每一名同学	4.21	0.970
	语文老师对我很好	4.14	0.913
	当我取得进步时，语文老师会替我开心	4.02	0.903
	我和语文老师能愉快地交谈	3.87	0.960
	语文老师经常鼓励我	3.73	0.981
同伴关系 亲和感	我的同学们对我很友善	4.14	0.891
	因为有同学们在，所以我在学校不会无聊	4.10	0.946
	如果同学有语文学习困难，我也会尽力提供帮助	3.93	0.920
	通过语文学习活动，我和同学们的关系更加亲近了	3.73	1.014
	如果我有语文学习的困难，同学们就会帮我	3.70	1.005

《中小学生语文学习获得感问卷》初中生版与高中生版均采用Likert5点量表进行计分，每个题项分值最小值为1.00，最大值为5.00。如表4-2-4所示，在中学生语文学习获得感的35个题项中，均值低于中间值3.00（表示"一般"）的题项有语文学习自信感维度中的"我对我的语文成绩感到满意"（$M=2.95$）。可见当前学生对自身语文成绩的满意度并不高，这可能源于对成绩的较高期望或认为自身投入与获得成绩不符，又或是认为自己继续努力应该可以获得更好的成绩，而这也可以作为中学生语文学习自信感不强的主要解释。

另外，语文学习自信感维度中还有"我觉得我的语文学习能力比大多数同学强"（$M=3.12$）、"与其他同学相比，我在语文上得到的荣誉更多"（$M=3.12$）、"语文考试取得好成绩对我来说不是一件难事"（$M=3.03$）三题均值仅仅略高于3.00。这说明中学生在语文学习上总体表现出较低自信，主要根源还是在对自身学业成绩和语文相关荣誉的不自信，是对不太理想的语文学习成绩和较少的语文相关荣誉的主观反应。

值得庆幸的是，被调查的中学生大多"觉得学习语文是有用的"（$M=4.23$）、"喜欢在语文课上学习新知识"（$M=4.05$）、"希望在语文学科上取得更大的成就"（$M=4.29$）；也能感受到"语文老师会平等地对待每一名同学"（$M=4.21$）、"语文老师对我很好"（$M=4.14$）、"当我取得进步时，语文老师会替我开心"（$M=4.02$），"我的同学们对我很友善"（$M=4.14$）、"因为有同学们在，所以我在学校不会无聊"（$M=4.10$）。中学生赋予上面提及的8个题项的单题均值均大于4.00，表示"比较符合"。这些高分题项表明，中学生对语文学习持有较为积极的心态，基本肯定学习语文的意义与价值，也拥有向上奋进的目标，同时与语文老师和同学能够做到融洽相处。

第三节　不同性别学生语文学习获得感比较

　　为比较男生和女生在语文学习获得感上的差异，本研究对不同性别学生语文学习获得感的得分进行了独立样本T检验。不同性别小学生语文学习获得感及五个维度的得分均值、标准差、独立样本T检验结果如表4-3-1所示，不同性别中学生语文学习获得感及五个维度的得分均值、标准差、独立样本T检验结果如表4-3-2所示。

　　由表4-3-1可见，不同性别的小学生在语文学习获得感和语文学习自信感、语文学习愉悦感、语文学习希望感、师生关系亲和感、同伴关系亲和感五个维度上均存在显著差异（$p < 0.05$）。根据独立样本T检验得出的t值又可判断，当前女性小学生在语文学习上的语文学习获得感（$M=138.74$）和五个语文学习获得感维度均显著高于男性小学生（$M=131.27$），女性小学生的语文学习获得感优势明显。

表4-3-1　不同性别小学生语文学习获得感差异分析

比较项	男性小学生		女性小学生		t值
	M	SD	M	SD	
语文学习获得感	131.27	27.275	138.74	23.022	−5.355***
语文学习自信感	39.23	9.124	40.96	7.986	−3.643***
语文学习愉悦感	29.79	7.427	31.95	6.306	−5.667***
语文学习希望感	24.20	4.945	25.77	4.172	−6.231***
师生关系亲和感	19.36	4.955	20.57	4.068	−4.821***
同伴关系亲和感	19.46	4.432	20.39	3.890	−4.000***

　　注：*，$p<0.05$；**，$p<0.01$；***，$p<0.001$。下同。

　　针对所谓"女性学业优势"，有前人研究者从生理机制、性格特征、学习策略等多个角度进行解释。比如，鲁洁就提出，相较于男性学习者，女性学习者在文字和语文方面的记忆占有优势（记忆词组、复述故事、背诵课文等），女性学习者的记忆性作业完成得也好于男性学习者[1]。后来甚至有学者提出了"男孩危机"的新教育现象，李文道、孙云晓在实证研究中发现，我国男生的学业表现明显落后于女生[2]。从语文学科的特性来看，女性学习者善于记忆和对语言具有敏感性的特征更有助于她们进行语文学习。《义务教育语文课程标准（2022年版）》在第三学段（5～6年级）的学段要求中提到，学生应累计2500个左右的"会写"字，背诵优秀诗文60篇或段，课外阅读总量不少于100万字，等等[3]。在教学实践中，语文教师们也会发现，小学女生的语文学习和阅读能力等普遍优于小学男生。

　　从小学生身心发展规律来看，小学高年级女生的身心发育和学习特征往往早于、优于小学高年级男生。女生在性格特征方面具有心思细腻、安静、善于观察和交流等优点，反观男生则好动、粗心、语言表达能力欠佳、易被外界环境打扰等[4]。相关实证研究有着一致性结论，如郭黎岩等就发现，小学高年级女生的自信心发展水平、学习能力、人际交往、自我评价与自我意识都显著优于男生[5]。可见在小学阶段，女性学生相比较于男性学生而言，更加细腻、沉稳与自信，同时有着更好的人际交往能力和观察、表达能力。这些显著的性别差异和性格特征使得女生在学习过程中（特别是语文学习过程中）更容易按照要求较好地完成学习任务，进而产生更多的语文学习自信感，从而转化为语文学业和语文学习获得感上的优势。

　　由表4-3-2可知，当前女性中学生的语文学习获得感（$M=130.30$）略强于男性中学生（$M=128.92$），但语文学习获得感在男女性别之间并不存在显著差异（$p > 0.05$）。同时在语文学习获得感的五个维度上，男性中学生和女性中学生同样不存

　　① 鲁洁. 教育社会学 [M]. 北京：人民教育出版社，1998：536

　　② 李文道，孙云晓. 我国男生"学业落后"的现状、成因与思考 [J]. 教育研究，2012，33（9）：38—43.

　　③ 中华人民共和国教育部. 义务教育语文课程标准（2022年版）[M]. 北京：人民教育出版社，2022：11—12.

　　④ 袁磊，赵玉婷. 小学女生在STEM教育中的学习差异及对策研究 [J]. 中国电化教育，2017（6）：73—79

　　⑤ 郭黎岩，杨丽珠，刘正伟，等. 小学生自信心养成的实验研究 [J]. 心理科学，2005（5）：1068—1071，1081.

在任何显著差异，在语文学习自信感、语文学习愉悦感、语文学习希望感和同伴关系亲和感上女性中学生的得分略微高于男性中学生，男性中学生在师生关系亲和感的维度上得分略微高于女性中学生。

表4-3-2　不同性别中学生语文学习获得感差异分析

比较项	男性中学生		女性中学生		t值
	M	SD	M	SD	
语文学习获得感	128.92	23.050	130.30	21.014	−1.148
语文学习自信感	36.09	8.308	36.42	7.609	−0.744
语文学习愉悦感	29.60	6.318	30.07	5.759	−1.421
语文学习希望感	23.75	4.488	24.14	4.173	−1.631
师生关系亲和感	19.99	3.978	19.95	3.850	0.192
同伴关系亲和感	19.48	3.892	19.73	3.676	−1.187

虽然中学生性别差异的结论与上文中不同性别小学生语文学习获得感比较的结果有较大的不同，但"不同性别中学生在语文学习获得感上不存在显著差异"这一结论与过往部分研究呈现出了一定的一致性，如王克静在其博士学位论文的调查中发现并指出，男、女中学生在生活满意度和积极情感上不存在差异[1]。又如，苗元江、梁小玲、黄金花以《综合幸福问卷》调查初一年级至高三年级学生后发现，男、女生在幸福指数上不存在显著差异[2]。中学生在语文学习获得感上不存在显著性别差异的原因也可被归结于社会与时代的发展，可以说在当代社会的众多方面已经逐渐呈现出近乎"男女无别""男女无异"的情况。我们承认男女间的差异，但这种差异在某些方面正在缩小。正如不同性别中学生的语文学习获得感及各个维度的数值都存在差异，但在统计学上差异不大。同时也可以说明，目前中学所实施的语文教学模式适合不同性别的学生，在一定程度上体现了课程性别公平，中学语文教材、中学语文课堂、中学语文教师对不同性别的学生都足够友好。

我们还可以发现，随着学生的身心发展逐步成熟，在积极主观情绪的认知与感

① 王克静．中学生主观幸福感的发展特点及影响因素研究 [D]．西安：陕西师范大学，2013：51，59．

② 苗元江，梁小玲，黄金花．中学生幸福感调查及幸福教育对策 [J]．教育导刊，2012（4）：36-39．

知上性别差异进一步缩小。因此出现了不同性别小学生语文学习获得感差异显著，而不同性别中学生语文学习获得感差异不显著的情况。国外也有相关研究通过四年的跟踪研究发现，在小学阶段女生的学业自我效能感（academic self-efficacy）显著高于男生，而在中学阶段女生的学业自我效能感明显低于男生，不可否认这种性别差异在减少[①]。也可以认为，步入中学后女性学生在学习上（特别是在语文学习上）的"女性学业优势"逐渐弱化，而男性学生随着成长和成熟慢慢展现出性格特征和学习能力的变化，均衡了语文学习上所谓的"女性优势"，这对于初中、高中的语文学习和教学而言是一个好的现象。此外，极大的标准差值可能在提示教育者：比起中学生在语文学习获得感上的性别差异，重视学生的个体差异更加重要。

---

① FAHLE E M, LEE M G, LOEB S. A middle school drop: consistent gender differences in students' self-efficacy [J]. Policy analysis for california education, 2019, 10: 1-30.

第四节　不同年级学生语文学习获得感比较

在这一节中，本研究对不同年级学生的语文学习获得感进行差异分析和比较，将分为四组进行梳理与展示，包括：（1）小学、初中、高中不同学段学生的语文学习获得感差异分析；（2）小学不同年级学生的语文学习获得感差异分析；（3）初中不同年级学生的语文学习获得感差异分析；（4）高中不同年级学生的语文学习获得感差异分析。

一、小、初、高不同学段学生语文学习获得感比较

本研究获得的有效样本（N=2663）中有小学生1309名，初中学生910名，高中生444名。为比较不同学段小学生、初中生和高中生在语文学习获得感上的差异，本研究对不同学段学生语文学习获得感的得分进行了单因素ANOVA检验。不同学段学生语文学习获得感差异分析如表4-4-1所示。

表4-4-1　不同学段学生语文学习获得感差异分析

比较项		平方和	DF	均方	F	Sig.
语文学习 获得感	组间	21113.820	2	10556.910	18.706	0.000
	组内	1501232.913	2660	564.373		
	总和	1522346.733	2662			
语文学习 自信感	组间	9819.950	2	4909.975	71.696	0.000
	组内	182164.308	2660	68.483		
	总和	191984.258	2662			

（续表）

比较项		平方和	DF	均方	F	Sig.
语文学习愉悦感	组间	746.952	2	373.476	8.828	0.000
	组内	112538.144	2660	42.308		
	总和	113285.097	2662			
语文学习希望感	组间	925.932	2	462.966	23.151	0.000
	组内	53194.876	2660	19.998		
	总和	54120.809	2662			
师生关系亲和感	组间	52.566	2	26.283	1.460	0.233
	组内	47900.526	2660	18.008		
	总和	47953.092	2662			
同伴关系亲和感	组间	153.099	2	76.550	4.825	0.008
	组内	42203.333	2660	15.866		
	总和	42356.432	2662			

由表4-4-1的统计结果可见，不同学段的学生在语文学习获得感上存在显著的差异（$F=18.706$，$p=0.000$）。通过事后检验多重比较可知，小学生的语文学习获得感显著高于初中生和高中生的语文学习获得感（$p < 0.05$），而初中生和高中生的语文学习获得感之间则不存在统计学意义上的显著差异（$p > 0.05$）。不同学段学生语文学习获得感多重比较如表4-4-2所示。

表4-4-2　不同学段学生语文学习获得感多重比较表（部分）

变量	学段对照组1（I）	学段对照组2（J）	平均值差值（I-J）	标准差	显著性
语文学习获得感	小学	初中	4.557***	1.025	0.000
		高中	7.059***	1.305	0.000
	初中	小学	−4.557***	1.025	0.000
		高中	2.503	1.375	0.163
	高中	小学	−7.059***	1.305	0.000
		初中	−2.503	1.375	0.163

不同学段学生在语文学习获得感上均值由大到小依次为：小学生（$M=135.04$）、初中生（$M=130.48$）、高中生（$M=127.98$），小学生在语文学习获得感上有着较为突出的优势，小学生、初中生和高中生的语文学习获得感均值呈

115

现出学段间的下滑趋势，即学段越高语文学习获得感水平越低。另外小学生、初中生以及高中生具体的语文学习获得感均值及五个维度的均值具体如表4-4-3所示。

表4-4-3　不同学段学生语文学习获得感及各维度均值

比较项	小学生		初中生		高中生	
	M	SD	M	SD	M	SD
语文学习获得感	135.04	25.48	130.48	22.341	127.98	21.145
语文学习自信感	40.11	8.61	36.36	7.861	36.08	8.099
语文学习愉悦感	30.88	6.97	29.98	6.115	29.58	5.835
语文学习希望感	24.99	4.64	24.25	4.392	23.38	4.125
师生关系亲和感	19.97	4.57	20.10	4.046	19.68	3.598
同伴关系亲和感	19.93	4.19	19.79	3.923	19.25	3.437

而在语文学习获得感的五个维度上，不同学段的学生在语文学习自信感、语文学习愉悦感、语文学习希望感和同伴关系亲和感上也都分别存在统计学意义上的显著差异（$p < 0.05$），但在师生关系亲和感上不存在显著差异（$p > 0.05$）。因篇幅原因，此处将省略完整的多重比较表。通过事后检验多重比较可知，在具体存在显著差异的四个维度中：（1）小学生的语文自信感、语文学习愉悦感显著高于初中生和高中生；（2）小学生的语文学习希望感显著高于初中生和高中生，同时初中生的语文学习希望感也显著高于高中生；（3）小学生的同伴关系亲和感显著高于高中生。

综合来看，从语文学习获得感到各个下属维度上不同学段的学生基本都体现出了显著的差异，同时小学生的语文学习获得感及各维度明显占优，其次是初中生的语文学习获得感及各维度，高中生的语文学习获得感及各维度水平则明显偏弱。这一结论发现与相关研究结果相似。

在小学生与初中生的对比研究中，有如杜玲玲在对五年级和八年级学生的学校生活满意度进行调查时发现，五年级学生的学校生活满意度显著高于八年级学生[①]。张生等在调查中指出，坚毅是重要的积极心理品质，它包括"持续努力"和"一致兴趣"，在"坚毅"和"持续努力"的维度上，小学生得分显著高于初中

---

① 杜玲玲. 中小学生学校生活满意度及其影响因素分析［J］. 教育科学研究，2018（6）：58－63.

生，而初中生得分也显著高于高中生[①]。孙琬琰的实证研究也发现，小学生在除师生关系外的幸福感、同伴关系、乐观、情绪控制能力和抗压能力上都显著高于初中生[②]。在初中生与高中生的对比研究中，有如王克静在进行中学生主观幸福感相关研究时发现，初中阶段学生的学习幸福感总体水平高于高中阶段学生[③]。勉丽娜等在调查北京市东城区中学生抑郁状况时也发现，普通高中生的抑郁水平明显高于初中生，可能与高考压力和学习负担有关[④]。闫艳等在调查中指出，自尊能够反映人对自身价值的反思，同时也能反映现实自我与期望自我之间的落差，而初中生的自尊水平显著高于高中生[⑤]。从相关心理学研究看，初中生表达宣泄和抑制的水平显著高于高中生，随着个体经验和成熟度的增加，个体可能会趋向于使用更具适应性的情绪调节策略[⑥]。语文学习获得感同上述学者研究中的学校生活满意度、坚毅、学生主观幸福感、自尊等概念相似，其本质反映的是学生积极的主观心理感受，就学段整体而言，确实也可能出现"小学生 > 初中生 > 高中生"的语文学习获得感"下坡式"情况。

　　而导致这一情况的原因，则存在内外两个方面的综合影响。首先，在内部因素方面，随着身心发展和学习经验的不断积累，学生的情绪反应更加成熟，心理品质也更加稳定。特别是高中生，他们的各方面发展都已逐渐接近成年人水平。而这一发展变化，可能给学生带来更深刻的自我认知和更高的自我期望，但在繁忙的现实生活中学生很难达成每一个目标，从而出现失望、无助等情绪。同时，青春期的学生从小学升入中学后可能会产生生理发育和心理发育的不平衡，在学习和生活上的自我评价较高，但较难在学习上产生相应的自信感、价值感和获得感。其次，在外

① 张生，王雪，王子铭，等. 坚毅对中小学生学业成绩的影响：融合教育视角的启示 [J]. 中国特殊教育，2021 (11)：18-23，17.

② 孙琬琰. 中小学生学校人际关系与幸福感的关联：情绪调节能力的中介作用 [J]. 中国健康心理学杂志，2023, 31 (1)：148-156.

③ 王克静. 中学生主观幸福感的发展特点及影响因素研究 [D]. 西安：陕西师范大学，2013：86-91.

④ 勉丽娜，陈辉，韩霄，等. 北京市东城区中学生抑郁状况及影响因素调查研究 [J]. 中国预防医学杂志，2019, 20 (8)：724-728.

⑤ 闫艳，谢笑春，盖笑松，等. 中国大中学生的罗森伯格自尊量表测评结果 [J]. 中国心理卫生杂志，2021, 35 (10)：863-868.

⑥ 刘影，桑标. 中学生学业情绪表达策略及其与学业情绪的关系 [J]. 心理科学，2020, 43 (3)：600-607.

部因素方面，随着学段不断升高，学生面临的学业压力和升学考试压力也逐渐增大。学科数目开始增多，学科内容的难度也逐步加深，"学得会""考高分"对高学段的很多学生来说已然成为一个"挑战"。"中考""高考"在前，大部分学生会将更多的时间和精力投入学习当中，而相应的休闲娱乐时间会大幅度减少。特别是在高中阶段，学生一天除去吃饭和睡觉，其他绝大部分时间都以复习和备考为主。在与成绩、排名"较量"的过程中学习动机变得更为功利，学习获得感也全部赖以分数来决定，以致部分学生在这样的学习模式中丧失了积极的情绪体验，取而代之的是疲劳、倦怠、烦躁、焦虑。

再细化到语文学科，在访谈中小学生提及语文学习时都表现得比较轻松，似乎语文学习不是一件困难和让人费劲的事情。小学六年级的J同学说"我的目标就是每一节课都学好"，当被问及"学好"的标准是什么时，该生回答"学好"就是"学懂，听懂，弄懂，考试会写"（J-P6-F-O-20220727）。另外一名小学四年级的同学也提到自己的语文成绩比较好，对语文学习很有自信，希望自己每科都能拿满分，而自信感的来源是"我们老师教得不错，然后我上课听得懂"（W-P4-M-O-20220727）。"听得懂"似乎是小学生衡量自己是否学好语文的标志，以此为标准的小学生群体其语文学习整体而言难度不大，也不会产生语文的学习压力。小学生在每一节语文课中以"听懂这节课的内容"为目标，而小学生的语文课堂也更加轻松和愉悦，学习内容大多贴近于小学生生活实际，这些都使得小学生在语文学习过程中的积极体验更多。

在升入初中后，学生的学习负担和压力增加了不少。初二年级的C同学在补习结束之后才有时间接受访谈，她的补习班是在妈妈的要求下去上的，"从下午三点到晚上八点半，要上20天"（C-M2-F-O-20200804）①。初一年级的D同学也提到，上了初中之后成绩落差让他感到失落，"小学的时候各科都有九十多分，上了初中之后差了很多""语文很多都比小学难"（D-M1-M-O-20200811）。可见特别是在"小升初"的衔接上，许多学生没有做好心理准备和知识储备，以致进入初中后对自己的语文成绩和学习情况感到失望和无措；而成绩较好、学习能力较强的中学生

---

① 针对初二年级C同学（C-M2-F-O-20200804）的访谈时间在2020年8月，早于2021年7月国务院办公厅《关于进一步减轻义务教育阶段学生作业负担和校外培训负担的意见》的发布。

也会面临来自课外补习的压力，让他们感到学习和语文学习都不再是一件简单、轻松和愉快的事情。

　　高中生在语文学习上已经感受到了些许疲倦，不再把更多的时间和精力投入到语文学习中。来自高一年级的W同学认为，"语文这个科目，它不是说你一时间补就能补上来"（W-H1-F-O-20200811）。高二年级的W2同学也提到，语文成绩"大部分时候都是比较稳定的，从高一到高三都差不多"（W2-H2-M-O-20200812）。语文成绩更多地反映学生的文学素养积累，高中阶段学生的语文成绩确实很难有飞跃式的进步。相较于数学、化学、物理等学科，高中生在语文学科上花费的时间比较少。就读于广东省S市名校的高二年级H同学指出，在学习语文时自己"没有像其他科目一直在做题"（H-H2-F-O-20200805）。也有高中生认为学习语文的"帮助还不太好说，比如说你和别人交流或者进行一些报告之类的，可能会有一些用处"（C-H1-M-O-20200812）。可见，多数高中生对语文学科的学习投入明显偏少，无法自然而然地沉浸在语文学习中；同时部分学生的学习功利思维和"唯分数论"使得他们对语文学习的价值和意义没有更高的认识，无法感受到语文学科工具性与人文性相统一的特点，出现语文学习希望感显著偏低的情况。

　　此外，刘强、王连龙、陈晓晨在调查中发现，初中生在同学关系、学习氛围、课堂氛围、内省体验（积极）和心理支持等七个维度上显著高于高中生[①]。该研究认为"他比"的评价标准、同学间的竞争及升学压力影响了同伴关系。但在本研究中，在问到班级同学关系以及同伴之间是否会在语文学习上互帮互助时，受访高中生均指出"我们班分得太频繁了，而且还是走班制上课"（H-H2-F-O-20200805）、"高一上学期大家氛围都很好，高一下学期开始重新分班后大家都是从各个班分到一起的，不是很熟悉"（W-H1-F-O-20200811）。"分班制度""走班制"虽然存在很大的积极作用，但也在一定程度上影响了班级凝聚力的形成，学生的同伴关系亲和感难以提高。因此，也可以由此解释为何高中生的同伴关系亲和感低于初中生，且显著低于小学生。

―――――――――

　　① 刘强，王连龙，陈晓晨. 中小学班级环境的现状及改善策略：基于北京市海淀区中小学的调查 [J]. 教育研究，2016，37（7）：66—73.

二、小学不同年级学生语文学习获得感比较

为比较小学三、四、五、六年级学生在语文学习获得感上的差异，本研究对小学不同年级学生语文学习获得感的得分进行了单因素ANOVA检验。结果显示，小学不同年级学生的语文学习获得感存在显著差异（$p < 0.05$），不同年级小学生在语文学习获得感上的均值由大到小依次为：三年级（$M=139.50$）、四年级（$M=135.86$）、六年级（$M=134.04$）、五年级（$M=131.33$）。

另外，在语文学习获得感的五个维度上，小学不同年级学生的语文学习自信感不存在统计学意义上的显著差异（$p > 0.05$）。但在语文学习愉悦感、语文学习希望感、师生关系亲和感、同伴关系亲和感其他四个维度上均呈现出显著的差异（$p < 0.05$）。小学不同年级学生语文学习获得感及五个维度的差异分析结果如表4-4-4所示。

表4-4-4　小学不同年级学生语文学习获得感差异分析

比较项		平方和	DF	均方	*F*	*Sig.*
语文学习获得感	组间	8468.980	3	2822.993	4.381	0.004
	组内	840984.792	1305	644.433		
	总和	849453.772	1308			
语文学习自信感	组间	399.145	3	133.048	1.799	0.146
	组内	96532.307	1305	73.971		
	总和	96931.451	1308			
语文学习愉悦感	组间	1109.694	3	369.898	7.742	0.000
	组内	62348.749	1305	47.777		
	总和	63458.443	1308			
语文学习希望感	组间	218.581	3	72.860	3.407	0.017
	组内	27905.269	1305	21.383		
	总和	28123.850	1308			
师生关系亲和感	组间	589.011	3	196.337	9.597	0.000
	组内	26696.577	1305	20.457		
	总和	27285.587	1308			

（续表）

比较项		平方和	DF	均方	F	Sig.
同伴关系 亲和感	组间	166.374	3	55.458	3.173	0.023
	组内	22812.300	1305	17.481		
	总和	22978.674	1308			

不同年级小学生语文学习获得感的具体比较情况，还需要通过事后检验多重比较进一步查看。通过事后检验多重比较发现，小学三年级学生的语文学习获得感显著高于小学生五年级学生（$p < 0.05$），其他年级两两相比皆没有显著的统计学差异。就除语文学习自信感外存在显著差异的四个维度层面而言：（1）在语文学习愉悦感上，小学三年级学生的得分显著高于五年级、六年级学生，同时四年级学生的得分也显著高于六年级学生；（2）在语文学习希望感上，小学三年级学生的得分显著高于五年级学生；（3）在师生关系亲和感上，小学三年级、四年级、六年级学生的得分均显著高于五年级学生；（4）在同伴关系亲和感上，小学三年级学生的得分显著高于六年级学生。比较小学各年级的语文学习获得感及各维度均值，大致呈现出"镜像后勾形"模样的数据图（如图4-4-1、图4-4-2所示）。

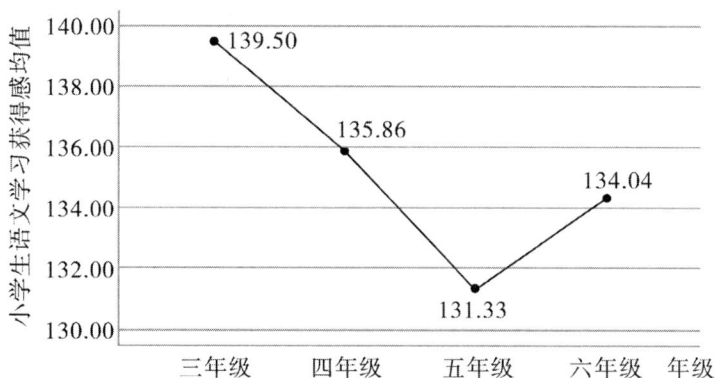

图4-4-1　小学不同年级学生语文学习获得感均值

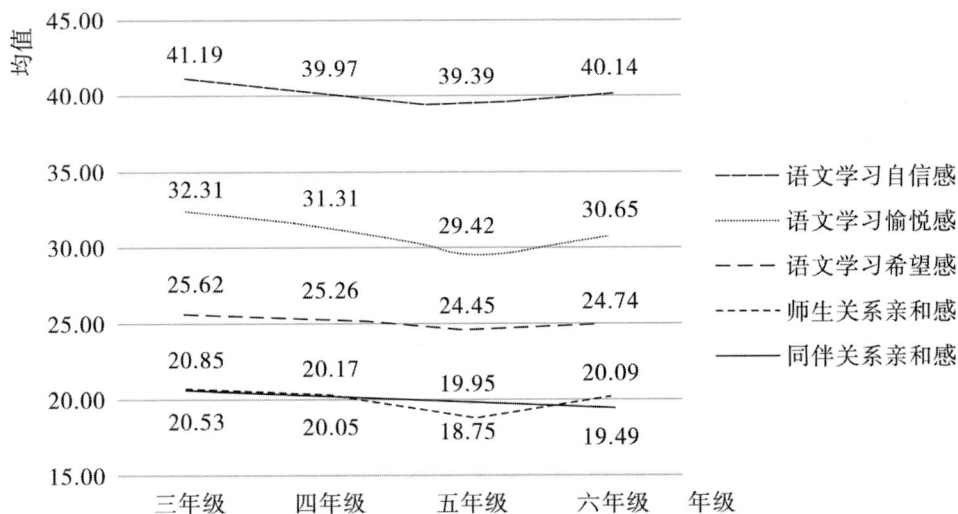

图4-4-2　小学不同年级学生语文学习获得感各维度均值

在语文学习获得感及五个维度中，只有语文学习自信感一个维度不存在年级差异，可见小学三到六年级学生的语文学习自信感基本维持在一个稳定的水平。国内也有研究者对三到五年级小学生数学自我效能感进行调查时发现，年级对数学自我效能感的预测效应不显著[①]，与本研究的这一结论有一致性。

另外，在语文学习获得感、语文学习愉悦感和语文学习希望感上整体体现出三年级学生较优、五年级与六年级学生较差的情况。也有研究有着不同结论：有学者调查发现，在小学二年级到六年级的学生中，五年级学生体验到的消极学业情绪最少，而六年级学生体验到的消极学业情绪最多，同时五年级学生的消极高唤醒学业情绪体验也显著低于其他年级[②]。但就本研究来看，五、六年级学生正处于认知的关键发展期，自我意识提升，学习专注力下降，情绪出现波动。同时到了小学高年级，语文学习难度也更上一台阶，面对即将来临的毕业考试，学生更容易产生语文上的学习焦虑。郑东辉通过对中小学生的作业心理负担进行定量分析也发现，当前小学生的作业心理负担显著少于初中生，存在随着年级上升学生作业心理负担加重

① 张佳佳，李红霞，张明亮，等. 小学儿童感知到的教师支持、数学自我效能感与数学成绩的联系：有调节的中介模型 [J]. 心理与行为研究，2019，17（5）：644—651.

② 韩颖，董玉琦，毕景刚. 小学生学业情绪现状调查及教学建议：以C市小学生为例 [J]. 基础教育课程，2019（23）：60—67.

的现象①。这样的起伏和压力容易导致学生对语文学习产生消极心理，进而影响语文学习获得感，特别是语文学习愉悦感和希望感。而三年级学生因年龄较小，活泼好动，想象力丰富，思维天真烂漫，对课堂上的新事物充满好奇心，因此可能对语文学科的学习呈现出更为积极的状态，带动了语文学习获得感的提升。同时，三年级学生升学压力小，在一、二年级的无纸笔测试后，他们也不会有过多的学习焦虑和学习负担。卫萍等对中小学生心理健康状况的调查也发现，小学三年级学生在学习焦虑上的得分明显低于其他年级②。因此，小学低年级特别是三年级的学生更能在语文学习中产生更多的积极情绪体验，自我报告的语文学习获得感也更高，可见学习焦虑和学业压力对语文学习获得感的影响颇深。

本研究的数据也表明，五、六年级的学生在师生关系亲和感和同伴关系亲和感上比其他年级更为薄弱。就通常而言，随着年级的上升，学生与语文老师和同班同学相处的时间越长，情感联结也应当愈发紧密，这有助于师生关系亲和感和同伴关系亲和感的提升，但数据结果恰恰相反。陈甜天等对小学四到六年级学生社交焦虑进行调查后发现，五、六年级学生的社交焦虑及害怕否定评价因子分值均显著高于四年级学生③。也有研究者提出，小学高年级是儿童同伴依从的高峰期，但也是消极情绪和攻击行为较多的时期，自我情绪监控意识和自我情绪调节能力较弱，同时情绪的表达也往往消极和不当④。这都与本研究的结论相呼应。随着"早熟"的提前化，小学高年级（特别是五、六年级）的学生处于社会化发展的关键时期，他们对于自我和人际关系的认知都发生了较大的变化。这使得他们将外界的评价看得十分重要，对老师和同学这些校园重要人际关系感受格外敏感，因此师生交往和生生交往之中的无措感和不适感可能影响到师生关系亲和感和同伴关系亲和感的产生。

---

① 郑东辉. 中小学生作业心理负担的定量分析：基于16 141份数据 [J]. 全球教育展望，2016, 45 (8)：51—66.

② 卫萍，许成武，刘燕，等. 中小学生心理健康状况的调查分析与教育策略 [J]. 教育研究与实验，2017 (2)：91—96.

③ 陈甜天，王玉玲，尹宝霞，等. 北京市西城区两所小学4～6年级学生社交焦虑现状 [J]. 中国健康心理学杂志，2021, 29 (3)：371—376.

④ 刘文. 关注小学高年级被拒绝儿童的元情绪 [J]. 教学与管理，2019 (35)：11—12.

三、初中不同年级学生语文学习获得感比较

为比较初一、初二、初三年级学生在语文学习获得感上的差异，本研究对初中不同年级学生语文学习获得感的得分进行了单因素ANOVA检验。结果显示，初中不同年级学生的语文学习获得感及五个维度均存在显著差异（$p < 0.05$）。不同年级初中生在语文学习获得感上的均值由大到小依次为：初三年级（M=141.67）、初一年级（M=129.50）、初二年级（M=127.74）。初中不同年级学生语文学习获得感及五个维度的差异分析结果如表4-4-5所示。

表4-4-5　初中不同年级学生语文学习获得感差异分析

比较项		平方和	DF	均方	*F*	*Sig.*
语文学习 获得感	组间	13807.524	2	6903.762	14.234	0.000
	组内	439907.760	907	485.014		
	总和	453715.285	909			
语文学习 自信感	组间	1317.889	2	658.944	10.894	0.000
	组内	54859.887	907	60.485		
	总和	56177.776	909			
语文学习 愉悦感	组间	979.987	2	489.993	13.461	0.000
	组内	33015.798	907	36.401		
	总和	33995.785	909			
语文学习 希望感	组间	279.986	2	139.993	7.359	0.001
	组内	17254.367	907	19.024		
	总和	17534.353	909			
师生关系 亲和感	组间	304.157	2	152.079	9.463	0.000
	组内	14576.925	907	16.072		
	总和	14881.082	909			
同伴关系 亲和感	组间	279.375	2	139.688	9.239	0.000
	组内	13713.536	907	15.120		
	总和	13992.911	909			

　　具体哪个年级的学生语文学习获得感更优，哪个年级的学生语文学习感较弱，还需要通过事后检验多重比较进一步查看。通过事后检验多重比较发现，初三年级学生的语文学习获得感、语文学习自信感、语文学习愉悦感、语文学习希望感、师生关系亲和感、同伴关系亲和感明显高于初一、初二年级学生（$p < 0.05$），而初一年级学生和初二年级学生之间则不存在显著差异（$p > 0.05$）。比较初中三个年级的语文学习获得感及各维度均值，可以呈现出"勾形"模样的数据图（如图4-4-3、图4-4-4所示）。

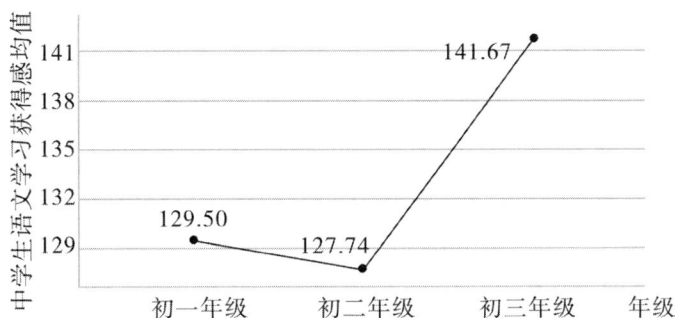

图4-4-3　初中不同年级学生语文学习获得感均值

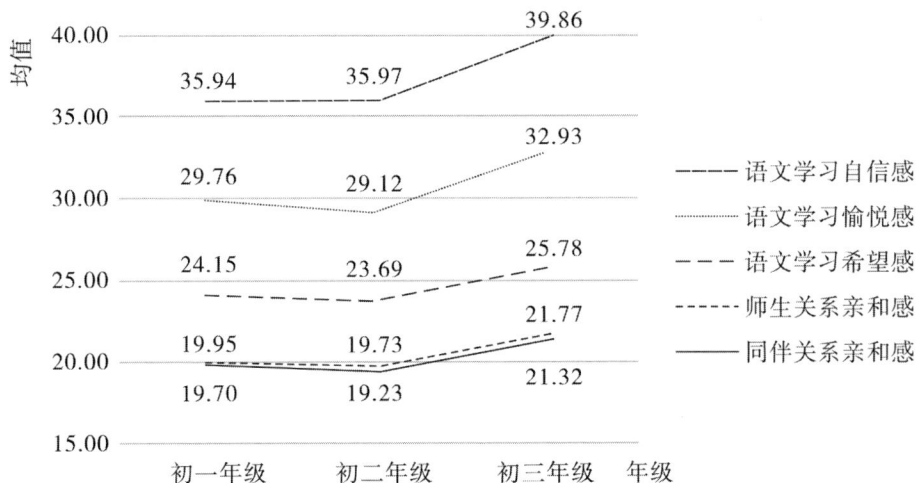

图4-4-4　初中不同年级学生语文学习获得感各维度均值

　　国内也有学者如郑巧等通过一项三年的追踪研究调查发现，初中生的行为投入在年级上呈现出下降趋势（主要集中于参与学校活动的投入度），而对学校的情感投入及其在学习过程中的认知投入在年级上呈现出上升趋势[①]。也有研究者如蔡金花在进行初中生的学习生活质量调查时发现，相较于初一和初三年级学生，初二年级学生的学习生活质量较差，产生了明显的"初二现象"和"初二危机"[②]。这些调查研究揭示的趋势与本研究调查出的"勾形"结果有着明显的吻合之处。

初一年级学生处于"小升初"的适应期中，需要面对学习环境变化、学习科目增加、学科内容加深等情况，此时最容易出现学习目标不明确、规划不清晰等问题。但又因面对的学习负担和考试压力较小，刚进入初中语文学习自我效能感仍然较强，学习态度和学习表现较好等情况，语文学习获得感及各维度的水平略微高于初二年级学生，但不具备统计学意义。

经历着"初二危机"的初二年级学生度过"小升初"的适应期，此时的心理发生了较大的变化，自认为已经成熟的他们开始不习惯于外界强加的拘束，不再具有初一年级学生遵守纪律、想好好学习、因新鲜和陌生而"胆小"的特点[③]。认知的偏差、自我管控和约束能力不足、对学习的专注度下降、负面情绪频生等情况，会直接影响初二年级学生的学习与生活，造成不良影响。同时，初二年级学生经过一年的初中语文学习后开始摸索适合自己的初中语文学习策略，但可能由于成绩不理想或自我期望过高等因素，语文学习获得感水平仍不高。小学和初中均担任语文课代表的初二年级C同学说道："我从小就喜欢语文，但现在要把它全部消化就有点困难，私下还要花很多时间去攻克。特别是课外文言文，失分很多，老是读不懂。"（C-M2-F-O-20200804）初二年级学生在语文学习上感受到的压力和负担感开始加重，此时的内部学习动机和实际学习行为投入都有所降低，语文学习的自我效能感和自信感也不如从前。

有相关研究发现，青少年初三时吸烟、喝酒、打架等不良行为开始下降，其原因可能是面临大考时教师和家长的行为管教更为严格，学生也将大部分时间投入到学习上，同时他们的大脑结构已经得到了一定程度的发展，失去了对不良行为的

---

① 郑巧，耿丽娜，骆方，等. 初中生学生投入的发展特点及其与同伴欺负的关系：一项三年追踪研究［J］. 心理发展与教育，2020，36（2）：157-167.
② 蔡金花. 初中生学习生活质量：现状与改进［J］. 现代教育管理，2020（5）：122-128.
③ 宁福庭，杨昌进. "初二现象"病根诊治［J］. 思想政治课教学，2006（1）：65-66，34.

兴趣[1]。初三年级的学生在身心发展的各个方面都已远胜于初一年级学生，同时度过了"初二危机"的他们对于自我和学习的认知也上了一个新的台阶。初三年级的学生或主动或被动地都将大部分的时间和精力尽可能地聚焦在学习上，经过前两年语文学习的积累，他们的认知投入得到提高，能够使用更适合自己的学习策略，对语文学习更为得心应手使得他们实现从量变到质变的突破，语文学习获得感及各维度水平均显著高于初一、初二年级学生。随着中考压力的逼近，为了考上理想的高中，初三年级学生的语文学习目标和规划更加清晰与明确，表现出较高的语文学习获得感。

此外，布朗芬布伦纳（Urie Bronfenbrenner）的个体发展生态系统理论和埃克尔斯（Eccles J. S.）的个体—环境适应观均提出学生所在的学校及班级环境会对其投入带来影响。随着初中生在学校和班级的时间增加，学生与其母校、所属班集体、各科任教师、班级同学的情感联结会更加深刻，集体荣誉感、班级归属感、学校认同感、与教师和同学的情谊也会随之增强。对于面临毕业的初三年级学生来说，即将各奔东西又在仅存的时间内为着同一个目标而努力奋斗，这样一个有着共同愿景和互相熟悉的共同体其情感氛围更为浓郁，其在师生关系亲和感和同伴关系亲和感上明显高于初一、初二年级学生也不难解释。

四、高中不同年级学生语文学习获得感比较

为比较高一、高二、高三年级学生在语文学习获得感上的差异，本研究对高中不同年级学生语文学习获得感的得分进行了单因素ANOVA检验。结果显示，高中不同年级学生的语文学习获得感不存在显著差异（$p > 0.05$），不同年级高中生在语文学习获得感上的均值由大到小依次为：高三年级（$M=130.26$）、高一年级（$M=127.98$）、高二年级（$M=127.86$）；高中不同年级学生的语文学习愉悦感、语文学习希望感、师生关系亲和感、同伴关系亲和感四个维度均不存在显著差异（$p > 0.05$）；不同年级的高中生仅在语文学习自信感上存在统计学意义上的显著差异（$p < 0.05$），不同年级高中生在语文学习获得感上均值由大到小依次为：高三年级（$M=38.35$）、高二年级（$M=36.39$）、高一年级（$M=34.19$）。高中不同年级学

---

① 迟新丽，黄巧敏，王秋英. 青少年适应行为及影响因素追踪研究 [J]. 青年研究，2020 (2)：70—77，96.

生语文学习获得感及五个维度的差异分析结果如表4-4-6所示。

表4-4-6　高中不同年级学生语文学习获得感差异分析

比较项		平方和	DF	均方	F	Sig.
语文学习 获得感	组间	104.201	2	52.100	0.116	0.890
	组内	197959.655	441	448.888		
	总和	198063.856	443			
语文学习 自信感	组间	438.102	2	219.051	3.376	0.035
	组内	28616.979	441	64.891		
	总和	29055.081	443			
语文学习 愉悦感	组间	3.438	2	1.719	0.050	0.951
	组内	15080.479	441	34.196		
	总和	15083.917	443			
语文学习 希望感	组间	42.805	2	21.402	1.259	0.285
	组内	7493.869	441	16.993		
	总和	7536.673	443			
师生关系 亲和感	组间	32.922	2	16.461	1.273	0.281
	组内	5700.934	441	12.927		
	总和	5733.856	443			
同伴关系 亲和感	组间	31.000	2	15.500	1.314	0.270
	组内	5200.747	441	11.793		
	总和	5231.748	443			

　　高中生语文学习自信感的显著差异具体如何展现需要通过事后检验多重比较一探究竟，语文学习自信感部分的多重比较结果如表4-4-7所示。通过事后检验多重比较可以发现，高二、高三年级学生的语文学习自信感明显高于高一年级学生（$p < 0.05$），而高二年级学生和高三年级学生之间则不存在显著差异（$p > 0.05$）。

表4-4-7 高中生语文学习获得感各维度不同年级多重比较（部分）

变量	年级对照组1（I）	年级对照组2（J）	平均值差值（I-J）	标准差	显著性
语文学习自信感	高一年级	高二年级	−2.207*	0.995	0.027
		高三年级	−4.341*	2.053	0.035
	高二年级	高一年级	2.207*	0.995	0.027
		高三年级	−2.134	1.898	0.262
	高三年级	高一年级	4.341*	2.053	0.035
		高二年级	2.134	1.898	0.262

这一结果与已有研究存在部分一致性。邱莲发现，高三年级学生的心理素质表现（包括自信、应付挫折能力、意志、思维等）高于高一、高二年级学生[1]。陶君也通过对高中生进行心理健康调查发现，高一年级学生的强迫症状、人际问题、情绪问题、焦虑等部分得分均显著高于高二、高三年级学生[2]。高一年级与初一年级正处于学段与学段间的"交接点"，学生情况大致相同。不论是对语文学科知识内容的熟识程度，还是对应试技巧的掌握程度，高一年级学生往往不及高二、高三年级学生。高二和高三年级的学生在语文上越学越有自信，但高一年级的学生处于"初升高"的过渡阶段，刚进入高中的学生要面对学科内容难度的增加和考试题型的转变，还要面对按成绩分班的焦虑、选科的苦恼和高考的未知。

国内也有相关调查发现，高中生对数学学习的积极性随着年级的升高而下降，其原因可能在于对于"刷题"和应考的疲惫使之逐渐失去学习数学的兴趣[3]。这个调查结论不无道理，结合教学实践来看，越临近高考的学生其对于学习的"麻木"往往多于兴趣和热爱，通常是"为了考试和分数而学习"，而非"为了自己和兴趣而学习"。因此在本研究中也仅有语文学习自信感存在差异，而在语文学习获得感及语文学习愉悦感、语文学习希望感、师生关系亲和感、同伴关系亲和感上不存在

---

[1] 邱莲．广东中学生心理素质发展特点的调查与分析［J］．教育导刊，2006（9）：58−61．

[2] 陶君．高中生心理健康和自我效能感及其关系［J］．中国学校卫生，2013，34（11）：1333−1335．

[3] 姜文，严虹，夏小刚，等．高中生数学学习态度的调查研究：基于贵州省的调查数据分析［J］．数学教育学报，2021，30（5）：53−57，98．

统计学意义上的差异。

　　在与高中生进行访谈时，研究者也发现了这一情况。就读高一年级的C同学表示自己"（对语文）没有什么自信，因为作文不是特别好，也不是特别稳定，感觉我写的跟老师想要的不是一个东西""古诗文阅读能大概理解在讲什么，但没有办法踩到答案里面的点"（C-H1-M-O-20200812）。可见，部分高一年级学生确实存在对考试题型、得分点和教师的评分标准不熟悉的情况，甚至无法理解语文教师和参考答案。因此在语文上很难获得自己满意的成绩，进而没有肯定自己语文学习能力的依据，在语文学习上无法产生更多的自信感和成就感。就读高二年级的W2同学展现出了不同的一面："答题分步骤和思路，踩点得分这些已经比较熟练了""我有一个一百多面的摘抄本，从高一一直到现在差不多一年时间，里面有老师推荐的书里面的摘抄、老师上课讲的一些材料，还有议论文写作的结构""平时也会看一看、背一背"（W2-H2-M-O-20200812）。度过高一的略显迷茫的摸索阶段后，有心的高二、高三年级学生通常能够找到适合自身的语文学习方法，逐渐形成自己的学习技巧。在语文学习经验的积累之下，高二、高三年级学生更能胸有成竹地应对考试，同时也更加相信自己有能力取得好的语文成绩，拥有明显高于高一年级学生的语文学习自信感。

第五节 不同语文学习成绩学生语文学习获得感比较

为比较不同语文学习成绩的中、小学生在语文学习获得感上是否存在差异，本研究将被试对象自我报告和自我感知的语文成绩分为五个组别：名列前茅（N=228）、中上水平（N=890）、中等水平（N=1049）、中下水平（N=320）、比较差（N=176）。其中，不同语文学习成绩的小学生按从"名列前茅"到"比较差"排序的五个组别人数分别为：117名、435名、542名、128名、87名；不同语文学习成绩的中学生按从"名列前茅"到"比较差"排序的五个组别人数分别为：111名、455名、507名、192名、89名。可见，被试中、小学生自我感知的语文学业成绩基本都能呈现出合理的正态分布，自我报告的语文成绩与实际情况出入不大，可以进行下一步分析研究。

为比较语文学习成绩不同的学生在语文学习获得感上的差异，本研究对不同语文成绩学生语文学习获得感的得分进行了单因素ANOVA检验。小学不同语文学习成绩学生语文学习获得感及五个维度的差异分析结果如表4-5-1所示。中学不同语文学习成绩学生语文学习获得感及五个分维度的差异分析结果如表4-5-2所示。

表4-5-1　不同语文学习成绩小学生语文学习获得感差异分析

比较项		平方和	DF	均方	F	Sig.
语文学习 获得感	组间	143358.064	4	35839.516	66.188	0.000
	组内	706095.708	1304	541.484		
	总和	849453.772	1308			
语文学习 自信感	组间	23818.892	4	5954.723	106.206	0.000
	组内	73112.560	1304	56.068		
	总和	96931.451	1308			
语文学习 愉悦感	组间	6881.424	4	1720.356	39.651	0.000
	组内	56577.020	1304	43.387		
	总和	63458.443	1308			
语文学习 希望感	组间	3299.450	4	824.862	43.329	0.000
	组内	24824.400	1304	19.037		
	总和	28123.850	1308			
师生关系 亲和感	组间	1448.986	4	362.246	18.283	0.000
	组内	25836.602	1304	19.813		
	总和	27285.587	1308			
同伴关系 亲和感	组间	1509.797	4	377.449	22.926	0.000
	组内	21468.877	1304	16.464		
	总和	22978.674	1308			

由表4-5-1可知，语文成绩处于不同程度的小学生在语文学习获得感及五个维度上均存在显著差异（$p < 0.05$）。通过事后检验多重比较可知，语文成绩越好的小学生也会拥有更强的语文学习获得感（F=66.188，p=0.000），不同成绩水平组别间均存在显著差异。不同语文学习成绩的小学生在语文学习获得感上的均值由大到小依次为：名列前茅（M=151.82）、中上水平（M=143.26）、中等水平（M=132.15）、中下水平（M=119.70）、比较差（M=111.94）。可见，随着语文成绩的下降，小学生的语文学习获得感呈现出明显的减弱趋势，整体变化趋势如图4-5-1所示。小学生的语文学习获得感与其语文成绩有着密切的正相关，小学生语文成绩的高低能直接

或间接地反映语文学习获得感水平。

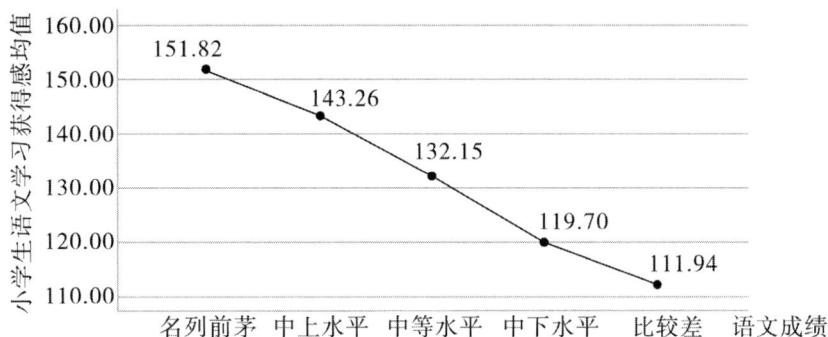

图4-5-1　小学生语文学习获得感随语文成绩变化趋势

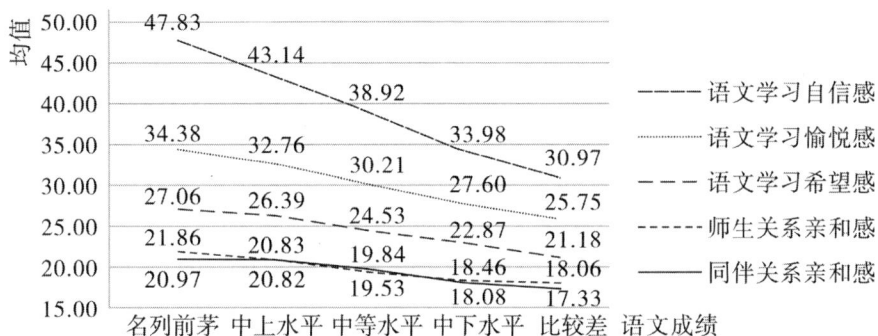

图4-5-2　小学生语文学习获得感各维度随语文成绩变化趋势

在语文学习自信感、语文学习愉悦感、语文学习希望感、师生关系亲和感、同伴关系亲和感五个维度中，这样呈"滑坡状"的变化趋势依然清晰可见，组间均存在显著差异（$p < 0.05$）。其中，语文学习自信感与中学生语文学习获得感一致，成绩更理想的组别其得分均明显高于成绩低于该组的组别，组别间呈显著下降趋势，如图4-5-2所示。

表4-5-2　不同语文学习成绩中学生语文学习获得感差异分析

比较项		平方和	DF	均方	F	Sig.
中学生语文学习获得感	组间	69527.130	4	17381.783	40.142	0.000
	组内	584120.971	1349	433.003		
	总和	653648.101	1353			

（续表）

比较项		平方和	DF	均方	F	Sig.
语文学习自信感	组间	17919.246	4	4479.811	89.747	0.000
	组内	67336.899	1349	49.916		
	总和	85256.145	1353			
语文学习愉悦感	组间	2378.298	4	594.575	17.157	0.000
	组内	46749.454	1349	34.655		
	总和	49127.753	1353			
语文学习希望感	组间	1236.113	4	309.028	17.328	0.000
	组内	24057.890	1349	17.834		
	总和	25294.003	1353			
师生关系亲和感	组间	356.830	4	89.207	5.925	0.000
	组内	20310.675	1349	15.056		
	总和	20667.504	1353			
同伴关系亲和感	组间	947.404	4	236.851	17.399	0.000
	组内	18363.581	1349	13.613		
	总和	19310.984	1353			

由表4-5-2可知，语文成绩处于不同程度的中学生在语文学习获得感及语文学习自信感、语文学习愉悦感、语文学习希望感、师生关系亲和感、同伴关系亲和感上同样均存在显著差异（$p < 0.05$）。通过事后检验多重比较可知，语文成绩越好的中学生也会拥有更多的语文学习获得感（$F=40.142$，$p=0.000$），不同成绩水平组别间均存在显著差异，这一点与小学生数据得出的结论完全一致。不同语文学习成绩的中学生在语文学习获得感上的均值由大到小依次为：名列前茅（$M=141.54$）、中上水平（$M=135.52$）、中等水平（$M=128.05$）、中下水平（$M=121.41$）、比较差（$M=112.95$）。可见，随着语文成绩的下降，中学生的语文学习获得感也呈现出减弱的趋势，整体变化趋势如图4-5-3所示。可见，中学生的语文学习获得感与其语文成绩有着密切的正相关，中学生语文成绩的高低也能直接或间接地反映语文学习获得感水平。

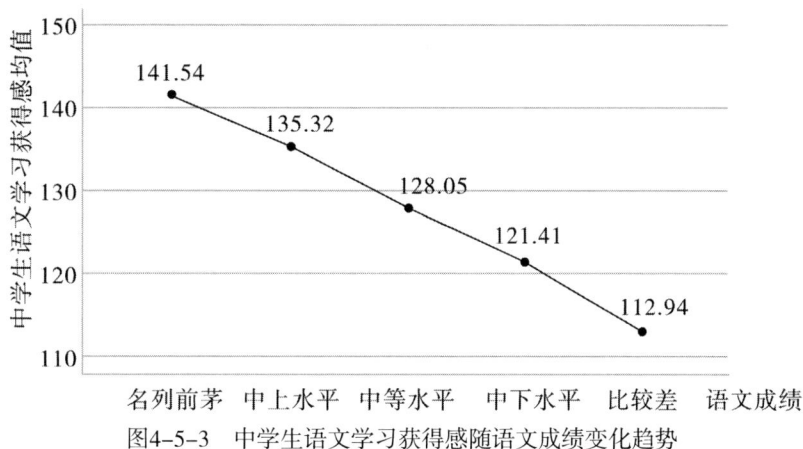

图4-5-3 中学生语文学习获得感随语文成绩变化趋势

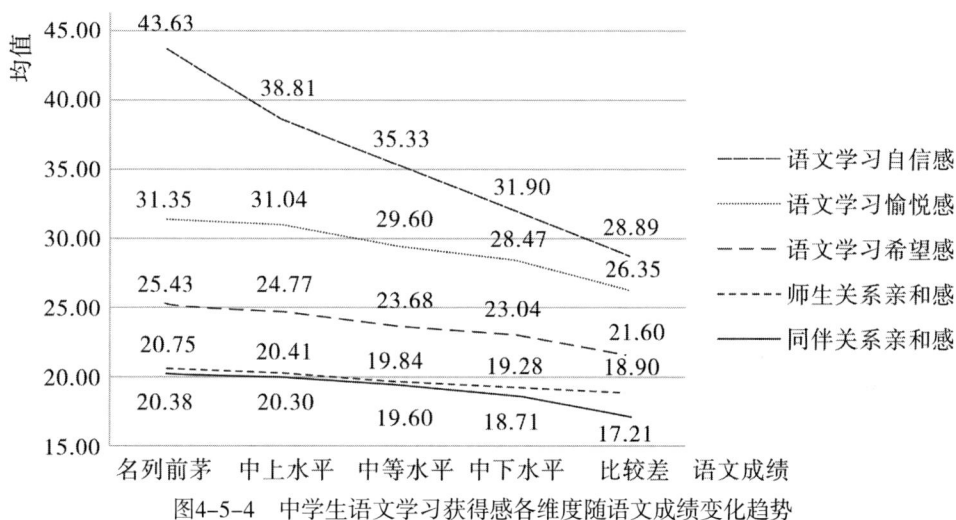

图4-5-4 中学生语文学习获得感各维度随语文成绩变化趋势

在语文学习自信感、语文学习愉悦感、语文学习希望感、师生关系亲和感、同伴关系亲和感五个维度中，这样呈"滑坡状"的变化趋势依然清晰可见，组间均存在显著差异（$p < 0.05$）。可见，不论是小学生还是中学生，语文学习获得感和语文学习自信感都与学生自我感知的语文学业成绩水平密切相关，成绩更理想的组别其得分均明显高于成绩低于该组的组别，组别间呈显著下降趋势，如图4-5-4所示。

中、小学生语文学习获得感体现出的随成绩水平下降而下降的结论也与前人研究者的研究结论一致。在小学学段的研究中，有如卫萍探索小学生积极心理品质与学业成绩关系时发现，小学生的积极心理品质与语文成绩及总平均成绩呈现出显著的正相关[①]。在中学学段的研究中，有如高永金、张瑜、傅纳在对初中生积极心理品质进行调查时发现，成绩优秀的初中生在所有积极心理品质及总量表上的得分均显著高于成绩中等及中下水平的初中生，特别是在热爱学习因子上差异极为突出[②]。熊川武、柴军应、董守生通过调查中学生的学习自主性发现，优秀班学生的自主性得分最高（特别是认知自主性与行为自主性两个部分的得分），中等班学生次之，最后是弱班学生[③]。陈达辉等调查高中生学业自我效能感时发现，不同成绩排名的中学生其学业自我效能感、主观幸福感等均存在差异，成绩排名越靠前学业自我效能感越好，排名中等及以上的学生主观幸福感比成绩中下和差的学生好[④]。国外也有量化研究证实，高中生的元认知技巧、考试焦虑程度和学业成功率是学生心理幸福感（psychological well-Being）的显著预测因子，其中学业成绩与心理幸福感呈现显著正相关[⑤]。语文成绩越好的学生往往拥有更多的积极情感体验，相反语文成绩较差的学生很难在语文学习过程中获得自信感、愉悦感和希望感。语文学习自信感也随着语文成绩的下降有着明显下滑，这一点发现也与上文"中、小学生在语文学习上的自信感低主要来源于对学业成绩的不自信"的结论有着明显共性。

当学生在语文学习上的获得越多时，其语文学习获得感自然也会提高。语文成绩水平高的学生能应对新的学习任务，得到教师、家长、同伴的称赞，获得更多的成就感和满足感，进而激励他们付出更大的投入。语文成绩不太理想的中学生容易受到分数的打击和外界的批评，越来越没有学习动力和毅力，渐渐地减少学习投入，甚至"自暴自弃"，语文学习获得感自然无法呈现出较高水平。

通过表4-5-3与表4-5-4对于中、小学生语文学习获得感五个维度的多重比较结

---

① 卫萍. 小学生积极心理品质与学业成绩的关系研究 [J]. 中国特殊教育, 2016 (10): 65—70.

② 高永金, 张瑜, 傅纳. 初中生积极心理品质发展现状调查 [J]. 中国特殊教育, 2017 (9): 89—96.

③ 熊川武, 柴军应, 董守生. 我国中学生学习自主性研究 [J]. 教育研究, 2017, 38 (5): 106—112.

④ 陈达辉, 李国利, 段永恒, 等. 高中生自我控制与学业自我效能感关系：有调节的中介效应 [J]. 中国健康心理学杂志, 2021, 29 (10): 1574—1580.

⑤ ISGÖR I Y. Metacognitive skills, academic success and exam anxiety as the predictors of psychological well-being [J]. Journal of education and training studies, 2016, 4 (9): 35—42.

果，可详细比较出不同成绩水平组别的维度水平。

表4-5-3 小学生语文学习获得感各维度不同成绩组别多重比较

变量	成绩对照组1（I）	成绩对照组2（J）	平均值差值（I-J）	标准差	显著性
语文学习自信感	名列前茅	中上水平	4.691***	0.692	0.000
		中等水平	8.910***	0.693	0.000
		中下水平	13.853***	0.907	0.000
		比较差	16.864***	1.121	0.000
	中上水平	名列前茅	-4.691***	0.692	0.000
		中等水平	4.219***	0.474	0.000
		中下水平	9.161***	0.753	0.000
		比较差	12.172***	1.001	0.000
	中等水平	名列前茅	-8.910***	0.693	0.000
		中上水平	-4.219***	0.474	0.000
		中下水平	4.942***	0.754	0.000
		比较差	7.953***	1.001	0.000
	中下水平	名列前茅	-13.853***	0.907	0.000
		中上水平	-9.161***	0.753	0.000
		中等水平	-4.942***	0.754	0.000
		比较差	3.011	1.160	0.098
	比较差	名列前茅	-16.864***	1.121	0.000
		中上水平	-12.172	1.001	0.000
		中等水平	-7.953***	1.001	0.000
		中下水平	-3.011	1.160	0.098

（续表）

变量	成绩对照组1 （I）	成绩对照组2 （J）	平均值差值 （I-J）	标准差	显著性
语文学习 愉悦感	名列前茅	中上水平	1.617	0.622	0.097
		中等水平	4.164***	0.631	0.000
		中下水平	6.782***	0.826	0.000
		比较差	8.629***	0.924	0.000
	中上水平	名列前茅	−1.617	0.622	0.097
		中等水平	2.546***	0.416	0.000
		中下水平	5.165***	0.675	0.000
		比较差	7.011***	0.792	0.000
	中等水平	名列前茅	−4.164***	0.631	0.000
		中上水平	−2.546***	0.416	0.000
		中下水平	2.618**	0.684	0.002
		比较差	4.465***	0.799	0.000
	中下水平	名列前茅	−6.782***	0.826	0.000
		中上水平	−5.165***	0.675	0.000
		中等水平	−2.618**	0.684	0.002
		比较差	1.847	0.960	0.438
	比较差	名列前茅	−8.629***	0.924	0.000
		中上水平	−7.011***	0.792	0.000
		中等水平	−4.465***	0.799	0.000
		中下水平	−1.847	0.960	0.438
语文学习 希望感	名列前茅	中上水平	0.674	0.432	0.725
		中等水平	2.527***	0.442	0.000
		中下水平	4.193***	0.573	0.000
		比较差	5.876***	0.655	0.000
	中上水平	名列前茅	−0.674	0.432	0.725
		中等水平	1.853***	0.269	0.000
		中下水平	3.519***	0.452	0.000
		比较差	5.202***	0.553	0.000

（续表）

变量	成绩对照组1 （I）	成绩对照组2 （J）	平均值差值 （I-J）	标准差	显著性
语文学习 希望感	中等水平	名列前茅	−2.527***	0.442	0.000
		中上水平	−1.853***	0.269	0.000
		中下水平	1.666**	0.462	0.004
		比较差	3.349***	0.561	0.000
	中下水平	名列前茅	−4.193***	0.573	0.000
		中上水平	−3.519***	0.452	0.000
		中等水平	−1.666**	0.462	0.004
		比较差	1.683	0.669	0.120
	比较差	名列前茅	−5.876***	0.655	0.000
		中上水平	−5.202***	0.553	0.000
		中等水平	−3.349***	0.561	0.000
		中下水平	−1.683	0.669	0.120
师生关系 亲和感	名列前茅	中上水平	1.040	0.419	0.130
		中等水平	2.330***	0.418	0.000
		中下水平	3.402***	0.563	0.000
		比较差	3.806***	0.603	0.000
	中上水平	名列前茅	−1.040	0.419	0.130
		中等水平	1.290***	0.284	0.000
		中下水平	2.362***	0.472	0.000
		比较差	2.766***	0.519	0.000
	中等水平	名列前茅	−2.330***	0.418	0.000
		中上水平	−1.290***	0.284	0.000
		中下水平	1.072	0.471	0.216
		比较差	1.476	0.518	0.051
	中下水平	名列前茅	−3.402***	0.563	0.000
		中上水平	−2.362***	0.472	0.000
		中等水平	−1.072	0.471	0.216
		比较差	0.403	0.641	0.999

（续表）

变量	成绩对照组1（I）	成绩对照组2（J）	平均值差值（I−J）	标准差	显著性
师生关系亲和感	比较差	名列前茅	−3.806***	0.603	0.000
		中上水平	−2.766***	0.519	0.000
		中等水平	−1.476	0.518	0.051
		中下水平	−0.403	0.641	0.999
同伴关系亲和感	名列前茅	中上水平	0.134	0.423	0.752
		中等水平	1.128**	0.414	0.006
		中下水平	2.888***	0.519	0.000
		比较差	3.632***	0.574	0.000
	中上水平	名列前茅	−0.134	0.423	0.752
		中等水平	0.995***	0.261	0.000
		中下水平	2.754***	0.408	0.000
		比较差	3.499***	0.477	0.000
	中等水平	名列前茅	−1.128**	0.414	0.006
		中上水平	−0.995***	0.261	0.000
		中下水平	1.760***	0.399	0.000
		比较差	2.504***	0.469	0.000
	中下水平	名列前茅	−2.888***	0.519	0.000
		中上水平	−2.754***	0.408	0.000
		中等水平	−1.760***	0.399	0.000
		比较差	0.745	0.564	0.187
	比较差	名列前茅	−3.632***	0.574	0.000
		中上水平	−3.499***	0.477	0.000
		中等水平	−2.504***	0.469	0.000
		中下水平	−0.745	0.564	0.187

表4-5-4　中学生语文学习获得感各维度不同成绩组别多重比较（部分）

变量	成绩对照组1 （I）	成绩对照组2 （J）	平均值差值 （I-J）	标准差	显著性
语文学习 愉悦感	名列前茅	中上水平	0.314	0.623	0.987
		中等水平	1.752*	0.617	0.037
		中下水平	2.877***	0.702	0.000
		比较差	5.003***	0.838	0.000
	中上水平	名列前茅	−0.314	0.623	0.987
		中等水平	1.438**	0.380	0.002
		中下水平	2.563***	0.507	0.000
		比较差	4.689***	0.682	0.000
	中等水平	名列前茅	−1.752*	0.617	0.037
		中上水平	−1.438**	0.380	0.002
		中下水平	1.126	0.499	0.160
		比较差	3.251***	0.677	0.000
	中下水平	名列前茅	−2.877***	0.702	0.000
		中上水平	−2.563***	0.507	0.000
		中等水平	−1.126	0.499	0.160
		比较差	2.126*	0.755	0.040
	比较差	名列前茅	−5.003***	0.838	0.000
		中上水平	−4.689***	0.682	0.000
		中等水平	−3.251***	0.677	0.000
		中下水平	−2.126*	0.755	0.040
语文学习 希望感	名列前茅	中上水平	0.665	0.447	0.570
		中等水平	1.752***	0.443	0.001
		中下水平	2.391***	0.504	0.000
		比较差	3.837***	0.601	0.000
	中上水平	名列前茅	−0.665	0.447	0.570
		中等水平	1.087***	0.273	0.001
		中下水平	1.725***	0.363	0.000
		比较差	3.172***	0.489	0.000

（续表）

变量	成绩对照组1（I）	成绩对照组2（J）	平均值差值（I-J）	标准差	显著性
语文学习希望感	中等水平	名列前茅	−1.752***	0.443	0.001
		中上水平	−1.087***	0.273	0.001
		中下水平	0.639	0.358	0.383
		比较差	2.085***	0.485	0.000
	中下水平	名列前茅	−2.391***	0.504	0.000
		中上水平	−1.725***	0.363	0.000
		中等水平	−0.639	0.358	0.383
		比较差	1.446	0.542	0.059
	比较差	名列前茅	−3.837***	0.601	0.000
		中上水平	−3.172***	0.489	0.000
		中等水平	−2.085***	0.485	0.000
		中下水平	−1.446	0.542	0.059
师生关系亲和感	名列前茅	中上水平	0.337	0.411	0.925
		中等水平	0.904	0.407	0.172
		中下水平	1.466*	0.463	0.014
		比较差	1.849**	0.552	0.007
	中上水平	名列前茅	−0.337	0.411	0.925
		中等水平	0.567	0.251	0.158
		中下水平	1.130**	0.334	0.007
		比较差	1.512**	0.450	0.007
	中等水平	名列前茅	−0.904	0.407	0.172
		中上水平	−0.567	0.251	0.158
		中下水平	0.563	0.329	0.427
		比较差	0.945	0.446	0.212
	中下水平	名列前茅	−1.466*	0.463	0.014
		中上水平	−1.130**	0.334	0.007
		中等水平	−0.563	0.329	0.427
		比较差	0.382	0.498	0.940

（续表）

变量	成绩对照组1（I）	成绩对照组2（J）	平均值差值（I-J）	标准差	显著性
师生关系亲和感	比较差	名列前茅	−1.849**	0.552	0.007
		中上水平	−1.512**	0.450	0.007
		中等水平	−0.945	0.446	0.212
		中下水平	−0.382	0.498	0.940
同伴关系亲和感	名列前茅	中上水平	0.082	0.391	1.000
		中等水平	0.781	0.387	0.257
		中下水平	1.670**	0.440	0.001
		比较差	3.165***	0.525	0.000
	中上水平	名列前茅	−0.082	0.391	1.000
		中等水平	.699*	0.238	0.028
		中下水平	1.588***	0.318	0.000
		比较差	3.083***	0.428	0.000
	中等水平	名列前茅	−0.781	0.387	0.257
		中上水平	−.699*	0.238	0.028
		中下水平	.889*	0.313	0.036
		比较差	2.384***	0.424	0.000
	中下水平	名列前茅	−1.670**	0.440	0.001
		中上水平	−1.588***	0.318	0.000
		中等水平	−.889*	0.313	0.036
		比较差	1.495*	0.473	0.014
	比较差	名列前茅	−3.165***	0.525	0.000
		中上水平	−3.083***	0.428	0.000
		中等水平	−2.384***	0.424	0.000
		中下水平	−1.495*	0.473	0.014

　　在语文学习自信感中，成绩名列前茅、中上水平、中等水平、中下水平、比较差的小学生均存在显著差异（$p < 0.05$），而不同的语文学业成绩对中学生的自信感影响不显著（$p > 0.05$）。具体来看，小学生语文学习自信感的显著差异主要可以划

分为四个层级：第一层级（"名列前茅"）、第二层级（"中上水平"）、第三层级（"中等水平"）、第四层级（"中下水平"与"比较差"）。可以认为，语文成绩越高的学生其自信感越强，之后逐步递减，语文成绩处于中下水平或较差水平的学生语文学习自信感明显低下。

在语文学习愉悦感中，成绩名列前茅和处于中上水平的学生没有显著差异，中等水平和中下水平的学生没有显著差异（中学生组别），中下水平和比较差的学生也没有显著差异（小学生组别）。综合来看，语文学习愉悦感的显著差异主要可以划分为两个层级：第一层级（"名列前茅""中上水平"）、第二层级（"中等水平""中下水平""比较差"）。可以认为，语文成绩在中上水平及以上的学生都有较高的语文学习愉悦感，之后逐步递减，语文成绩较差的学生语文学习愉悦感明显偏低。

在语文学习希望感中，成绩名列前茅和处于中上水平的学生没有显著差异，剩余的三组中仅有中等水平组与比较差组间存在显著差异（中学生组别），中下水平和比较差的学生也没有显著差异（小学生组别）。因此，语文学习希望感的显著差异可以综合大致划分为两个层级：第一层级（"名列前茅""中上水平"）、第二层级（"中等水平""中下水平""比较差"）。可以认为，语文学习希望感可以"中上水平"成绩作为分界线，中上水平及以上的学生拥有较高的语文学习希望感，其余学生的语文学习希望感明显偏低。

在师生关系亲和感中，成绩名列前茅和处于中上、中等水平的学生没有显著差异（中学生组别），成绩名列前茅和处于中上水平的学生没有显著差异（小学生组别），综合而言成绩处于中等以下的组别间也无显著差异。由此可见，师生关系亲和感的显著差异主要基本可以"中等水平"成绩作为分界线，中等成绩以上的学生师生关系亲和感较高，而中等成绩以下的学生获得的师生关系亲和感较少。

在同伴关系亲和感中，成绩名列前茅和处于中上、中等水平的学生没有显著差异，成绩中等、中下水平组别间也无显著差异（中学生组别）；成绩名列前茅和处于中上水平的学生没有显著差异，中下水平和比较差的学生没有显著差异（小学生组别）。综合来看，中、小学生关系亲和感的显著差异主要可以划分为两个层级：第一层级（"名列前茅""中上水平"）、第二层级（"中等水平""中下水平""比较差")。可以认为，语文成绩在中上水平及以上的学生在学习过程中有着更强的同伴关系亲和感，之后随着成绩的下降逐步递减。

综合分析结果来看，语文成绩名列前茅或处于中上水平的中学生在语文学习获得感各维度上表现良好，而其他水平的学生在各个维度上的表现均有待提高。这提醒我们，在一线教学中需要特别关注语文成绩在"中等"周围徘徊或向下的中、小学生的语文学习自信感、语文学习愉悦感和同伴关系亲和感。此外，教师在语文学科教学中往往会优先关注"学困生"和"学优生"，而语文成绩处于中等水平的学生常容易被忽视，其语文学习希望感、师生亲和感也同样亟待提高。

第六节　不同学科偏好学生语文学习获得感比较

　　为比较不同学科偏好的中、小学生在语文学习获得感上是否存在差异，本研究要求被试对象直接填写自己最喜欢的学科（不限学科数量），研究者分析文本内容并将样本分为三个组别：（1）最喜欢的学科中含语文的学生（N=713）；（2）最喜欢的学科中不含语文的学生（N=1797）；（3）回答为"都喜欢""都差不多""无/没有""不知道"等无明显学科偏好的学生（N=153）。其中，小学生不同学科偏好组别的人数分别为：377名（含语文）、908名（不含语文）、24名（无明显学科偏好）。中学生不同学科偏好组别的人数分别为：336名（含语文）、889名（不含语文）、129名（无明显学科偏好）。可见，绝大部分的中、小学生有自己较为明显的学科偏好，有26.77%的学生有着明显的语文学科偏好。

　　具体到不同年级来看，在"最喜欢的学科"一栏中填入答案包含"语文"的小学生共有377人，占所有小学被试对象的28.80%。之前也有研究者发现，小学生对学校学科课程的兴趣普遍较高，最感兴趣的科目便是语文[①]。其中，小学三年级学生有77人，占总小学三年级被试对象的35.81%；小学四年级学生有112人，占总小学四年级被试对象的27.12%；小学五年级学生有57人，占总小学五年级被试对象的21.35%；小学六年级学生有131人，占总小学六年级被试对象的31.64%。在"最喜欢的学科"一栏中填入答案包含"语文"的初中生共有227人，占所有初中被试对象的24.95%。其中，初一年级学生有156人，占总初一年级被试对象的23.67%；初二年级

---

　　①　王新. 小学生学科学习兴趣的调查研究［J］. 当代教育科学，2013（18）：43—45.

学生有26人，占总初二年级被试对象的16.77%；初三年级学生有45人，占总初三年级被试对象的46.88%。在"最喜欢的学科"一栏中填入答案包含"语文"的高中生共有109人，占所有高中被试对象的24.55%。其中，高一年级学生有16人，占总高一年级被试对象的19.75%；高二年级学生有88人，占总高二年级被试对象的25.58%；高三年级学生有5人，占总高三年级被试对象的26.32%。总的来看，小学三年级、小学四年级、小学六年级、初中三年级喜好语文学科的学生较多，而小学五年级、初二年级、高一年级喜爱语文的学生较低。

为比较学科偏好不同的学生在语文学习获得感上的差异，本研究对不同学科偏好中、小学生语文学习获得感的得分进行了单因素ANOVA检验。小学不同学科偏好学生语文学习获得感及五个维度的差异分析结果如下表4-6-1所示。中学不同学科偏好学生语文学习获得感及五个维度的差异分析结果如下表4-6-2所示。

表4-6-1 不同学科偏好小学生语文学习获得感差异分析

比较项		平方和	DF	均方	F	Sig.
语文学习获得感	组间	84515.388	2	42257.694	72.148	0.000
	组内	764938.384	1306	585.711		
	总和	849453.772	1308			
语文学习自信感	组间	8372.490	2	4186.245	61.736	0.000
	组内	88558.961	1306	67.809		
	总和	96931.451	1308			
语文学习愉悦感	组间	6859.196	2	3429.598	79.136	0.000
	组内	56599.247	1306	43.338		
	总和	63458.443	1308			
语文学习希望感	组间	2167.975	2	1083.988	54.542	0.000
	组内	25955.875	1306	19.874		
	总和	28123.850	1308			
师生关系亲和感	组间	1818.736	2	909.368	46.635	0.000
	组内	25466.852	1306	19.500		
	总和	27285.587	1308			

（续表）

比较项		平方和	DF	均方	*F*	*Sig.*
同伴关系 亲和感	组间	707.108	2	353.554	20.732	0.000
	组内	22271.566	1306	17.053		
	总和	22978.674	1308			

由表4-6-1可知，拥有不同学科偏好的小学生在语文学习获得感上存在显著差异（*F*=72.148，*p*=0.000），在其他语文学习自信感、语文学习愉悦感、语文学习希望感、师生关系亲和感、同伴关系亲和感上也均存在显著差异（*F*=61.736、79.136、54.542、46.635、20.732；*p*=0.000）。通过事后检验多重比较可知，有语文学科偏好的小学生和没有明显学科偏好的小学生语文学习获得感显著高于喜欢其他学科的学生（*p* < 0.05）。不同学科偏好的小学生组别在语文学习获得感上的均值由大到小依次为：喜爱语文学科（*M*=147.16）、无明显学科偏好（*M*=146.75）、喜爱学科不含语文（*M*=129.70）。可见对小学生而言，是否喜爱语文学科对其语文学习获得感有显著影响。

表4-6-2　不同学科偏好中学生语文学习获得感差异分析

比较项		平方和	DF	均方	*F*	*Sig.*
语文学习 获得感	组间	67356.950	2	33678.48	77.606	0.000
	组内	586291.200	1351	433.968		
	总和	653648.100	1353			
语文学习 自信感	组间	7445.441	2	3722.72	64.636	0.000
	组内	77810.700	1351	57.595		
	总和	85256.150	1353			
语文学习 愉悦感	组间	5216.092	2	2608.046	80.240	0.000
	组内	43911.660	1351	32.503		
	总和	49127.750	1353			
语文学习 希望感	组间	2010.684	2	1005.342	58.334	0.000
	组内	23283.320	1351	17.234		
	总和	25294.000	1353			

（续表）

比较项		平方和	DF	均方	F	$Sig.$
师生关系亲和感	组间	905.747	2	452.873	30.960	0.000
	组内	19761.760	1351	14.628		
	总和	20667.500	1353			
同伴关系亲和感	组间	740.737	2	370.368	26.945	0.000
	组内	18570.250	1351	13.746		
	总和	19310.980	1353			

由表4-6-2可知，拥有不同学科偏好的中学生在语文学习获得感上存在显著差异（F=77.606，p=0.000），在其他语文学习自信感、语文学习愉悦感、语文学习希望感、师生关系亲和感、同伴关系亲和感上也均存在显著差异（F=64.636、80.240、58.334、30.960、26.945；p=0.000）。通过事后检验多重比较发现，兴趣确实是"最好的老师"，喜欢语文学科的学生其语文学习获得感明显高于其他学生（$p<0.05$），喜欢学科不含语文和无明显学科偏好的学生语文学习获得感不存在显著差异（$p>0.05$）。不同学科偏好的中学生组别在语文学习获得感上的均值由大到小依次为：喜爱语文学科（M=141.83）、喜爱学科不含语文（M=126.06）、无明显学科偏好（M=122.79）。可见对中学生而言，"是否喜爱语文学科对其语文学习获得感有显著影响"这一结论同样成立。

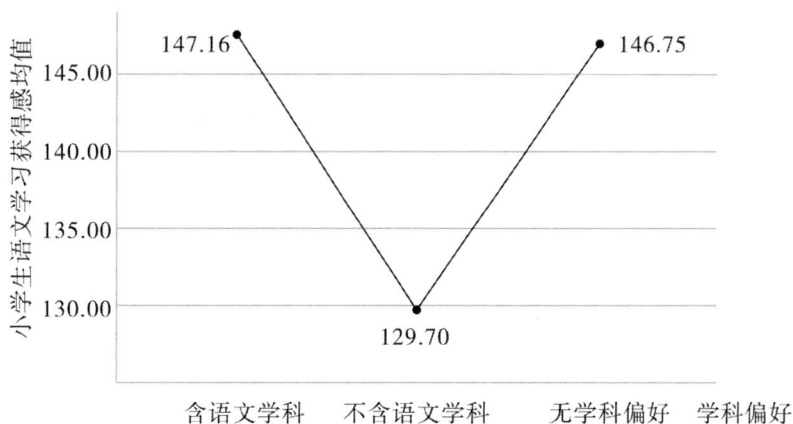

图4-6-1　不同学科偏好小学生语文学习获得感均值

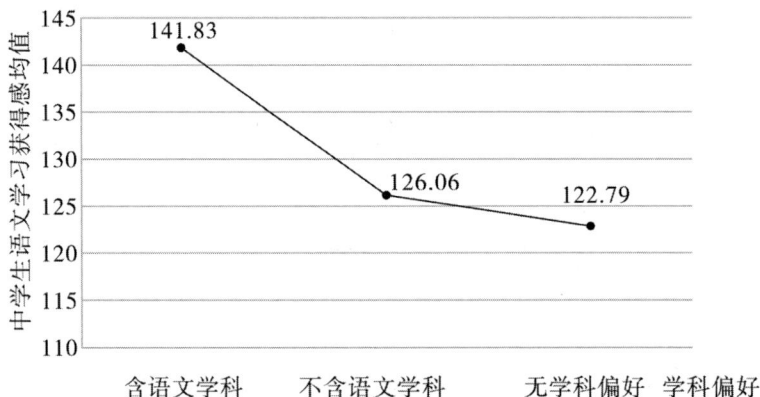

图4-6-2　不同学科偏好中学生语文学习获得感均值

比较图4-6-1与图4-6-2可以发现，二者在"无学科偏好"学生的语文学习获得感上存在巨大的差异。研究团队通过受访学生实际问卷对于学科偏好一题的作答可以发现其缘由。无明显学科偏好的24名小学生在"我最喜爱的学科"上填写的答案都为"都喜欢""全部""每一门课我都喜欢"等能够体现其对语文学习或全科学科热情和兴趣的答案。而无明显学科偏好的129名中学生在该题上填写的答案基本为"都差不多""无/没有""不知道""没有什么喜欢的科目"等无法彰显其对语文学习或全科学科热情和兴趣的答案。因此，同属于"无学科偏好"组别的中学生和小学生也存在着巨大的差异。

杜威提出，兴趣是心灵不断向新的经验的敞开，是对于可能发生的经验的各种态度[①]。以兴趣为前提的学习，其结果与仅以努力为前提的学习有着巨大区别[②]。访谈中就有一名高一年级学生指出："喜欢的科目好像相对来说成绩就会高一点，不喜欢的就没那么有兴趣去学习它，只能逼着自己去学，因为必须要学。"（W-H1-F-O-20200811）一名小学四年级学生也提道："因为阅读里面有很多有趣的地方，所以我喜欢语文。"（L2-P4-M-O-20220725）学生若在某一学科的学习过程中能产生更多的学习热情和积极性，那么他自然会更喜欢这一学科，内心对该学科必然有更高认同感，并更愿意有更多的学习投入，期望获得更多的学业成就；但若学生对

---

① 杜威. 杜威教育论著选 [M]. 赵祥麟，王承绪，译. 上海：华东师范大学出版社，1981：84.

② 章凯，李滨予，张必隐. 学科学习中的兴趣与先前知识 [J]. 教育研究与实验，2000（6）：28—30，72.

某一学科不感兴趣，其无所谓的学习态度会直接影响其对该学科的学习投入，自然不会产生更多的客观和主观的获得，逐渐便会产生"偏科"的现象。而若"被迫"去学习自己不喜欢的科目更有可能会适得其反，不仅达不到"提分"的目的，反而有可能产生厌学等负面情绪。本研究的样本数据依然证明了这一点：讨厌语文的中学生（$N=81$）其语文学习获得感均值仅为104.16，处于极低的水平。当学生的不感兴趣演变为厌恶，则会产生更多的学业问题或心理问题。这种消极影响甚至也会蔓延到该生其他学科的学习，最终导致学业倦怠、学习焦虑、离校休学等现象发生。

进一步比较五个维度可知，喜欢语文学科的学生其语文学习自信感、语文学习愉悦感、语文学习希望感、师生关系亲和感、同伴关系亲和感均明显高于其他学生（$p < 0.05$），具体变化趋势如图4-6-3和图4-6-4所示。

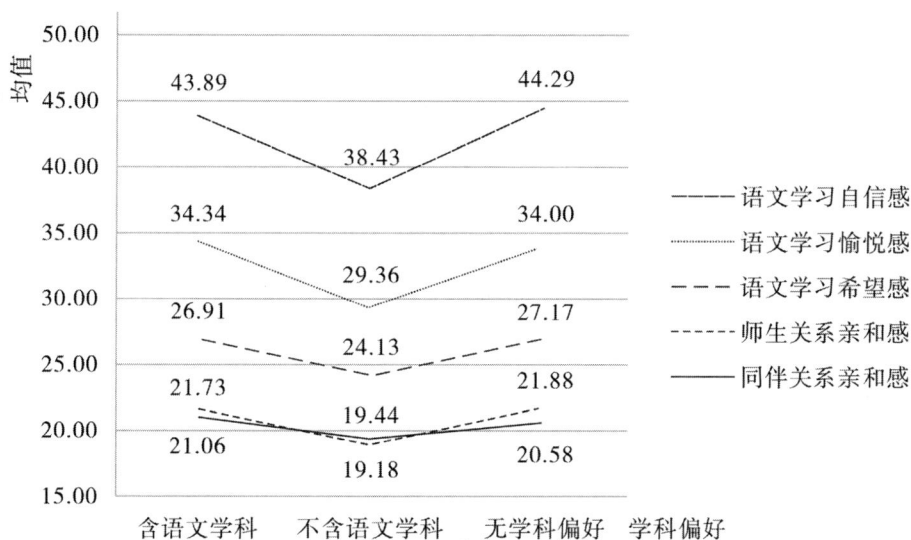

图4-6-3　不同学科偏好小学生语文学习获得感各维度均值

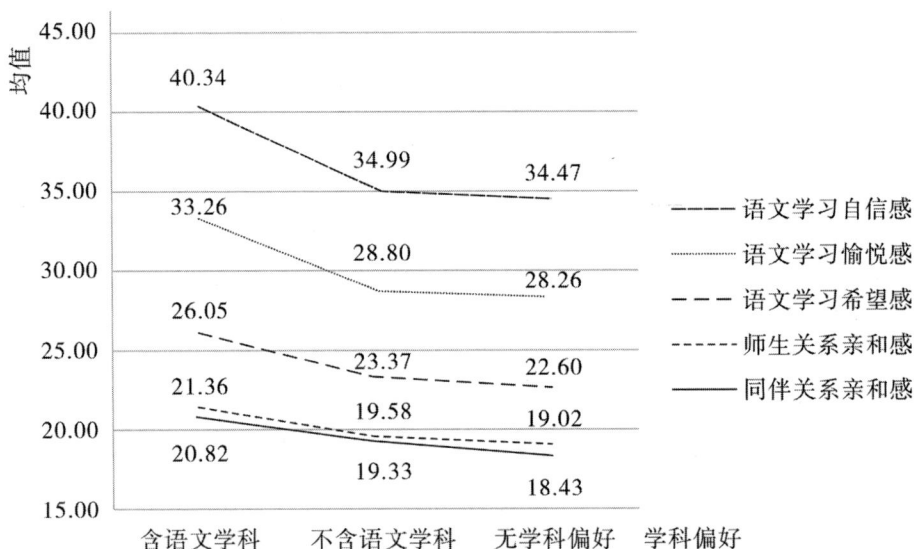

图4-6-4　不同学科偏好中学生语文学习获得感各维度均值

　　就语文学习自信感而言，喜欢语文的中学生在学习语文的过程中投入了更多时间与精力，更有耐心和毅力去克服学习中各种困难，因而获得更优异的成绩和更多的奖项，自信感也随之提升且明显高于不喜欢语文的学生。就语文学习愉悦感而言，喜欢语文的中学生更能享受其学习的过程，学习语文对于这部分学生来说是有趣的、快乐的，甚至感受不到时间的流逝，愉悦感自然明显偏高。就语文学习希望感而言，正是因为抱有对这一学科的喜欢和热爱才能更好地理解本学科存在的价值和意义，同时渴望进一步深入学习。相反地，不喜欢语文的中、小学生可能会看轻学习语文的重要性，很难立志学好语文。《义务教育语文课程标准（2022年版）》新修改的"核心素养内涵"中第一个核心素养便是"文化自信"，文化自信提到两个"热爱"："热爱国家通用语言文字""热爱中华文化"[①]。学生具备文化自信和对祖国语言文字、文化的热爱，才会愈发肯定语文学习的意义与价值，这也是其语文学习希望感和语文学习获得感形成的基础。就师生关系亲和感而言，正是因为喜欢语文，所以与语文老师的交流更为密切和频繁，自然拉近了彼此的距离，让学生体验到了更足的师生关系亲和感。就同伴关系亲和感而言，对语文学科缺乏兴趣

---

　　① 中华人民共和国教育部. 义务教育语文课程标准（2022年版）[M]. 北京：人民教育出版社，2022：4.

的学生较少参与语文学习活动，不会主动与同学讨论语文学习相关问题，很难在语文学习上从同伴中获取关系的亲和感。

表4-6-3　小学生语文学习获得感各维度不同学科偏好组别多重比较（部分）

变量	学科偏好对照组1（I）	学科偏好对照组2（J）	平均值差值（I-J）	标准差	显著性
同伴关系亲和感	含语文学科	不含语文学科	1.617***	0.253	0.000
		无学科偏好	0.478	0.869	0.583
	不含语文学科	含语文学科	−1.617***	0.253	0.000
		无学科偏好	−1.140	0.854	0.182
	无学科偏好	含语文学科	−0.478	0.869	0.583
		不含语文学科	1.140	0.854	0.182

表4-6-4　中学生语文学习获得感各维度不同学科偏好组别多重比较（部分）

变量	学科偏好对照组1（I）	学科偏好对照组2（J）	平均值差值（I-J）	标准差	显著性
同伴关系亲和感	含语文学科	不含语文学科	1.488***	0.237	0.000
		无学科偏好	2.392***	0.384	0.000
	不含语文学科	含语文学科	−1.488***	0.237	0.000
		无学科偏好	0.904*	0.349	0.026
	无学科偏好	含语文学科	−2.392***	0.384	0.000
		不含语文学科	−0.904*	0.349	0.026

通过多重比较结果还可以发现，有其他偏好学科学生的同伴关系亲和感明显高于没有任何喜好学科学生（如表4-6-3与表4-6-4所示）。造成没有偏好学科的学生同伴关系亲和感低下的原因可能是多方面的。但由于研究方法的局限，本研究无法明确"无学科偏好""同伴关系亲和感"之间的作用关系和其他因素对它们的影响，但可尝试从现实角度进行解释。班杜拉的互惠学习理论提出，学习环境及资源的变化会带来学习行为的变化，和谐信任的人际关系有助于提高学生的归属感、自尊等，也能更好地形成积极的学习氛围[①]。没有任何偏好学科的中学生可能存在自

---

① 薛猛. 语文课程与教学论 [M]. 重庆：西南师范大学出版社，2019：77.

身学习能力不足、在与同伴的比较中未产生明显的学习层面成就感、对学校及班集体归属感较低等问题，而这些问题都有可能影响到同辈沟通交往能力以及同伴关系亲和感。

第七节　担任不同班级职务学生语文学习获得感比较

　　为比较担任不同班级职务的中、小学生在语文学习获得感上是否存在差异，本研究在《中小学生语文学习获得感问卷》静态信息（个人信息）部分，调查了被试对象在班级中担任的职务，并要求学生仅选择一个最重要的职务即可。

　　本研究分析文本内容并将所有样本分为六个组别，分别为：（1）班长或副班长（N=261）；（2）语文课代表（N=149）；（3）语文小组长（N=189）；（4）其他学科课代表（N=486）；（5）其他职务（N=617）；（6）无（N=961）。担任不同班级职务小学生按照组别划分后的人数依次为：143名、65名、144名、159名、286名、512名。其中，担任了语文相关班级职务的小学生有209人，占全部被测小学生的15.97%；未担任任何班级职务的小学生有512人，占全部被测小学生的39.11%。担任不同班级职务中学生按照组别划分后的人数依次为：118名、84名、45名、327名、331名、449名。其中，担任了语文相关班级职务的中学生有129人，占全部被测中学生的9.53%；未担任任何班级职务的中学生有449人，占全部被测中学生的33.16%。由此可知，小学生的语文相关班级职务设置远多于中学生。

　　为比较担任不同班级职务的学生在语文学习获得感上的差异，本研究对担任不同班级职务中、小学生语文学习获得感的得分进行了单因素ANOVA检验。担任不同班级职务的小学生语文学习获得感及五个维度的差异分析结果如表4-7-1所示。担任不同班级职务的中学生语文学习获得感及五个维度的差异分析结果如表4-7-2所示。

表4-7-1　不同职务小学生语文学习获得感差异分析

比较项		平方和	DF	均方	F	Sig.
语文学习获得感	组间	51263.070	5	10252.614	16.737	0.000
	组内	798190.702	1303	612.579		
	总和	849453.772	1308			
语文学习自信感	组间	6396.259	5	1279.252	18.411	0.000
	组内	90535.192	1303	69.482		
	总和	96931.451	1308			
语文学习愉悦感	组间	2894.824	5	578.965	12.456	0.000
	组内	60563.620	1303	46.480		
	总和	63458.443	1308			
语文学习希望感	组间	1267.195	5	253.439	12.296	0.000
	组内	26856.655	1303	20.611		
	总和	28123.850	1308			
师生关系亲和感	组间	850.122	5	170.024	8.380	0.000
	组内	26435.466	1303	20.288		
	总和	27285.587	1308			
同伴关系亲和感	组间	790.707	5	158.141	9.287	0.000
	组内	22187.966	1303	17.028		
	总和	22978.674	1308			

由表4-7-1可知，担任不同班级职务的小学生在语文学习获得感上存在显著差异（F=16.737，p=0.000），在其他语文学习自信感、语文学习愉悦感、语文学习希望感、师生关系亲和感、同伴关系亲和感上也均存在显著差异（F=18.411、12.456、12.296、8.380、9.287；p=0.000）。组别间的具体差异需要从多重比较表中进一步进行查看。

表4-7-2　小学生语文学习获得感担任不同职务组别各维度多重比较（部分）

变量	职务对照组1 （I）	职务对照组2 （J）	平均值差值 （I-J）	标准差	显著性
小学生 语文 学习 获得感	班长或副班长	语文课代表	−3.5035	3.70244	0.934
		语文小组长	5.00612	2.92195	0.523
		其他学科课代表	4.35911	2.85245	0.646
		其他职务	8.05245*	2.53489	0.019
		无	15.78542***	2.34099	0.000
	语文课代表	班长或副班长	3.5035	3.70244	0.934
		语文小组长	8.50962	3.69842	0.194
		其他学科课代表	7.8626	3.64376	0.259
		其他职务	11.55594**	3.40091	0.009
		无	19.28891***	3.25895	0.000
	语文小组长	班长或副班长	−5.00612	2.92195	0.523
		语文课代表	−8.50962	3.69842	0.194
		其他学科课代表	−0.64701	2.84723	1.000
		其他职务	3.04633	2.52901	0.835
		无	10.77930***	2.33462	0.000
	其他学科课代表	班长或副班长	−4.35911	2.85245	0.646
		语文课代表	−7.8626	3.64376	0.259
		语文小组长	0.64701	2.84723	1.000
		其他职务	3.69334	2.44838	0.659
		无	11.42631***	2.24703	0.000
	其他职务	班长或副班长	−8.05245*	2.53489	0.019
		语文课代表	−11.55594**	3.40091	0.009
		语文小组长	−3.04633	2.52901	0.835
		其他学科课代表	−3.69334	2.44838	0.659
		无	7.73297***	1.82711	0.000
	无	班长或副班长	−15.78542***	2.34099	0.000
		语文课代表	−19.28891***	3.25895	0.000
		语文小组长	−10.77930***	2.33462	0.000
		其他学科课代表	−11.42631***	2.24703	0.000
		其他职务	−7.73297***	1.82711	0.000

担任班级不同职务的小学生语文学习获得感具体事后检验多重比较如表4-7-2所示。通过事后检验多重比较发现，担任了班级职务（含班长或副班长、语文课代表、语文小组长、其他学科课代表、其他职务）的小学生其语文学习获得感明显高于未担任任何职务的学生（$p < 0.05$）。此外，担任班长、副班长或语文课代表的小学生其语文学习获得感显著高于担任其他职务的小学生（$p < 0.05$）。具体到不同组别的均值上看，担任班级不同职务的小学生语文学习获得感均值由大到小依次为：语文课代表（M=147.38）、班长或副班长（M=143.88）、其他学科课代表（M=139.52）、语文小组长（M=138.87）、其他职务（M=135.83）、无（M=128.10）。可见，对小学生而言，有否担任班级职务与其语文学习获得感水平有关联，同时担任语文课代表、班长或副班长、其他学科课代表等班级较为重要或与各科学习关系较为密切职务的小学生通常能产生更多的语文学习获得感。

表4-7-3　不同职务中学生语文学习获得感差异分析

比较项		平方和	DF	均方	F	Sig.
语文学习获得感	组间	18577.389	5	3715.478	7.886	0.000
	组内	635070.712	1348	471.121		
	总和	653648.101	1353			
语文学习自信感	组间	1917.673	5	383.535	6.204	0.000
	组内	83338.472	1348	61.824		
	总和	85256.145	1353			
语文学习愉悦感	组间	835.278	5	167.056	4.663	0.000
	组内	48292.474	1348	35.825		
	总和	49127.753	1353			
语文学习希望感	组间	540.150	5	108.030	5.883	0.000
	组内	24753.853	1348	18.363		
	总和	25294.003	1353			
师生关系亲和感	组间	451.286	5	90.257	6.018	0.000
	组内	20216.218	1348	14.997		
	总和	20667.504	1353			
同伴关系亲和感	组间	492.542	5	98.508	7.056	0.000
	组内	18818.443	1348	13.960		
	总和	19310.984	1353			

由表4-7-3可见，担任不同班级职务的中学生在语文学习获得感上存在显著差异（F=7.886，p=0.000），在其他语文学习自信感、语文学习愉悦感、语文学习希望感、师生关系亲和感、同伴关系亲和感上也均存在显著差异（F=6.204、4.663、5.883、6.018、7.056；p=0.000）。组别间的具体差异需要从多重比较表中进一步进行查看。

表4-7-4 中学生语文学习获得感担任不同职务组别各维度多重比较（部分）

变量	职务对照组1（I）	职务对照组2（J）	平均值差值（I-J）	标准差	显著性
中学生语文学习获得感	班长或副班长	语文课代表	−5.339	3.099	0.085
		语文小组长	−4.124	3.803	0.278
		其他学科课代表	2.356	2.331	0.312
		其他职务	1.977	2.327	0.396
		无	7.455**	2.245	0.001
	语文课代表	班长或副班长	5.339	3.099	0.085
		语文小组长	1.215	4.010	0.762
		其他学科课代表	7.696**	2.655	0.004
		其他职务	7.316**	2.652	0.006
		无	12.794***	2.580	0.000
	语文小组长	班长或副班长	4.124	3.803	0.278
		语文课代表	−1.215	4.010	0.762
		其他学科课代表	6.481	3.451	0.061
		其他职务	6.101	3.449	0.077
		无	11.579**	3.394	0.001
	其他学科课代表	班长或副班长	−2.356	2.331	0.312
		语文课代表	−7.696**	2.655	0.004
		语文小组长	−6.481	3.451	0.061
		其他职务	−0.379	1.692	0.823
		无	5.099**	1.578	0.001
	其他职务	班长或副班长	−1.977	2.327	0.396
		语文课代表	−7.316**	2.652	0.006
		语文小组长	−6.101	3.449	0.077
		其他学科课代表	0.379	1.692	0.823
		无	5.478**	1.572	0.001

（续表）

变量	职务对照组1（Ⅰ）	职务对照组2（J）	平均值差值（I-J）	标准差	显著性
中学生语文学习获得感	无	班长或副班长	−7.455**	2.245	0.001
		语文课代表	−12.794***	2.580	0.000
		语文小组长	−11.579**	3.394	0.001
		其他学科课代表	−5.099**	1.578	0.001
		其他职务	−5.478**	1.572	0.001

担任班级不同职务的中学生语文学习获得感具体事后检验多重比较如表4-7-4所示。通过事后检验多重比较发现，担任了班级职务（含班长或副班长、语文课代表、语文小组长、其他学科课代表、其他班级职务）的中学生其语文学习获得感明显高于未担任任何职务的学生（$p < 0.05$）；其中，担任语文课代表的学生其语文学习获得感明显高于其他学科课代表和其他职务的学生（$p < 0.05$）。具体到不同组别的均值上看，担任班级不同职务的中学生语文学习获得感均值由大到小依次为：语文课代表（$M=138.06$）、语文小组长（$M=136.84$）、班长或副班长（$M=132.72$）、其他班级职务（$M=130.74$）、其他学科课代表（$M=130.36$）、无班级职务（$M=125.27$）。对中学生而言，是否担任班级职务与其语文学习获得感水平有关联。同时，与小学生群体的差异不同，担任语文课代表或语文小组长等语文相关班级职务的中学生其语文学习获得感更高，而担任班长或副班长、其他学科课代表的中学生其语文学习获得感没有统计学意义上的显著优势。

在语文学习自信感、语文学习愉悦感、语文学习希望感、师生关系亲和感、同伴关系亲和感五个维度上，研究团队经过进一步的单因素ANOVA检验和多重比较后得出了以下相应的五个结论。

第一，在语文学习自信感方面：（1）担任班长或副班长、语文课代表、语文小组长、其他学科课代表或其他班级职务的小学生其语文学习自信感明显高于未担任任何职务的学生，同时担任班长或副班长、语文课代表的小学生其语文学习自信感显著高于担任其他班级职务的小学生；（2）担任班长或副班长、语文课代表、语文小组长的中学生其语文学习自信感明显高于未担任任何职务的学生，同时担任语文课代表或小组长的中学生其语文学习自信感明显高于担任其他学科课代表和其他职务的中学生。

第二，在语文学习愉悦感方面：（1）担任班长或副班长、语文课代表、语文小组长、其他学科课代表或其他班级职务的小学生其语文学习愉悦感明显高于未担任任何职务的学生，同时担任班长或副班长、语文课代表的小学生其语文学习愉悦感显著高于担任其他班级职务的小学生；（2）担任了班级职务的中学生其语文学习愉悦感明显高于未担任职务的中学生，同时担任语文课代表的中学生其语文学习愉悦感还明显高于担任其他学科课代表的中学生。

第三，在语文学习希望感方面：（1）担任班长或副班长、语文课代表、语文小组长、其他学科课代表或其他班级职务的小学生其语文学习希望感明显高于未担任任何职务的学生，同时担任语文课代表的小学生其语文学习希望感还明显高于担任其他学科课代表和其他职务的小学生；（2）担任了班级职务的中学生其语文学习希望感明显高于未担任任何职务的学生，同时担任语文课代表或小组长的学生其语文学习希望感还显著高于担任其他学科课代表和其他职务的中学生。

第四，在师生关系亲和感方面：（1）担任班长或副班长、语文课代表、其他学科课代表的小学生其师生关系亲和感明显高于其他小学生，同时担任班长或副班长的小学生其师生关系亲和感还显著高于担任其他职务的小学生；（2）担任班级职务的中学生其师生关系亲和感明显高于未担任任何职务的学生，同时担任语文课代表的中学生其师生关系亲和感还明显高于担任其他学科课代表和其他职务的中学生。

第五，在同伴关系亲和感方面：（1）担任班长或副班长、语文课代表、语文小组长、其他学科课代表的小学生其同伴关系亲和感明显高于担任其他班级职务和未担任任何职务的小学生；（2）担任班级职务的中学生其同伴关系亲和感明显高于未担任任何职务的中学生。

综上来看，是否担任班级职务、担任何种班级职务对小学生和中学生的语文学习获得感及其下位的五种其他积极心理感受都有明显的影响，但师生关系亲和感及同伴关系亲和感的影响范围较小。可见，中、小学生与语文教师和同班同学的情感联结与亲和感培养与是否担任班级职务的联系稍弱，但也并非完全不受其影响。

不论哪一个维度，担任了班级职务的中、小学生得分均显著高于未担任班级职务的中、小学生，其中语文课代表的得分普遍偏高。这一结果也与前人研究者的相关研究结论存在一致。如，赵占锋等在对小学生家庭亲密度与学校归属感进行实证研究时发现，担任班干部的小学生在心理素质和学校归属感上的得分都显著高于普通学生，担任班干部对学生有积极的作用[①]。又如，邹维兴在调查高中生的负面评价恐惧时发现，担任了班干部的高中生其自信程度显著高于没有担任班干部的高中生[②]。柯政、李昶洁也发现，班干部对自身获得的提问机会、讨论机会、认知机会以及学习机会的总体感知均显著高于未担任班干部的同学，同时学业能力和性格对学生担任班干部具有显著正向影响，学业能力强或性格外向的学生担任班干部的概率更大（其中学业能力对担任班干部的影响更为明显，其可能性达到47.9%）[③]。担任班干部的中学生语文学习获得感明显较高的原因可以简单归于两点：第一，班干部本身就是优秀学生的代表。在其担任班干部前学生个体就具有更好的学习能力或在语文学习上表现突出，又或者有着良好的心理素质和更优的元认知技巧，能够更好地进行情绪调节，善于反思。担任语文课代表的C同学就表示："我是语文课代表，就说明我对语文肯定是非常喜欢的。如果喜欢这门科目，把它学好的话，就会有很多的自信。"（C-M2-F-O-20200804）第二，班干部获得了更多的学习机会。在学生担任班干部后，与班主任、科任教师等的接触更加频繁，关系更为密切，课内课外都容易受到教师们的关注。在主持各类班级学习、文化活动的过程中，其成就感和自信心也会增强，同时与同学之间的交流也会更加丰富。此外，担任班级职务的中学生也能够意识到自身责任，鼓励自己发挥班干部的模范作用，更加用心学习认真思考。同样担任语文课代表的Z同学就提道："课代表是我自己竞选的，想带领同学们变得更优秀。""因为是课代表，所以在语文上会更加努力。"（Z-M1-M-O-20200807）

不可否认，担任班级职务确实可以给学生的学习带来正面影响，特别是担任语文课代表确实会拥有更高的语文学习获得感。但也因此存在一个矛盾的循环，班

① 赵占锋，张大均，刘广增，等. 小学生家庭亲密度与学校归属感：心理素质和自我概念的链式中介作用 [J]. 中国临床心理学杂志，2017，25（6）：1143-1146，1151.

② 邹维兴. 高中生负面评价恐惧的现状及对策探析 [J]. 教学与管理，2017（06）：74-76.

③ 柯政，李昶洁. 班干部身份对学习机会获得的影响：基于4026位初中生的倾向值匹配法研究 [J]. 教育研究，2020，41（5）：112-125.

干部制度有可能导致学校陷入教育过程不平等的危机之中[①]。原本学习表现就突出或家庭背景优良的学生承担了班级职务，他们也因此获得了更多的机会和锻炼，即"优者更优，弱者更弱"。

① 杜明峰. 班干部制度的当下危机及其应对 [J] . 中国教育学刊, 2016 (4)：96-101.

第八节　不同家庭所在地学生语文学习获得感比较

本研究在《中小学生语文学习获得感问卷》的静态信息部分设置了"你来自的地方"一题，调查了所有被测学生的家庭所在地。经过统计，来自农村的被测学生共有991名，其中小学生471名、中学生520名；来自城市的被测学生共有1672名，其中小学生838名、中学生834名。为比较来自城市的学生与来自农村的学生在语文学习获得感上的差异，对不同家庭所在地中、小学生语文学习获得感的得分进行了独立样本T检验。不同家庭所在地的小学生语文学习获得感及五个分维度的得分均值、标准差、独立样本T检验结果如表4-8-1所示，不同家庭所在地的中学生语文学习获得感及五个分维度的得分均值、标准差、独立样本T检验结果如表4-8-2所示。

表4-8-1　不同家庭所在地小学生语文学习获得感差异分析

比较项	来自农村的小学生		来自城市的小学生		t值
	M	SD	M	SD	
语文学习获得感	131.01	24.57	137.31	25.72	−4.380***
语文学习自信感	38.59	8.23	40.95	8.70	−4.877***
语文学习愉悦感	30.08	6.78	31.33	7.03	−3.162**
语文学习希望感	24.34	4.65	25.36	4.59	−3.820***
师生关系亲和感	19.28	4.53	20.35	4.54	−4.119**
同伴关系亲和感	19.57	4.04	20.13	4.26	−2.350*

如表4-8-1所示，统计结果说明，不同家庭所在地的小学生在语文学习获得感上存在着显著差异（$p < 0.05$），来自城市的小学生语文学习获得感均值为137.31，而

来自农村的小学生其语文学习获得感均值为131.01。另外在语文学习获得感的五个维度上不同家庭所在地的小学生也均呈现出显著的差异（$p < 0.05$）。根据独立样本T检验得出的t值又可判断，当前来自城市的小学生的语文学习获得感和全部五个维度水平均显著高于来自农村的小学生。

表4-8-2　不同家庭所在地中学生语文学习获得感差异分析

比较项	来自农村的中学生		来自城市的中学生		t值
	M	SD	M	SD	
语文学习获得感	128.61	21.170	130.32	22.458	−1.411
语文学习自信感	36.22	7.463	36.30	8.225	−0.186
语文学习愉悦感	29.73	5.798	29.93	6.166	−0.579
语文学习希望感	23.56	4.278	24.21	4.335	−2.716**
师生关系亲和感	19.61	3.807	20.19	3.956	−2.714**
同伴关系亲和感	19.49	3.634	19.69	3.865	−0.947

如表4-8-2所示，统计结果说明，不同家庭所在地的中学生在语文学习获得感上不存在着显著差异（$p > 0.05$），来自城市的中学生语文学习获得感均值为130.32，而来自农村的中学生其语文学习获得感均值为128.61。来自城市的中学生其语文学习获得感略微高于来自农村的中学生，但这个差异在统计学上无意义。另外，在语文学习获得感的五个维度上，不同家庭所在地的中学生仅在语文学习希望感和师生关系亲和感上存在显著的差异（$p < 0.05$），但在语文学习自信感、语文学习愉悦感和同伴关系亲和感上未呈现出显著的差异（$p > 0.05$）。根据独立样本T检验得出的t值又可判断，在存在显著差异的语文学习希望感和师生关系亲和感上，来自城市的中学生得分均显著高于来自农村的中学生。

可见，不同家庭所在地的小学生语文学习获得感存在显著差异，但家庭所在地并不影响中学生的语文学习获得感水平，对中学生的影响仅在于语文学习希望感和师生关系亲和感上。同时，所有存在统计学差异的维度都是来自城市的学生情况优于来自农村的学生。

虽然过往城乡差异的相关研究多集中于比较城市地区与农村地区的差异，但研究结果与本研究的结果也存在较为明显的一致性。

　　特别就小学阶段而言，李英杰、李美娟在对北京市五年级学生语文学业质量发展进行研究时发现，本市或非本市城镇户籍小学生在"识字与写字""阅读""习作"上均显著优于本市或非本市农业户籍，城市学校语文学业质量也显著优于县镇学校和农村学校[①]。余欣欣等对广西小学生幸福感现状进行调查时也发现，城市小学生和县城小学生的幸福指数显著高于农村小学生，农村小学生的幸福感最低[②]。刘福荣等在对小学生抑郁症状检查率进行分析时还发现，农村小学生抑郁症状的检出率显著高于城市小学生[③]。来自农村的小学生为留守儿童的可能性更大，他们的父母也多为务工务农人员，忙于生计故可能在一定程度上缺乏对孩子教育和学业的关注度，能够提供的家庭经济支持和关爱支持都会少于来自城市的家长。在访谈中，一名来自农村的小学生就提到，爸爸、妈妈在学习方面对自己"不是特别严格"，自己也比较调皮，说到学习自己的"借口会比较多一点"（L2-P3-M-O-20220725）。与此同时，小学阶段的学生依赖性强，常常容易感到孤独，来自农村的小学生更容易产生不自信、自卑、敏感、不善与老师和同学交流的特点，进而影响他们的师生关系亲和感和同伴关系亲和感。因此，来自农村的小学生不论是在生活还是在学习上，产生的主观积极情感体验都远不如来自城市的小学生；而来自城市的小学生更可能获得更为舒适和温馨的生活条件，拥有更为舒适和良好的学习环境，他们的家长也更有可能关注孩子的成长，为他们提供宝贵的学习资源和学习机会。来自城市的小学生在享有父母更多日常陪伴和关爱的同时，也获得了更优质的课外教育资源，家庭为他们的身心发展提供了更好的外界支持，因此，来自城市的小学生在语文学习获得感和各个维度上均显著优于来自农村的小学生。

　　值得注意的是，学生在语文学习获得感上因不同家庭所在地而产生的差异到了中学阶段得到了明显的缩小。来自城市的中学生仅在语文学习希望感及师生关系亲和感两个维度上显著优于来自农村的中学生，在语文学习获得感及其他维度上均都不存在显著差异。

　　① 李英杰，李美娟. 北京市五年级语文学业质量发展趋势研究 [J]. 语文建设，2019（2）：64—68.

　　② 余欣欣，李山，谢唯，等. 广西3～6年级小学生幸福感现状 [J]. 中国健康教育，2022，38（5）：414—417，422.

　　③ 刘福荣，吴梦凡，董一超，等. 小学生抑郁症状检出率的meta分析 [J]. 中国心理卫生杂志，2021，35（6）：482—488.

　　张冲、孟万金采用《中国中小学生幸福感通用量表》调查后发现，城市学生的综合幸福感得分显著高于农村学生①。前人研究者的同类型相关研究也得出较为相似的结论。俞国良、王勍在调查初中生心理健康结构时发现，城市学生在自我、人际、亲社会行为维度上的得分均显著高于农村学生，但二者在学习满意度上不存在显著差异②。可见，进入中学阶段的学生身心发展更为成熟，在人际交往能力和自我情绪管理上都更上一个台阶，关于学习的主观感受还是更多地聚焦于学习本身。拥有农村背景的学生在成为中学生后可能更加能理解"知识改变命运"这句话的道理，他们更珍惜当前拥有的学习机会，愿意进行更多的学习投入。不同家庭所在地的学生在进入中学后，其学习体验不会相差太大，因此在语文学习获得感上也不存在显著的差异。

　　当然，我们不能完全否认来自城市的中学生所具有的家庭经济或情感支持、学习教育资源和人际交往能力的优势。魏勇、马欣基于中国教育追踪调查（China Education Panel Survey，简称CEPS）的一项究发现，与农业户口的中学生相比，非农户口的中学生自我教育期望更高③。而通常，自我教育期望更高的城市学生其父母与家长也对他们有着更高的教育期望。拥有更强自我教育期望和父母—子女教育期望的城市背景学生能够更加清晰地意识到学业和语文学习的价值与意义，更加倾向于为了自身的学习付出更多的努力，因此语文学习希望感比农村背景中学生强烈。同时，来自城市的学生更强的语文学习希望感和人际交往能力，也促使着他们在语文学习过程中更加积极地向老师请教，师生关系亲和感也逐步提升。

　　① 张冲，孟万金. 中小学生综合幸福感发展现状和教育建议 [J]. 中国特殊教育，2018 (9)：72—79.
　　② 俞国良，王勍. 社会转型：少年初中生心理健康结构与特点研究 [J]. 西南民族大学学报（人文社科版），2018，39 (1)：215—221.
　　③ 魏勇，马欣. 中学生自我教育期望的影响因素研究：基于CEPS的实证分析 [J]. 教育学术月刊，2017 (10)：69—78.

第九节　独生子女与非独生子女学生语文学习获得感比较

　　为比较独生子女学生与非独生子女学生在语文学习获得感上的差异，研究团队在《中小学生语文学习获得感问卷》的静态信息部分调查了所有被测学生是否为独生子女。经过统计，独生子女学生共574名，其中小学生219名、中学生355名；非独生学生共2089名，其中小学生1090名、中学生999名。根据独生子女与非独生子女两个组别的总分与各维度均值，本研究对两组不同类别学生语文学习获得感的得分进行了独立样本T检验。独生子女和非独生子女的小学生语文学习获得感及五个维度的得分均值、标准差、独立样本T检验结果如表4-9-1所示，独生子女和非独生子女的中学生语文学习获得感及五个分维度的得分均值、标准差、独立样本T检验结果如表4-9-2所示。

表4-9-1　独生子女与非独生子女小学生语文学习获得感差异分析

比较项	独生子女小学生		非独生子女小学生		t值
	M	SD	M	SD	
语文学习获得感	135.97	26.26	134.85	25.33	0.579
语文学习自信感	40.72	9.11	39.98	8.50	1.108
语文学习愉悦感	31.31	7.13	30.79	6.93	0.989
语文学习希望感	25.07	4.57	24.97	4.65	0.280
师生关系亲和感	19.92	4.57	19.98	4.57	−0.175
同伴关系亲和感	19.82	4.16	19.95	4.20	−0.440

如表4-9-1所示，统计结果说明，为独生子女的小学生与为非独生子女的小学生在语文学习获得感上不存在着显著差异（ $p > 0.05$ ）。从平均数值来看，独生子女小学生的语文学习获得感均值为135.97，非独生子女小学生的语文学习获得感均值为134.85，独生子女小学生的语文学习获得感略高于非独生子女小学生。在其他五个维度中，独生子女小学生与非独生子女小学生之间也都不存在着显著差异（ $p > 0.05$ ）。独生子女小学生的语文学习自信感、语文学习愉悦感和语文学习希望感的均值都略高于非独生子女小学生。但在师生关系亲和感及同伴关系亲和感上，非独生子女小学生的得分均值略微高于独生子女小学生，但无统计学意义上的显著差异。

表4-9-2 独生子女与非独生子女中学生语文学习获得感差异分析

比较项	独生子女中学生		非独生子女中学生		t值
	M	SD	M	SD	
语文学习获得感	130.23	22.838	129.46	21.675	0.563
语文学习自信感	36.32	8.442	36.25	7.755	0.129
语文学习愉悦感	29.93	6.382	29.82	5.897	0.289
语文学习希望感	24.18	4.352	23.88	4.313	1.110
师生关系亲和感	20.30	3.960	19.85	3.885	1.864
同伴关系亲和感	19.50	3.929	19.65	3.724	−0.636

如表4-9-2所示，统计结果说明，独生子女中学生与非独生子女中学生在语文学习获得感上不存在着显著差异（ $p > 0.05$ ）。从平均数值来看，独生子女中学生的语文学习获得感均值为130.23，非独生子女中学生的语文学习获得感均值为129.46，独生子女中学生的语文学习获得感略高于非独生子女中学生。在其他五个维度中，独生子女中学生与非独生子女中学生之间也都不存在着显著差异（ $p > 0.05$ ）。独生子女中学生的语文学习自信感、语文学习愉悦感、语文学习希望感和师生关系亲和感的均值都略高于非独生子女中学生。但在同伴关系亲和感上，非独生子女中学生的得分均值略微高于独生子女中学生，但无统计学意义上的显著差异。

早在20世纪80年代后期至90年代就有研究结果表明，学龄期、青少年期独生子女与同龄非独生子女在个性特征、学习成绩、认知发展等众多方面都不存在显著差别[1]。新世纪的研究者对独生子女与非独生子女的差异问题仍然非常关注，在教育教学领域学者们做了不少相关研究，本研究的结论也与前人学者的研究具有一定的一致性。如，郭黎岩等针对小学生自信心的研究也发现，独生子女在儿童社会性发展上不存在特异性，独生子女小学生也不具有消极的个性心理品质，独生子女小学生与非独生子女小学生的自信心发展水平不存在显著差异[2]。又如，何浩然、徐慧发现，独生子女与非独生子女在人际交往方面以及亲社会行为和反社会行为上都不存在显著差别[3]。陈甜天等也在调查小学生社交焦虑时发现，社交焦虑总分及各因子分在是否是独生子女上没有显著的差异[4]。从2011年的"双独二孩"到2013年的"单独二孩"，再到2015年的"全面二孩"、2021年最新的"三胎政策"，生育政策的逐步开放给这一代中、小学生的家庭结构和家庭规模带来了翻天覆地的新变化。但在"00后""05后"乃至"10后"群体中，独生与否似乎已经不再能成为代表孩子们的标签，使用是否独生作为考察学生学习指标之一的现象可能需要改变。

但我们也能通过数据清楚地看到，虽然独生子女学生与非独生子女学生之间不存在语文学习获得感和各个维度的显著差异，但在大多数平均数值上独生子女学生都更占上风。郑磊、侯玉娜、刘叶的研究发现，家庭生育规模的减小有助于提高儿童的学业成绩，但出生于较小规模家庭或独生子女家庭的儿童心理适应性水平显著偏低[5]。通过研究团队的统计发现，在被调查的2663名学生中有独生子女小学生219人，非独生子女小学生1090人；独生子女中学生355人，非独生子女中学生999人。独生子女学生的语文学业成绩与非独生子女学生语文学业成绩情况整理如下。

在小学生当中：报告自身语文成绩名列前茅或中上水平的独生子女小学生有116名（占所有独生子女小学生的52.97%），报告自身语文成绩名列前茅或中上水

① 风笑天. 一个时代与两代人的生命历程：中国独生子女研究40年（1980—2019）[J].人文杂志，2020（11）：22—36.

② 郭黎岩，杨丽珠，刘正伟，等. 小学生自信心养成的实验研究[J]. 心理科学，2005（5）：1068—1071，1081.

③ 何浩然，徐慧. 独生子女的经济行为有别于非独生子女吗？：来自实验室和田野实验的证据[J]. 北京师范大学学报（社会科学版），2017（1）：51—65.

④ 陈甜天，王玉玲，尹宝霞，等. 北京市西城区两所小学4~6年级学生社交焦虑现状[J].中国健康心理学杂志，2021，29（3）：371—376.

⑤ 郑磊，侯玉娜，刘叶. 家庭规模与儿童教育发展的关系研究[J]. 教育研究，2014，35（4）：59—69.

平的非独生子女小学生有437名（占所有非独生子女小学生的40.09%）；报告自身语文成绩中下水平或比较差的独生子女小学生有27名（占所有独生子女小学生的12.33%），报告自身语文成绩中下水平或比较差的非独生子女小学生有189名（占所有非独生子女小学生的17.34%）。

在中学生当中：报告自身语文成绩名列前茅或中上水平的独生子女中学生有159名（占所有独生子女中学生的44.79%），报告自身语文成绩名列前茅或中上水平的非独生子女中学生有407名（占所有非独生子女中学生的40.74%）；报告自身语文成绩中下水平或比较差的独生子女中学生有70名（占所有独生子女中学生的19.72%），报告自身语文成绩中下水平或比较差的非独生子女中学生有211名（占所有非独生子女中学生的21.12%）。

通过被试中、小学生对于语文成绩的自我报告可见，独生子女学生的语文成绩确实整体优于非独生子女学生。出现这一情况的原因可能在于独生子女在各方面拥有更多的家庭关注，同时也能获得更多的家庭教育投资。有量化研究也证实，独生子女参与学业类课外补习和兴趣特长类课外辅导的比例均显著高于非独生子女[①]。虽然家庭结构和规模对中、小学生语文学习获得感的影响在本研究中并未形成统计学意义上的显著差异，不足以断言两者之间谁更优，但独生子女与非独生子女在学习（特别是语文学业成绩）上的部分差异不能被完全否认，在家长关注度、父母情感支持水平和家庭经济支持水平上独生子女与非独生子女仍然存在一定客观差异，这一点值得我们多加注意。

另外还需要格外注意的是，虽然在语文学业成绩和语文学习获得感上独生子女学生稍微占有优势，但在师生关系亲和感及同伴关系亲和感上非独生子女却略胜一筹。家庭结构对儿童人际交往能力的影响十分明显，同胞关系作为儿童人际交往能力的横向关系，为儿童早期人际交往能力提供了宝贵的经验，有助于其在学前阶段乃至成人后拥有更好的人际关系和能力[②]。可以推断，非独生子女小学生在师生关系亲和感及同伴关系亲和感上的些微优势与非独生子女中学生在同伴关系亲和感上

---

① 胡咏梅，王亚男. 中小学生家庭对子女课外教育的投资及效果分析 [J]. 首都师范大学学报（社会科学版），2019（5）：167—188.

② KATHERINE T, GLENNA DS. Growing up without siblings and adult sociability behavior [J]. Family Issues, 2011, 32（9）：1178—1204.

的些微优势，都和其人际交往能力（特别是同龄人际交往能力）有着密切的关系。独生子女在幼儿时期往往缺乏与同龄孩子一起长期生活的经验，因此在同龄人际交往能力上较为薄弱，在与同伴和同学的交往之中容易出现害羞、胆怯、无措、不适应、不合群等负面问题。因此，独生子女学生的人际关系亲和感问题在小学阶段和中学阶段都仍然存在。

第十节　父母文化程度不同学生语文学习获得感比较

　　研究团队在《中小学生语文学习获得感问卷》的静态信息部分设置了两道调查学生父母双方文化程度的题目，共七个选项，并按照选项将被被试学生的父母文化程度分为七个组别：（1）小学；（2）初中；（3）高中；（4）大中专；（5）大学本科；（6）研究生；（7）我不知道。

　　反映学生父亲文化程度的七个组别相应的有效样本数量分别如下所述。第一组"父亲小学文化程度"，小学生65人、中学生65人；第二组"父亲初中文化程度"，小学生244人、中学生306人；第三组"父亲高中文化程度"，小学生179人、中学生255人；第四组"父亲大中专文化程度"，小学生199人、中学生251人；第五组"父亲大学本科文化程度"，小学生264人、中学生282人；第六组"父亲研究生文化程度"，小学生69人、中学生68人；第七组"我不知道父亲的文化程度"，小学生289人、中学生127人。反映学生母亲文化程度的七个组别相应的有效样本数量分别如下所述。第一组"母亲小学文化程度"，小学生113人、中学生127人；第二组"母亲初中文化程度"，小学生232人、中学生339人；第三组"母亲高中文化程度"，小学生155人、中学生215人；第四组"母亲大中专文化程度"，小学生217人、中学生276人；第五组"母亲大学本科文化程度"，小学生249人、中学生224人；第六组"母亲研究生文化程度"，小学生50人、中学生40人；第七组"我不知道母亲的文化程度"，小学生293人、中学生133人。可见，学生填报的父母亲文化程度基本符合规律和客观实际。部分小学生可能对文化程度概念的理解不够深入，并不十分了解父母亲的学历和文化程度，因此在父母文化程度上选择"我不知道"的小学生远远多于中学生。

　　为比较父母文化程度不同的学生在语文学习获得感上的差异，本研究对上面十四个不同组别中、小学生（反映父亲文化程度的七组、反映母亲文化程度的七组）的语文学习获得感及五个维度的得分进行了单因素ANOVA检验。父亲文化程度不同的小学生语文学习获得感及五个维度的差异分析结果如表4-10-1所示；父亲文化程度不同的中学生语文学习获得感及五个维度的差异分析结果如表4-10-2所示。

表4-10-1　父亲文化程度不同小学生语文学习获得感差异分析

比较项		平方和	DF	均方	F	$Sig.$
语文学习获得感	组间	22526.867	6	3754.478	5.911	0.000
	组内	826926.905	1302	635.121		
	总和	849453.772	1308			
语文学习自信感	组间	3271.424	6	545.237	7.580	0.000
	组内	93660.028	1302	71.936		
	总和	96931.451	1308			
语文学习愉悦感	组间	1153.967	6	192.328	4.019	0.001
	组内	62304.476	1302	47.853		
	总和	63458.443	1308			
语文学习希望感	组间	399.318	6	66.553	3.125	0.005
	组内	27724.532	1302	21.294		
	总和	28123.850	1308			
师生关系亲和感	组间	396.775	6	66.129	3.202	0.004
	组内	26888.812	1302	20.652		
	总和	27285.587	1308			
同伴关系亲和感	组间	408.218	6	68.036	3.925	0.001
	组内	22570.455	1302	17.335		
	总和	22978.674	1308			

由表4-10-1可知，父亲具有不同文化程度的小学生在语文学习获得感上存在显著差异（$F=5.911$，$p=0.000$），另外在语文学习自信感、语文学习愉悦感、语文学习希望感、师生关系亲和感及同伴关系亲和感上也都分别存在统计学意义上的显著差异（$p < 0.05$）。通过事后检验多重比较可知，父亲文化程度为高中、大中专、大学本科或研究生的小学生其语文学习获得感显著高于父亲文化程度为小学的小学生，同时父亲文化程度为大学本科的小学生其语文学习获得感还显著高于父亲文化程度为初中和不知道父亲文化程度的小学生。父亲具有不同文化程度的小学生在语文学习获得感上的均值由大到小依次为：大学本科（$M=140.58$）、研究生（$M=139.67$）、大中专（$M=137.14$）、高中（$M=135.76$）、我不知道（$M=132.31$）、初中（$M=131.43$）、小学（$M=124.94$）。父亲文化程度不同小学生语文学习获得感均值如图4-10-1所示。

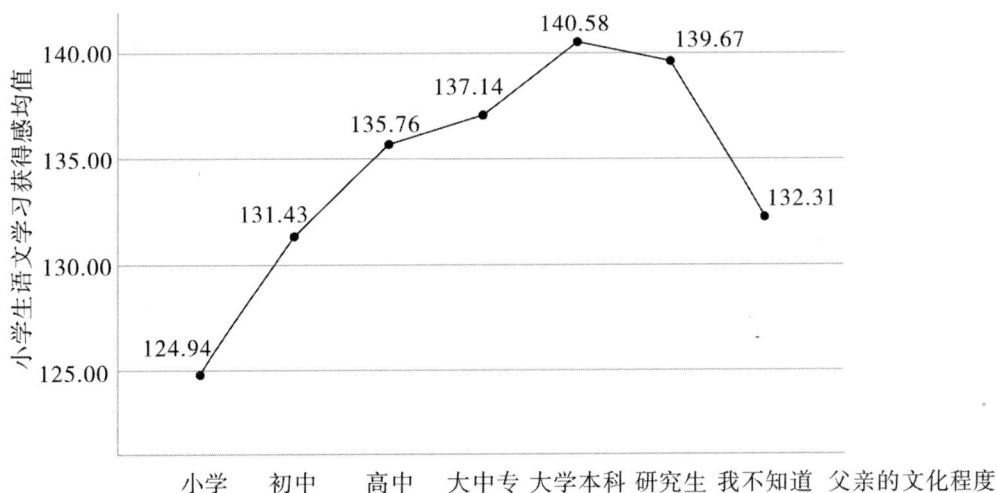

图4-10-1　父亲文化程度不同小学生语文学习获得感均值

在语文学习自信感、语文学习愉悦感、语文学习希望感、师生关系亲和感、同伴关系亲和感五个维度上，研究团队经过进一步的单因素ANOVA检验和多重比较后得出了相应的以下五个结论。

第一，在语文学习自信感方面：父亲文化程度为小学的小学生其语文学习自信感显著低于父亲文化程度为高中及以上的小学生，同时父亲文化程度为高中及以上的学生其语文学习自信感不存在显著差异。

第二，在语文学习愉悦感方面：父亲文化程度为小学的小学生其语文学习愉悦感低于父亲文化程度为初中、高中、大中专和大学本科的小学生，同时父亲文化程度为高中及以上的小学生其语文学习愉悦感不存在显著差异。

第三，在语文学习希望感方面：父亲文化程度为小学的小学生其语文学习希望感显著低于父亲文化程度为高中、大中专和大学本科的小学生，同时父亲文化程度为高中及以上的小学生其语文学习希望感不存在显著差异。

第四，在师生关系亲和感方面：父亲文化程度为小学的小学生显著低于父亲文化程度为高中及以上的小学生，同时父亲文化程度为高中及以上的小学生其语文学习希望感不存在显著差异。

第五，在同伴关系亲和感方面：父亲文化程度为小学的小学生显著低于父亲文化程度为初中及以上的小学生，同时父亲文化程度为高中及以上的小学生其语文学习希望感不存在显著差异。

表4-10-2　父亲文化程度不同中学生语文学习获得感差异分析

比较项		平方和	DF	均方	F	Sig.
语文学习获得感	组间	10614.508	6	1769.085	3.706	0.001
	组内	643033.594	1347	477.382		
	总和	653648.101	1353			
语文学习自信感	组间	1266.540	6	211.090	3.385	0.003
	组内	83989.605	1347	62.353		
	总和	85256.145	1353			
语文学习愉悦感	组间	393.408	6	65.568	1.812	0.093
	组内	48734.344	1347	36.180		
	总和	49127.753	1353			
语文学习希望感	组间	417.130	6	69.522	3.764	0.001
	组内	24876.872	1347	18.468		
	总和	25294.003	1353			

（续表）

比较项		平方和	DF	均方	*F*	*Sig.*
师生关系 亲和感	组间	350.784	6	58.464	3.876	0.001
	组内	20316.720	1347	15.083		
	总和	20667.504	1353			
同伴关系 亲和感	组间	255.912	6	42.652	3.015	0.006
	组内	19055.073	1347	14.146		
	总和	19310.984	1353			

由表4-10-2可知，父亲具有不同文化程度的中学生在语文学习获得感上存在显著差异（$F=3.706$，$p=0.000$），另外在语文学习自信感、语文学习希望感、师生关系亲和感及同伴关系亲和感上也都分别存在统计学意义上的显著差异（$p < 0.05$），父亲具有不同文化程度的中学生在语文学习愉悦感上不存在显著的差异（$p > 0.05$）。

通过事后检验多重比较可知，父亲文化程度为初中、高中、大中专或大学本科的中学生其语文学习获得感显著高于父亲文化程度为小学的中学生。父亲具有不同文化程度的中学生在语文学习获得感上的均值由大到小依次为：大学本科（$M=132.26$）、大中专（$M=130.87$）、高中（$M=130.81$）、研究生（$M=129.49$）、初中（$M=128.80$）、我不知道（$M=126.50$）、小学（$M=119.66$）。父亲文化程度不同中学生语文学习获得感均值如图4-10-2所示。

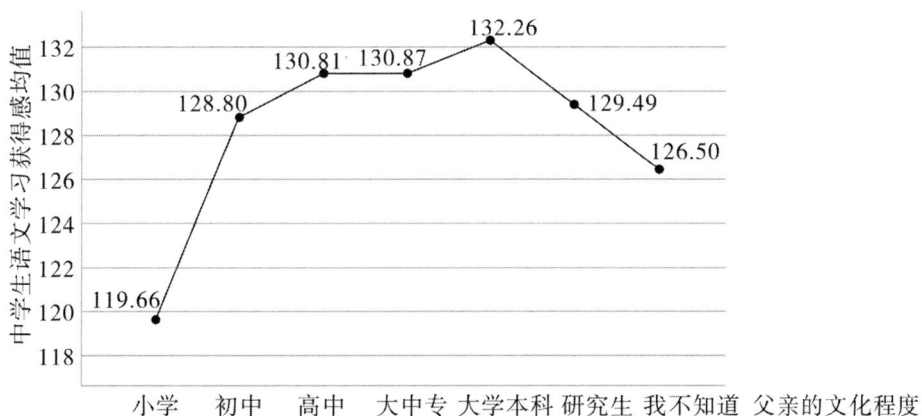

图4-10-2　父亲文化程度不同中学生语文学习获得感均值

在语文学习自信感、语文学习愉悦感、语文学习希望感、师生关系亲和感、同伴关系亲和感五个分维度上，研究团队经过进一步的单因素ANOVA检验和多重比较后得出了相应的以下五个结论。

第一，在语文学习自信感方面：父亲文化程度为初中、高中、大中专或大学本科的中学生其语文学习自信感显著高于父亲文化程度为小学的中学生。第二，在语文学习愉悦感方面：父亲文化程度不同的中学生其语文学习愉悦感不存在显著差异。第三，在语文学习希望感方面：父亲文化程度为高中、大中专、大学本科的中学生其语文学习希望感显著高于父亲文化程度为小学的中学生。第四，在师生关系亲和感方面：父亲文化程度为大中专或大学本科的中学生其师生关系亲和感显著高于父亲文化程度为小学的中学生，同时父亲文化程度为大学本科的中学生其师生关系亲和感显著高于父亲文化程度为初中的中学生。第五，在同伴关系亲和感方面：父亲文化程度为初中、高中、大中专或大学本科的中学生其同伴关系亲和感显著高于父亲文化程度为小学的中学生。

母亲文化程度不同的小学生语文学习获得感及五个分维度的差异分析结果如表4-10-3所示。母亲文化程度不同的中学生语文学习获得感及五个分维度的差异分析结果如表4-10-4所示。

表4-10-3　母亲文化程度不同小学生语文学习获得感差异分析

比较项		平方和	DF	均方	F	Sig.
语文学习获得感	组间	37467.148	6	6244.525	10.013	0.000
	组内	811986.625	1302	623.646		
	总和	849453.772	1308			
语文学习自信感	组间	4489.281	6	748.213	10.538	0.000
	组内	92442.171	1302	71.000		
	总和	96931.451	1308			
语文学习愉悦感	组间	2119.955	6	353.326	7.500	0.000
	组内	61338.488	1302	47.111		
	总和	63458.443	1308			
语文学习希望感	组间	1068.068	6	178.011	8.566	0.000
	组内	27055.783	1302	20.780		
	总和	28123.850	1308			

（续表）

比较项		平方和	DF	均方	F	Sig.
师生关系亲和感	组间	886.380	6	147.730	7.286	0.000
	组内	26399.208	1302	20.276		
	总和	27285.587	1308			
同伴关系亲和感	组间	412.393	6	68.732	3.966	0.001
	组内	22566.281	1302	17.332		
	总和	22978.674	1308			

由表4-10-3可知，母亲具有不同文化程度的小学生在语文学习获得感上存在显著差异（F=10.013，p=0.000），另外在语文学习自信感、语文学习愉悦感、语文学习希望感、师生关系亲和感及同伴关系亲和感上也都分别存在统计学意义上的显著差异（$p < 0.05$）。通过事后检验多重比较可知，母亲文化程度为初中、高中、大中专或大学本科的小学生和不知道母亲文化程度的小学生其语文学习获得感显著高于母亲文化程度为小学的小学生，同时母亲文化程度为大中专和大学本科的小学生其语文学习获得感显著高于母亲文化程度为初中或高中的小学生，此外母亲文化程度为大学本科的小学生其语文学习获得感显著高于不知道母亲文化程度的小学生。母亲具有不同文化程度的小学生在语文学习获得感上均值由大到小依次为：大中专（M=141.33）、大学本科（M=140.90）、初中（M=133.78）、我不知道（M=132.95）、高中（M=132.88）、研究生（M=131.34）、小学（M=122.67）。母亲文化程度不同小学生语文学习获得感均值如图4-10-3所示。

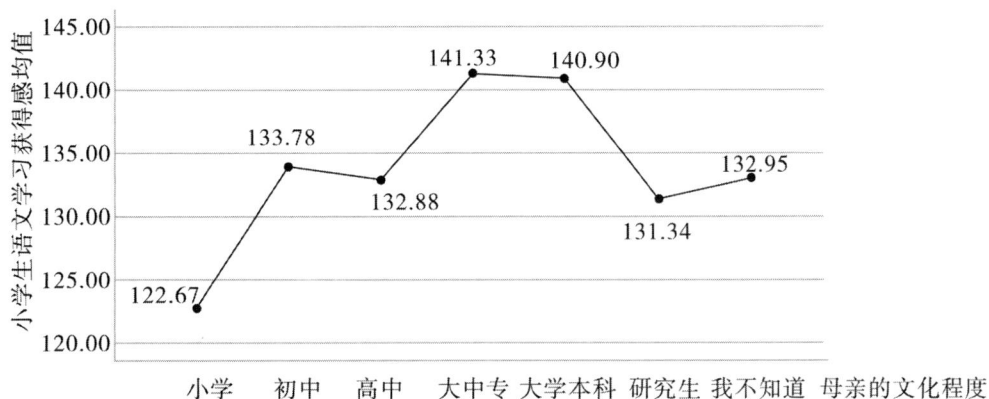

图4-10-3 母亲文化程度不同小学生语文学习获得感均值

在语文学习自信感、语文学习愉悦感、语文学习希望感、师生关系亲和感及同伴关系亲和感五个维度上，研究团队经过进一步的单因素ANOVA检验和多重比较后得出了相应的以下五个结论。

第一，在语文学习自信感方面：母亲文化程度为初中、高中、大中专或大学本科以及不知道母亲文化程度的小学生其语文学习自信感显著高于母亲文化程度为小学的小学生，同时母亲文化程度为大中专、大学本科的小学生其语文学习自信感高于母亲文化程度为初中的小学生，另外母亲文化程度为大学本科的小学生其语文学习自信感也高于母亲文化程度为高中的小学生。

第二，在语文学习愉悦感方面：母亲文化程度为初中、高中、大中专或大学本科的小学生其语文学习愉悦感显著高于母亲文化程度为小学的小学生，同时母亲文化程度为大中专或大学本科的小学生其语文学习愉悦感显著高于不知道母亲文化程度的小学生。

第三，在语文学习希望感方面：母亲文化程度为初中、大中专、大学本科以及不知道母亲文化程度的小学生其语文学习希望感显著高于母亲文化程度为小学的小学生，同时母亲文化程度为大中专的小学生其语文学习希望感显著高于母亲文化程度为高中、研究生和不知道母亲文化程度的小学生，此外母亲文化程度为大中专和大学本科的小学生其语文学习希望感显著还高于母亲文化程度为研究生的小学生。

第四，在师生关系亲和感方面：母亲文化程度为初中、高中、大中专、大学本科以及不知道母亲文化程度的小学生其师生关系亲和感显著高于母亲文化程度为小学的小学生，同时母亲文化程度为大中专、大学本科的小学生其师生关系亲和感显著高于不知道母亲文化程度的小学生。

第五，在同伴关系亲和感方面：母亲文化程度为大中专或大学本科的小学生其同伴关系亲和感显著高于母亲文化程度为小学的小学生，同时母亲文化程度为大中专的小学生其同伴关系亲和感显著高于母亲文化程度为高中或不知道母亲文化程度的小学生。

表4-10-4　母亲文化程度不同中学生语文学习获得感差异分析

比较项		平方和	DF	均方	F	$Sig.$
语文学习 获得感	组间	9973.854	6	1662.309	3.479	0.002
	组内	643674.247	1347	477.858		
	总和	653648.101	1353			
语文学习 自信感	组间	674.767	6	112.461	1.791	0.097
	组内	84581.378	1347	62.792		
	总和	85256.145	1353			
语文学习 愉悦感	组间	621.742	6	103.624	2.878	0.009
	组内	48506.011	1347	36.010		
	总和	49127.753	1353			
语文学习 希望感	组间	465.993	6	77.665	4.214	0.000
	组内	24828.010	1347	18.432		
	总和	25294.003	1353			
师生关系 亲和感	组间	346.171	6	57.695	3.824	0.001
	组内	20321.334	1347	15.086		
	总和	20667.504	1353			
同伴关系 亲和感	组间	264.700	6	44.117	3.120	0.005
	组内	19046.285	1347	14.140		
	总和	19310.984	1353			

　　由表4-10-4可知，母亲具有不同文化程度的中学生在语文学习获得感上存在显著差异（$F=3.479$，$p=0.000$），另外在语文学习愉悦感、语文学习希望感、师生关系亲和感及同伴关系亲和感上也都分别存在统计学意义上的显著差异（$p<0.05$），母亲具有不同文化程度的中学生在语文学习自信感上不存在显著的差异（$p>0.05$）。通过事后检验多重比较可知，母亲文化程度为初中、高中、大学本科的中学生其语文学习获得感显著高于母亲文化程度为小学的中学生，同时母亲文化程度为大学本科的中学生其语文学习获得感显著高于不知道母亲文化程度的中学生。母亲具有不同文化程度的中学生在语文学习获得感上的均值由大到小依次为：大学本科（$M=132.97$）、研究生（$M=131.13$）、高中（$M=130.73$）、初中（$M=130.28$）、

大中专（M=129.96）、我不知道（M=125.67）、小学（M=123.44）。母亲文化程度不同的中学生语文学习获得感均值如图4-10-4所示。

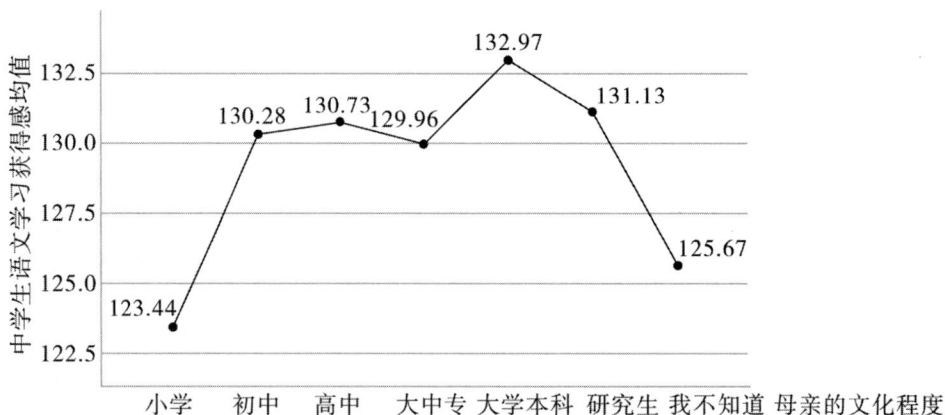

图4-10-4　母亲文化程度不同中学生语文学习获得感均值

在语文学习自信感、语文学习愉悦感、语文学习希望感、师生关系亲和感及同伴关系亲和感五个维度上，研究团队经过进一步的单因素ANOVA检验和多重比较后得出了相应的以下五个结论。

第一，在语文学习自信感方面：母亲文化程度不同的中学生其语文学习自信感不存在显著差异。第二，在语文学习愉悦感方面：母亲文化程度为大学本科的中学生其语文学习愉悦感显著高于不知道母亲文化程度的中学生。第三，在语文学习希望感方面：母亲文化程度为大学本科的中学生其语文学习希望感显著高于母亲文化程度为小学和不知道母亲文化程度的中学生。第四，在师生关系亲和感方面：母亲文化程度为高中、大中专或大学本科的中学生其语文师生关系亲和感显著高于母亲文化程度为小学的中学生。第五，在同伴关系亲和感方面：母亲文化程度为大学本科的中学生其同伴关系亲和感显著高于母亲文化程度为小学的中学生。

综合来看，父母文化程度为中学及以上的中、小学生其语文学习获得感情况优于父母文化程度为中学以下的中学生，基本可以说明学生的语文学习获得感及其各维度与父母文化程度呈现出了大致的正相关。抛去父母文化程度为研究生的学生来看，父母的文化程度越高，孩子的语文学习获得感水平就可能越高。这一点与前人相关研究结论高度相似。如刘在花发现，父母的学历越高，中学生的学习也就越投入[①]。又如李云星、李一杉发现，高中生的学校适应水平与父母文化程度以及对父母职业了解程度成正相关[②]。受访谈中学生也普遍对此表示认同，有学生表示"说有问题了，如果爸妈学历特别高就可以为你解答，懂了之后又有一个新的收获；如果爸妈学历一般，有些你的题他/她都不会，就没办法为你解决"（Z-M1-M-O-20200807），"家长的受教育水平不高，可能有目光不太长远的感觉"（H-H2-F-O-20200805）。可见，教育的代际流动性和父母文化程度对子女学习的影响确实存在。文化程度较高的父母更重视子女的教育，在学业上与孩子的交流更为密切，愿意进行更多的教育投资，同时在教养方式上可能更为合理，对子女的学习和积极情绪体验能带来正面影响。但也有学生提出不太一样的观点，认为二者不是很挂钩，"父母那个时候能上大学就已经非常不容易，而且有的人可能考上没有钱也会放弃""虽然父母的教育跟不上，但他们也有能力让自己的孩子去接受更好的教育"（W-H1-F-O-20200811）。高等教育未扩张、家庭贫困等问题确实使得当前的中小学生父母一代普遍缺乏教育机会。在客观因素的影响下，可以理解显著差异以父母中学文化程度为明显界限。

值得注意的是，中学生语文学习获得感及其各维度与父母文化程度基本呈现正相关，但在"研究生"学历处出现下滑。刘在花发现，父母学历越低的中学生其学业压力越大，父母学历越高的中学生其学业压力越小[③]。孟四清在对中、小学生的生活满意度进行调查时也发现，中、小学生最烦恼的前两个问题便是学习紧张和父母期望值高，其中父母期望值高还是中、小学生最烦恼问题与愉快心境最相关的一项[④]。当父母为研究生学历时，父母对子女的教育成就期望会低吗？由此，父母中有研究生学历的中小学生其学业压力会小吗？研究生学历的父母自然对子女有着更高的教育期望和学业要求，而子女本身也会设立更高的学习目标不想让父母失望因

---

① 刘在花. 中学生学习投入发展的现状与特点研究 [J]. 中国特殊教育，2015（6）：71—77，85.

② 李云星，李一杉. 新高考改革背景下高中生学校适应的调查研究：以浙江省S市为例 [J]. 教育发展研究，2018，38（22）：30—36.

③ 刘在花. 学业压力对中学生学习投入的影响：学业韧性的调节作用 [J]. 中国特殊教育，2016（12）：68—76.

④ 孟四清. 中小学生生活满意度的调查与分析 [J]. 心理与行为研究，2014，12（5）：660—664，687.

此会产生更大的学业压力，对成绩感到更加焦虑，即便得到较高的分数也难以获得自身的满足，其学习和语文学习方面的获得感自然不突出。

就本研究回收的有效数据来看，母亲文化程度为大专或中专的小学生与中学生在不同组别语文学习获得感和五个维度的分布上差异较为明显，这其中的缘由我们也可以根据实际来进行推断。就普遍情况而言，文化程度为大、中专的小学生母亲比文化程度更低的小学生母亲掌握更多的文化知识，而同时又比文化程度更高的小学生母亲多出了亲子互动时间，能够给予孩子更多的陪伴。但当孩子升入中学后，文化程度为大中专的母亲对孩子的学习更多的是感到无能为力，不再能够给孩子充足的学业支持。她们不知如何辅导孩子语文学习时，可能又把更多的时间和精力投入到工作当中，相应地减少了亲子共处和互动的时间。

另外特别值得注意的是，还有一类学生群体的语文学习获得感明显偏低，那便是不清楚父母文化程度的中学生。研究者判断，在这一学生群体中大致有两种情况——一是知道父母文化程度但不愿意填写，二是确实不清楚父母的文化程度。不论是哪种情况都可以看出，此类学生与父母的关系或是交流并不是非常密切。中学生与父母的亲密程度不高，可以表露一些隐形问题，如父母教养方式不适、家庭经济情况不容乐观等。这些隐形问题或间接或直接地影响学生的学习、心理状态和学生教育机会的获得。有相关研究也阐明了这一点，如刘晓玲在一项针对小学生的调查中发现，小学生的学业成绩与家庭环境中的亲密度呈现出显著的正相关，家庭环境中的亲密度也是对小学生学业成绩影响最大的因素[1]。又如，李露等在对中职学生进行针对性调查时也同样发现，家庭亲密度越高，学生学习倦怠水平就越低[2]。欲提升中学生的学习获得感或语文学习获得感，也须从家庭关系亲密程度的改善上下手。

---

① 刘晓玲. 小学生父母教养方式、家庭环境与学业成绩的关系研究 [J]. 上海教育科研, 2017 (9)：32-36.

② 李露，叶宝娟，杨强，等. 家庭亲密度与中职护理生学习倦怠的关系：一个有调节的中介模型 [J]. 中国临床心理学杂志, 2019, 27 (5)：1002-1005.

第五章
语文学习获得感影响因素分析

    在上一章中，我们利用自编的《中小学生语文学习获得感问卷》对 2663 名中、小学生进行了调查，同时辅以对学生的访谈，利用数据对当前学生的语文学习获得感水平进行了现状分析和差异比较。得出的结论都十分具有代表性，如：（1）当前学生的语文学习获得感处于一般水平，其中学生语文学习自信感的水平最低，同时小学生的语文学习获得感显著高于中学生；（2）小学生的语文学习获得感在性别（女性＞男性）、年级（三年级＞五年级）上呈现出显著差异，而中学生的语文学习获得感在年级（初三＞初一、初二）上呈现显著的差异；（3）语文成绩越好的学生、喜爱语文的学生、担任班级重要职务或语文相关职务的学生、拥有城市背景的学生往往拥有更高的语文学习获得感。可见，中小学生的语文学习获得感仍有较大的提升空间，反映出的个体差异和群体整体表现也较为明显。

    要深入研究语文学习获得感，探讨提升语文学习获得感的提升策略，还需要进一步探究影响中、小学生语文学习获得感的关键因素。语文学习获得感作为一种青少年儿童在语文学习上产生的积极的主观心理感受，其成因复杂，同时受到多方面、内外部、多因素的影响。为进一步了解中、小学生语文学习获得感的结构，给下文的提升策略与建议提供切实可靠的参考，本章就中、小学生语文学习获得感的关键影响因素进行了分析。

第一节　相关分析

通过深入的一对一访谈的文本分析提炼和对过往学习获得感影响因素相关研究的梳理，本研究尝试构建了课堂教学、父母家庭、学校资源和个体自身四个影响学生语文学习获得感的因素。依据四个关键影响因素制成了《中小学生语文学习获得感影响因素分问卷》，经过两轮调试和修订，最终形成包括：课堂教学因素（5个题项）、父母家庭因素（4个题项）、学校资源因素（3个题项）、个体自身因素（3个题项），共计15个题项的结构清晰、指标良好的测量工具。

为了更好地了解当前中、小学生语文学习获得感与课堂教学因素、父母家庭因素、学校资源因素、个体自身因素之间的相互关系，在这一节中将采用Pearson相关检验对小学生有效样本数据和中学生有效样本数据分别进行操作。四项影响因素与小学生语文学习获得感的相关分析具体结果如表5-1-1所示，四项影响因素与中学生语文学习获得感的相关分析具体结果见表5-1-2。

表5-1-1　各影响因素与小学生语文学习获得感的相关分析

影响因素	变量	语文学习获得感	课堂教学	父母家庭	学校资源	个体自身
语文学习获得感	Pearson相关性	1	0.758***	0.563***	0.695***	0.629***
	Sig.（双侧）		0.000	0.000	0.000	0.000
课堂教学	Pearson相关性	0.758***	1	0.516***	0.721***	0.531***
	Sig.（双侧）	0.000		0.000	0.000	0.000

（续表）

影响因素	变量	语文学习获得感	课堂教学	父母家庭	学校资源	个体自身
父母家庭	Pearson相关性	0.563***	0.516***	1	0.485***	0.513***
	Sig.（双侧）	0.000	0.000		0.000	0.000
学校资源	Pearson相关性	0.695***	0.721***	0.485***	1	0.519***
	Sig.（双侧）	0.000	0.000	0.000		0.000
个体自身	Pearson相关性	0.629***	0.531***	0.513***	0.519***	1
	Sig.（双侧）	0.000	0.000	0.000	0.000	

由表5-1-1结果可知，小学生的"课堂教学""父母家庭""学校资源""个体自身"四个自变量与效标变量"小学生语文学习获得感"的相关系数分别为0.758（p=0.000）、0.563（p=0.000）、0.695（p=0.000）、0.629（p=0.000），p值均达到0.05的显著水平，可见小学生的课堂教学因素、父母家庭因素、学校资源因素、个体自身因素四个自变量与小学生语文学习获得感间均呈现显著的正相关。四个影响因素对小学生语文学习获得感的Pearson相关性系数排序由大到小依次是课堂教学因素、学校资源因素、个体自身因素和父母家庭因素。

表5-1-2　各影响因素与中学生语文学习获得感的相关分析

影响因素	变量	语文学习获得感	课堂教学	父母家庭	学校资源	个体自身
语文学习获得感	Pearson相关性	1	0.726***	0.601***	0.687***	0.664***
	Sig.（双侧）		0.000	0.000	0.000	0.000
课堂教学	Pearson相关性	0.726***	1	0.575***	0.686***	0.583***
	Sig.（双侧）	0.000		0.000	0.000	0.000
父母家庭	Pearson相关性	0.601***	0.575***	1	0.607***	0.622***
	Sig.（双侧）	0.000	0.000		0.000	0.000
学校资源	Pearson相关性	0.687***	0.686***	0.607***	1	0.601***
	Sig.（双侧）	0.000	0.000	0.000		0.000
个体自身	Pearson相关性	0.664***	0.583***	0.622***	0.601***	1
	Sig.（双侧）	0.000	0.000	0.000	0.000	

由表5-1-2结果可知，中学生的"课堂教学""父母家庭""学校资源""个体自身"四个自变量与效标变量"中学生语文学习获得感"的相关系数分别为0.726（$p=0.000$）、0.601（$p=0.000$）、0.687（$p=0.000$）、0.664（$p=0.000$），p值均达到0.05的显著水平，可见中学生的课堂教学因素、父母家庭因素、学校资源因素、个体自身因素四个自变量与中学生语文学习获得感间均呈现显著的正相关。四个影响因素对中学生语文学习获得感的Pearson相关性系数排序由大到小依次是课堂教学因素、学校资源因素、个体自身因素和父母家庭因素。

由上可见，不论是中学生还是小学生，在四个影响因素中课堂教学与学生语文学习获得感的相关系数最大，其次是学校资源，再次是个体自身，最后是父母家庭。从数据上我们也可以看出，语文学习获得感水平高的学生对语文课堂教学的评价高，能较好地利用学校提供的语文学习相关资源，同时能够理解父母在语文学习上给予他们的关心和鼓励，自身也拥有情绪控制的能力和克服困难的毅力。有外国研究者也同样提出，课堂教学对中学生数学学习态度的影响最为密切[1]。在访谈中，当被问到家庭因素对语文学习的影响时，小学六年级的J同学认为，家庭的经济水平和收入以及父母的受教育程度并不会影响学生的学习成绩，而对自己的语文学习热情和积极性影响最大的是"爱这门学科""老师上课我能听懂，然后也很有趣"（J-P6-F-O-20220727）。

个体自身因素对中学生语文学习获得感的影响也颇为显著。初二的C同学经常读一些有关成功和励志的书，她也提出了同样的观点"一个学生他的学习怎么样，可能更多的是看自己，而不是看他的家庭"（C-M2-F-O-20200804）。语文学习获得感的产生和提高必须基于学生个人的学习投入和付出，符合"付出—获得"的逻辑，这正是被访学生提到的"看自己"和"靠自己"。中、小学生的语文学习获得感作为一种心理感受，也在很大程度上受到学生自身性格特征和情绪状态的影响。若学生本身性格外向开朗、积极向上，面对困难时也很少产生焦虑和厌烦的情绪，那么他的积极情感体验自然会显著偏高。高二年级的W2同学认为对他语文学习影响最大的是语文老师，"（我们）换了三个老师，第一个是高一的老师很好，第二个

---

[1] SHAMILA D D, YOON FAH L. Contributing factors of secondary students' attitude towards mathematics [J]. European journal of educational research, 2020, 9 (2): 489—498.

老师好像快退休了，太佛系了""上课也不怎么讲课，该讲的知识点我感觉好像也没有怎么讲"（W2-H2-M-O-20200812）。可见，中、小学确实从主观上觉得自己的语文学习和整体学业情况与父母家庭的关联性较小，而其他因素如个体对学科的热爱、教师课堂教学情况等的影响和关联性更大。

在中、小学生语文学习获得感影响因素相关系数中排名第二的"学校资源因素"常容易被忽视。中、小学生的语文学习获得感更多地来源于学生日常语文学习的实际获得，而获得这些的主要环境依然是语文课及学校，因此语文课堂教学和学校提供的语文学习相关资源对中学生语文学习获得感的影响更大。庄茂强对山东省1287间中小学教学进行环境调查后发现，学校容易忽视学校教学环境卫生存在的问题，教室人均面积、课桌椅分配符合率和教室照明等方面均存在不同程度的问题[1]。也有来自广东省深圳市的调查发现，中小学教学环境质量存在诸多问题，其中环境噪声和课桌椅不匹配的问题最为突出[2]。来自广东省S市"八大名校"的住校高中二年级的H同学认为，最影响自己语文学习的因素是"学校的环境和设备"，学校的翻新和整修工作让同学们几次搬教室和宿舍，硬件条件一时也难以跟上，因此同学们都"特别烦，不太能学下去，能忍就忍""跟学校反映过，但说不行"（H-H2-F-O-20200805）。阿斯汀著名的投入—环境—产出模型（inputs-environment-outcome model）强调了学习者外部院校环境的重要性，认为学生的学业结果产出由学生学习投入和学校环境共同作用而成。学校环境与资源不仅在高等教育阶段对学生的学习影响作用大，在基础教育阶段也同样需要被重视。令学生感到不适或不满的学校环境和资源会直接降低学生对学校的认同感和归属感，影响学生的学习体验和学习获得感。

结合数据结果与访谈资料来看，课堂教学因素、学校资源因素、个体自身因素和父母家庭因素对语文学习获得感的正向显著影响是可以理解的，学生对其相关性的大小排序不无道理。学生语文学习获得感产生的主要场域是学校，在人际关系方面也是语文教师和同学的直接影响更为密切，因此父母家庭因素虽然也对中学生语

---

① 庄茂强，张迎修，李素云，等. 山东省2019年中小学校教学环境调查 [J]. 现代预防医学，2021，48（19）：3519-3523.

② 郭国强，钟六珍，庞志良，等. 2009年深圳市宝安区部分中小学校教学环境卫生状况调查 [J]. 预防医学论坛，2010，16（9）：796-797，800.

文学习获得感有显著影响，但在四个影响因素中最弱。可见，在语文学习获得感的提升策略中，我们应当优先优化课堂教学因素和学校资源因素，再寻找可以提升个体自身因素和父母家庭因素的途径。

第二节　主成分回归分析

在上一节相关分析中，我们重点观测了课堂教学因素、学校资源因素、个体自身因素和父母家庭因素四个影响因素与语文学习获得感的显著性和Pearson相关性系数。通过分析发现，学生的这四个自变量与语文学习获得感间呈现显著正相关。四个影响因素的Pearson相关性系数排序由大到小依次是课堂教学因素、学校资源因素、个体自身因素和父母家庭因素。在这一节中，研究将进一步运用主成分回归分析形成中小学生语文学习获得感影响因素的标准化回归方程。

表5-2-1　小学生语文学习获得感影响因素的多元回归分析

自变量	因变量：小学生语文学习获得感		
	未标准化系数Beta	标准化系数Beta	t值
课堂教学	2.524	0.415	17.381***
父母家庭	1.048	0.125	6.419***
学校资源	2.005	0.214	9.159***
个体自身	2.472	0.234	11.769***
F	696.656		
R	0.825		
R^2	0.681		
调整后R^2	0.68		

由表5-2-1分析发现，小学生课堂教学因素、父母家庭因素、学校资源因素、个

体自身因素四个自变量与效标变量小学生语文学习获得感的多元相关系数（R）等于0.825，可解释68.1%的变异量。从共线性统计量来看，容忍度（tolerance，TOL值）介于0.428～0.644，方差膨胀因素（variance inflation factor，VIF值）介于1.533～2.334，条件指标（condition index，CI值）介于12.948～20.367，特征值（eigenvalue）介于0.012～0.029。若容忍度大于0.10，方差膨胀因素小于10，条件指标小于30，特征值大于0.01，那么预测变量间多元共线性的问题就不存在[1]。因此在小学生语文学习获得感上，课堂教学因素、父母家庭因素、学校资源因素、个体自身因素四个变量间不存在多元共线性问题，模型的回归方程式结构非常稳定，具有很高的可信度。标准化回归方程如下：

小学生语文学习获得感=0.415×课堂教学+0.125×父母家庭+0.214×学校资源+0.234×个体自身

表5-2-2　中学生语文学习获得感影响因素的多元回归分析

自变量	因变量：中学生语文学习获得感		
	未标准化系数Beta	标准化系数Beta	t值
课堂教学	2.103	0.371	15.748***
父母家庭	0.612	0.093	4.126***
学校资源	1.951	0.222	9.123***
个体自身	2.391	0.256	11.321***
F	621.615		
R	0.805		
R^2	0.648		
调整后R^2	0.647		

由表5-2-2分析发现，课堂教学因素、父母家庭因素、学校资源因素、个体自身因素四个自变量与效标变量中学生语文学习获得感的多元相关系数等于0.805，可解释64.8%的变异量。从共线性统计量来看，容忍度介于0.440～0.511，方差膨胀因素介于1.956～2.275，条件指标介于13.697～19.984，特征值介于0.012～0.026。因此在

① 吴明隆. 结构方程模型：AMOS的操作与应用 [M]．重庆：重庆大学出版社，2010：390.

中学生语文学习获得感上，课堂教学因素、父母家庭因素、学校资源因素、个体自身因素四个变量之间也不存在多元共线性问题，模型的回归方程式结构非常稳定，具有很高的可信度。标准化回归方程如下：

中学生语文学习获得感＝0.371×课堂教学＋0.093×父母家庭＋0.222×学校资源＋0.256×个体自身

第三节　描述性分析

得到了中小学生语文学习获得感的两个标准化回归方程后，我们还需要对各个影响因素的情况做深入地了解。经过对数据的描述性统计分析，汇集了中、小学生在语文学习方面对课堂教学、学校资源、个体自身、父母家庭四个方面的评价。在本节当中，研究团队将按四个影响因素与学生语文学习获得的Pearson相关性系数的大小顺序依次逐个进行阐述。小学生各影响因素数据分析如表5-3-1所示，中学生各影响因素数据分析如表5-3-2所示。

表5-3-1　小学生各影响因素数据分析

项目	课堂教学	学校资源	个体自身	父母家庭
满分	25	15	15	20
均值	20.85	11.78	11.59	17.14
中位数	22	12	12	18
标准差	4.192	2.72	2.41	3.042

问卷采用5点计量法，从"非常符合"到"很不符合"依次记为5分到1分。由表5-3-1可知，被测小学生（$N=1309$）对语文学习获得感各个影响因素维度的赋分由高到低依次为（1）父母家庭因素，得分率85.70%，单题均值4.29；（2）课堂教学因素，得分率83.40%，单题均值4.17；（3）学校资源因素，得分率78.53%，单题均值3.93；（4）个体自身因素，得分率77.27%，单题均值3.86。在四个影响因素中，小学生对父母家庭和课堂教学比较满意，得分率都在80%以上；特别是在父母家庭因

素的维度上，维度均值到达了17.14的高分（满分20），说明当前小学生能够感知到父母对于自己语文学习的关心和鼓励，也和父母保持着亲密关系，能够感受到父母的良苦用心。学校资源方面也处于中等偏上水平，而个体自身因素则呈现出较低的水平。可见，在小学生眼中语文课堂教学和与语文相关的学校资源基本可以满足他们的语文学习需要，但却又相对认为自己不能够正向面对学习困难，在情绪调节和控制上还存在不足，这与小学生的心理发展阶段存在明显的关联。

表5-3-2　中学生各影响因素数据分析

项目	课堂教学	学校资源	个体自身	父母家庭
满分	25	15	15	20
均值	20.21	10.96	11.16	15.34
中位数	20	11	11	16
标准差	3.881	2.503	2.351	3.349

由表5-3-2可知，被测中学生（N=1354）对语文学习获得感各个影响因素维度的赋分由高到低依次为（1）课堂教学因素，得分率80.84%，单题均值4.04；（2）父母家庭因素，得分率76.70%，单题均值3.84；（3）个体自身因素，得分率74.40%，单题均值3.72；（4）学校资源因素，得分率73.07%，单题均值3.65。小学生在每一个影响因素维度的赋分都高于中学生，出现了中学生对各个因素均存在不满足的情况。在四个影响因素的维度中，中学生给予语文课堂教学的分数均值达到20.21，语文课堂教学因素中5道题的单题均值为4.04（$M > 4.00$），可见中学生对当前语文课堂教学的评价和满意度比较高。其次父母家庭也处在中等偏上水平，中学生能够感受到父母对其语文学习一定的关心，能够感受到父母对其语文学习一定的鼓励，与父母的关系较为密切。但中学生在个体自身和学校资源方面的赋分则都不太理想，仍有提升的空间。中学生普遍认为学校提供的图书馆和多媒体资源基本能满足或不能充分满足学习语文的需求，同时学校举办的语文文化活动也较为丰富或一般。而在个体自身因素方面，中学生则基本不太能认为自己具有较好的情绪控制能力，也缺少乐观、外向等人格特征。

综合小学生和中学生的影响因素来看，课堂教学因素和父母家庭因素的得分都在前两位，而学校资源和个体自身的得分在后两位。但中学生单题均值最高的课堂教学因素（$M=4.04$）也比小学生前两位的父母家庭因素和课堂教学因素均值（$M=4.29$、4.17）低，中学生单题均值第二的父母家庭因素（$M=3.84$）比小学生后两位学校资源因素和个人自身因素的均值（$M=3.93$、3.86）更低。由此可见，在当前中小学生语文学习获得感的四项影响因素中，学校资源和个体自身资源两个更需要引起广泛重视，另外中学生的课堂教学、父母家庭、个体自身和学校资源都仍有较大的提升空间。

一、课程教学因素

与中小学生语文学习获得感Pearson相关性系数最高的课程教学因素可以被认为是最为关键的影响因素，因此深入了解课程教学因素的情况至关重要。在本研究中，课程教学因素反映了中、小学生语文老师的课堂教学情况。

由表5-3-3可知，小学生赋予课堂教学因素5个题项的单题均值均在4.00分（"比较符合"）以上，整体情况较为良好。特别是"语文老师能清晰地讲解知识点"（$M=4.37$）、"语文老师会给每一名同学发言或提问的机会"（$M=4.33$）两道题目的单题均值还超过了4.30，可见小学生对语文老师在课堂上对知识点的讲解和与学生的互动都比较满意。另外，在"语文老师在课上经常与我们互动和交流"（$M=4.08$）、"语文老师上课讲的内容都很有趣"（$M=4.05$）、"语文老师讲课时会运用多媒体，让课堂变得更生动"（$M=4.02$）三道题上，小学生的赋分略低。可以看出，小学生渴望与语文老师产生更多的课堂互动，同时也希望老师多利用多媒体，让语文课堂变得更加生动和有趣。在访谈中，受访的小学生也频繁提到"有趣"二字。当被问及"你觉得一节好的语文课是什么样的"时，小学六年级的J同学提道："学生们能听到这节课讲什么，能记住这节课的重点是什么，然后有趣就能听懂。"（J-P6-F-O-20220727）同为小学六年级的L同学则讲到了同学们上课打瞌睡的问题，"老师一定要调节课堂气氛，把大家的气氛带起来，这样就没有那么多人上课瞌睡""整个上课过程很积极很快乐，我觉得可以让我们更好地学习语文、热爱语文"（L-P6-F-O-20220725）。小学三年级的L2同学也认为，好的语文课"有很多有趣的地方""老师会跟我们讲书本里的重点，还会跟我们讲故事，分享有趣的事情"（L2-P3-M-O-20220725）。对小学生来说生动和有趣的语文课堂能够更好地激起他们学习语文的兴趣和热情，让学生积极投入到语文学习当中。这样的积极情绪体验不仅能在课堂上存在，更能延续到课下语文学习的全过程当中。

表5-3-3　小学生课堂教学因素各题项均值与标准差

题项	均值	标准差
语文老师能清晰地讲解知识点	4.37	0.935
语文老师会给每一名同学发言或提问的机会	4.33	0.962
语文老师在课上经常与我们互动和交流	4.08	1.105
语文老师上课讲的内容都很有趣	4.05	1.071
语文老师讲课时会运用多媒体，让课堂变得更生动	4.02	1.136

　　由表5-3-4可知，中学生赋予课堂教学因素5个题项的单题均值均徘徊在4.00分（"比较符合"）左右，其中"语文老师能清晰地讲解知识点"（$M=4.14$）、"语文老师在课上经常与我们互动和交流"（$M=4.12$）、"语文老师会给每一名同学发言或提问的机会"（$M=4.10$）三道题的得分略微高于4.00。可见，中学生对于语文老师的知识传授技巧和课堂互动安排普遍是比较认可的。但通过访谈，研究团队也发现，"后疫情"时代恢复正常线下教学的课堂仍受到了疫情的遗留冲击。来自高中二年级的W2同学就表示，"我们现在是高二，马上要考试，又因为疫情比较紧张，（语文）老师就是要赶课""更多的时候她在上面讲，然后我们在下面附和，给我们讨论的机会特别少"（W2-H2-M-O-20200812）。线上教学的方式、质量和效果确实值得反思，与此同时受访中学生也表示这一情况在完全正常线下授课后应该会得到改善。另外，在"语文老师讲课时会运用多媒体，让课堂变得更生动"（$M=3.94$）、"语文老师上课讲的内容都很有趣"（$M=3.91$）两道题上中学生的评价稍有下降，跌出了"比较符合"到"非常符合"的范围。这也恰恰揭示了中学生眼中当前语文课堂存在的不足：（1）多媒体技术的使用不够充分；（2）语文课不够"生动"和"有趣"。而这两点在小学生对语文课堂教学因素的评价中也同样被突显出来，值得重视和优化。

表5-3-4　中学生课堂教学因素各题项均值与标准差

题项	均值	标准差
语文老师能清晰地讲解知识点	4.14	0.872
语文老师在课上经常与我们互动和交流	4.12	0.864

（续表）

题项	均值	标准差
语文老师会给每一名同学发言或提问的机会	4.10	0.927
语文老师讲课时会运用多媒体，让课堂变得更生动	3.94	0.942
语文老师上课讲的内容都很有趣	3.91	0.929

虽然从实验数据和访谈资料来看，中、小学生对语文老师的课堂教学都比较满意，但也有部分学生较为负面地提到了其他学科的课堂教学。小学三年级的L2同学小心翼翼地说道："我们班英语老师对我们很凶，不是很喜欢，所以班上同学学习有的都不是很好。"（L2-P3-M-O-20220725）初中二年级的R同学也提到自己"比较讨厌数学，可能是因为数学老师总能把十分简单的题讲得十分复杂"。高二年级的H同学更是直言，自己"没有讨厌的学科，只有不喜欢的老师"（H-H2-F-O-20200805）。这种学生对于教师教学风格和教学习惯的负面评价和看法不仅会影响学生的学习，更会影响师生间的交流和沟通，长此以往与该科任教师的关系亲密度、亲和感以及该科的学习获得感自然难以达到平均水平。值得庆幸的是，在本研究针对语文学习获得感的调查中暂时未出现这样的情况。

新课改后课程愈发注重通过各种方式激发学生的学习兴趣，"需要教育者运用幽默的语言、丰富的才华、灵活的技巧来营造饶有兴味的情境"[①]。前文中我们提到了小学生对"好的语文课"的看法，如知识点讲解清楚、讲课生动有趣、欢乐的课堂氛围等，这与中学生对"好的语文课"的看法出奇地一致。有受访中学生也将"保持兴趣"作为一堂好的语文课的首要标准（R-M2-F-O-20200806）。那么在中学生眼中，什么样的语文学科知识内容和知识传递方式才是"有趣"的呢？有学生提出，"课堂氛围"最为关键，"当一节（语文）课大家都很活跃的时候，脑子就能吸收更多的知识了"（C-H1-M-O-20200812），"有时候班上同学的发言很搞笑，大家上（语文）课都很开心"（C-M2-F-O-20200804）。也有学生提出，适当引申课外内容也可以让学生更有学习语文的兴趣（D-M1-M-O-20200811），"我们（语文）老师之前讲李清照的诗就会讲她和她丈夫的那些故事，我们班同学都特别

---

① 樊杰，兰亚果.杜威基于关系与生长视角的兴趣与教育理论［J］.全球教育展望，2018，47（5）：47—55.

爱听，也能帮助我们更好地理解"（W2-H2-M-O-20200812）。不论是在小学生语文学习获得感的课堂教学因素中，还是在中学生的课堂教学因素中，"语文老师上课讲的内容都很有趣""语文老师讲课时会运用多媒体，让课堂变得更生动"获得的分数都明显偏低，可见部分语文课的趣味程度和信息化水平仍有待提高。

《国家中长期教育改革和发展规划纲要（2010—2020年）》明确，教师应提高信息技术的应用水平，优化教学方法和效果[①]。《义务教育语文课程标准（2022年版）》在课程实施的教学建议中指出要"关注互联网时代语文生活的变化"，新增加的"教学研究与教师培训"一项中也提醒语文教师要不断提升自身的信息素养以适应时代的要求[②]。《普通高中语文课程标准（2017年版2020年修订）》也提出了新时代的相应要求，提倡"积极利用新技术、新手段"建设语文课程体系[③]。要语文教师具备时代性，能够充分挖掘身边的各种信息技术资源，其必要前提是教师自身具备一定的信息技术素养。技术在教育中的应用已从少数人掌握技术为多数人教学服务，逐步发展为每一名教师都要能掌握技术为自身教学服务[④]。新冠疫情肆虐全球，我国率先发出"停课不停学"的号召，实现了"教师线上教，学生线下学"的教育创举。这一基础教育在线教育的突破也反映出我国一线教师以信息技术为基础的教学能力有了极大的提升。但在正常的线下课堂教学中，仍暴露出多媒体技术在语文课堂中介入较少或介入不适合等情况。如何适时利用信息技术提高教学效率，是一线语文教师需要思考的重要问题。同时，多种媒介和信息资源的介入如何与课堂常规教学达成平衡也是我们需要思考的重要问题，过于"作秀"化的将多种信息手段移植到课堂当中，使用过度反而可能引起学生注意力分散、网络沉溺等问题。

二、学校资源因素

学校资源因素是中小学生语文学习获得感四个影响因素中题项最少的维度（共

---

① 中华人民共和国教育部. 国家中长期教育改革和发展规划纲要（2010-2020年）[EB/OL].（2011-10-29）. http://www.moe.gov.cn/srcsite/A01/s7048/201007/t20100729_171904.html.

② 中华人民共和国教育部. 义务教育语文课程标准（2022年版）[M]. 北京：人民教育出版社，2022：46，55.

③ 中华人民共和国教育部. 普通高中语文课程标准（2017年版2020年修订）[M]. 北京：人民教育出版社，2020：3.

④ 王丽娜，陈琳. 探讨新时代教育信息化创新之路：第16届教育技术国际论坛综述 [J]. 电化教育研究，2018，39（6）：35-40.

3个题项），但无法否认学校资源因素与课堂教学因素在学校场域中对学生语文学习获得感的影响作用。本研究中的学习资源因素包括了硬件学校环境的图书馆，和软件学校环境的多媒体资源如校园文化课外活动，在过往的研究当中，有不少研究者认为软件学校环境因素对学生学习获得感的重要性大于硬件学校环境因素。学校的硬件、软件环境条件都会影响学生的学习体验和语文学习获得感，因此在本研究中作合并讨论。

表5-3-5　小学生学校资源因素各题项均值与标准差

题项	均值	标准差
学校提供的多媒体资源能满足我学习语文的需要	4.10	1.020
学校举行了丰富的语文文化活动	3.95	1.162
学校的图书馆能满足我学习语文的需要	3.73	1.245

由表5-3-5可知，"学校提供的多媒体资源能满足我学习语文的需要"（M=4.10）、"学校举行了丰富的语文文化活动"（M=3.95）两项的单题均值在4.00（"比较符合"）左右；而在"学校的图书馆能满足我学习语文的需要"一项上的得分明显偏低，仅获得3.73的单题均值。可见在小学生眼中，相较于课堂教学，学校资源的情况相对来说不太能满足他们学习语文的需求，还有较大的提升空间。但与此同时也可以看出，学校在小学阶段为学生举办了一定的语文文化活动，小学生在语文学科相关的文化活动中产生了一定的积极情绪和积极体验。

年龄较小的小学生L2同学就提到学校的语文活动很有意思，"以前有（读字）比赛，谁读的字最多就会给谁颁大的礼品""还有一些读书月的活动，老师让我们带一些小礼品来到学校"（L2-P3-M-O-20220725）。受访的小学生J同学认为学校提供的图书馆、多媒体资源能够满足自己的语文学习需要，语文学科相关活动也经常举办，"学校有图书馆和多媒体，还有作文比赛""（作文比赛）有时候是一周一次，有时候是一个月一次"，同时她也提出了自己的建议："希望学生有一个图书日，让同学们多去看书。"（J-P6-F-O-20220727）热爱阅读的小学生L同学也提到自己很喜欢学校组织的语文学科活动，学校"有的时候会举办关于读书的手抄报活动，画一些自己读过的书，然后写出自己的心得"，"还会有那种'淘书乐'，就是把自己读过的书与同学交换着读"（L-P6-F-O-20220725）。从小学生的访谈当中可以发现，小学生喜爱的影响深刻的语文学科活动包括了认字比赛、读书月、作文比赛、手抄报活动、交换书籍活动等，整体而言活动形式较为丰富，同时也会给予学生相应的奖励和荣誉，让学生更乐于参与活动，产生更多的语文学习获得感。

表5-3-6　中学生学校资源因素各题项均值与标准差

题项	均值	标准差
学校提供的多媒体资源能满足我学习语文的需要	3.76	0.941
学校举行了丰富的语文文化活动	3.70	1.001
学校的图书馆能满足我学习语文的需要	3.49	1.017

由表5-3-6可知，相较于课堂教学因素，中学生赋予学校资源因素上三个题项的得分偏低，单题均值在3.49～3.76，全部低于4.00（"比较符合"）。作为与学生语文学习获得感相关系数第二高的关键影响因素，中学生在学校资源因素维度上的单题均值也是最低的（$M=3.65$），可见学校资源因素在四个影响因素中欠缺的部分较为明显。根据中学生赋予的三个题项的分值可以发现，学校的多媒体资源对中学生语文学习需要的满足情况仍有待提高，同时语文相关的学科文化活动也还需要着力进行开展。另外，中学生给予"学校的图书馆能满足我学习语文的需要"的得分最低（$M=3.49<3.50$），也是中小学生语文学习获得感影响因素中单题均值最低的，可见当前中学生对于学校图书馆的满意度不高。图书馆未能较好地满足中学生语文学习的需要，这一点与本研究在小学生学校资源因素方面的结论也是一致的。国外有实证研究发现并指出，中学生使用图书馆的频率与其数学学习成绩有显著关系，功能性图书馆的建立有助于学生获得良好的数学成绩[①]。多媒体资源通常也被学校安置在图书馆中，被访中学生谈及学校图书馆时均是"怨声载道"。学生提到的主要问题有以下三点：

第一，学校图书馆并不对学生开放。

在访谈中，小学生对图书馆的评价略微优于中学生，不存在学校图书馆不开放的问题，甚至"老师会从外面买一些书放在班级图书角"（W-P4-

---

① SAKIRUDEEN A O, SANNI K B. Study habits and academic performance of secondary school students in mathematic: a case study of selected secondary schools in Uyo Local Education Council [J]. Research in pedagogy, 2017, 7 (2)：283-297.

M-O-20220727）。但对于中学生来说，图书馆成为一个非常"神秘"的地方。初二年级的R同学表示，自己学校的图书馆"像个小黑屋一样，感觉从来没有人去过"（R-M2-F-O-20200806）。也有来自高一年级的C同学提到"图书馆基本上跟不存在一样，有三层但就没有开过门"。（C-H1-M-O-20200812）而就学校图书馆没有开放的原因，有学生提到"听说好像是有违规书籍要整改，整改两年了，现在也不知道是什么情况"。（H-H2-F-O-20200805）可见，学校在图书馆管理方面可能存在"睁一只眼，闭一只眼"的现象。

在学生觉得"不存在"图书馆的情况下，为了满足自身的阅读需求和语文学习需要，学生也有自己的办法——"因为图书馆不开放，同学们就会带kindle（电子书阅读器）下载自己想看的书""但kindle差一点就被学校禁了，我们强烈抗议之后学校同意可以在宿舍以及非教学区使用"（H-H2-F-O-20200805）。信息技术的高速发展加之青少年对新兴事物的好奇和追捧，越来越多的甚至教师们都不认识的电子设备被中、小学生带入校园，如电子书阅读器、具有拍照搜题功能的智能手表、具有英语和古文成语释义离线扫描翻译功能的扫描翻译笔/词典笔、"喵喵机"（便携式迷你打印机）等。这些孩子们口中的"学习神器"有利有弊，其管理和监督也必须受到高度重视。

第二，图书馆开放时间不合理。

通过访谈发现，不论是中学生还是小学生，能够自由进出图书馆的时间无非就是短暂的课间。但小学六年级的L同学表达了自己的无奈，"学校有图书馆，但是我很少去，因为下课时间比较短"（L-P6-F-O-20220725）。当前中、小学普遍实行的是十分钟课间制，但下一节课的预备铃又会提前两到三分钟打响，若又遇到老师"拖堂"，课间时间又会被进一步缩短。因此，学生们表示课间去图书馆是基本不可能的事情，"跑过去，跑回来，应该会迟到"（L2-P3-M-O-20220725）。

部分学校可能对图书馆的开、闭馆时间没有严格的要求，开放时间更多地取决于图书馆老师的上下班时间。来自初一年级的D同学说道："我们下课了，图书馆老师也下班了。"（D-M1-M-O-20200811）图书馆老师上下班时间若与学生上下课时间完全重合，那么学生自然没有去图书馆学习和阅读的机会。还有需要"晚修"的高中生W同学表示，"（图书馆）关门的时间太早了，我们（中午）一点才开始午休，但图书馆十二点十五就已经关门了""（晚上）六点五十上晚修，但是图书馆六点多一点儿就关门了"（W-H1-F-O-20200811）。图书馆的开放时间还是应当配合该校学生的课程和作息安排进行制订，避免"开门没人，关门来找"的情况发生。

第三，图书馆馆藏书籍不对学生"胃口"。

在访谈中有受访学生甚至表达了对学校图书馆的"嫌弃"，"图书馆里的书都太老了，要看书的话我会去书城"（D-M1-M-O-20200811）。部分学校的图书馆馆藏书籍并没有及时更新，有些书可能已经在书架上摆放了二三十年，在小学生、中学生在校的六年或三年时间里学校图书馆的书籍可能并无增减变化。

部分学校在选购书目时，可能更多地考虑教师的阅读需要。同样来自初中的一位学生认为，"（学校图书馆的书）只有有一定文化底蕴的人才能读懂"（R-M2-F-O-20200806）。一些馆藏读物对于青少年儿童来说晦涩难懂，也并不适合这一阶段的学生进行阅读。同时有些学校未对教师和学生的阅读区块进行明显划分，或教师专业领域的期刊和书籍居多，让学生感觉到"图书馆的书籍更适合老师去阅读"（W2-H2-M-O-20200802）。图书馆不能很好地满足学生语文学习需要的原因也主要在"（图书馆）缺少一些可以让我们模仿或者帮助我们写好作文的书籍"（W-H1-F-O-20200811）。可见在馆藏书籍的选择上，学校较少倾听学生的想法，也较少思考学生在语文学习或其他各科学习上真正需要的读物是什么。

库恩（Kuhn L.）等人曾指出，评价学校图书馆服务质量的重要参考便是图书馆对学生发展产生的积极影响以及学生的实际使用感受[①]。不论是学校图书馆并不对学生开放，还是图书馆开放时间不合理，又或是图书馆馆藏书籍不对学生"胃口"，其根本原因还在于基础教育阶段的部分学校没有树立起图书馆为学生"服务"的意识。事实证明，学校图书馆的管理也必须让中、小学生参与其中。

此外，中学生对校园语文文化活动的满意程度明显低于小学生。在访谈中，学生们也提到了他们对校园语文文化活动的具体看法。

---

① KUHN L, STEINBERG M, MATHEWS C. Participation of the school community in AIDS education: an evaluation of a high school programme in South Africa [J]. AIDS Care, 1994, 6 (2): 161—171.

首先，活动类型单一，趣味性和教育性不足。

相对于小学生分享的活动类型较为丰富的语文活动相比，中学生的语文学科活动显得类型单一，同时趣味性和教育性不足。除了有一名高中受访者提到自己参加过"猜灯谜"活动（C-H1-M-O-20200812）外，其他的中学生一说到语文文化活动，都在第一时间想到了"作文比赛"——"我好像只能想到作文比赛"（D-M1-M-O-20200811），"除了作文节，我没怎么听过了，其他的比较少"（Z-M1-M-O-20200807）。而当被问及"还想再参加语文文化活动吗"时，学生直言"不想，我不想写作文"（C-M2-F-O-20200804）。在学生们眼中，语文学科文化活动似乎与作文比赛画了等号，而这样的文化活动与日常习作练习似乎没有差别。语文文化活动的开展不仅没有让学生更好地"爱上语文"，还使得部分学生对语文文化活动"谈之色变"。

其次，安排学生强制参加，打消学生参与活动的主动性和积极性。

俗言道："强扭的瓜不甜。"在学习上亦是如此。相比小学生参与语文文化活动时的热情和兴奋，中学生的主动性和积极性非常薄弱，而中学生对语文文化活动的反感也主要来源于活动的强制性和语文老师的"强扭"。来自高二年级的W同学直言道："作文比赛强行每个人都要参加，空了两节语文自习课让我们写作文，就作为参加比赛了。"（W2-H2-M-O-20200812）同为高二年级的H同学也提到"（语文）老师之前搞了个活动，学生不太想玩，然后他们就想出一个更'损'的招，逼着每个班出几个人，强行'凑人头'"。（H-H2-F-O-20200805）学生们眼中"强行凑人头"的行为使得他们失去了参与语文文化活动的主动性和积极性。各类校园活动更多地还是应当遵循自愿参与的原则，同时提高活动的趣味性，甚至交由学生进行策划、组织和执行。

再次，活动时间安排不到位，往往需要额外占用学生宝贵的休息时间。

中学生在谈及学校组织的语文文化活动时，都提到时间安排的不合理性。在这一点上，高中生们的意见明显更大，认为一些语文学科活动往往都要占用他们所剩不多的在校休息时间进行。甚至有高中生用到了"刁钻"一词来形容学校的时间安排（H-H2-F-O-20200805）。到底如何"刁钻"，来自高一和高二的两位学生也给出了实例——"偏偏要抓中午十二点来搞活动，参加就没时间吃饭了"（H-H2-

F-O-20200805），"自习课安排去听讲座，讲座一开开到下午六点半，七点就要上晚自习"（C-H1-M-O-20200812）。强制性的参与，再加上对时间安排的不满，让不少中学生甚至对语文文化活动产生了厌烦和抵触心理。可见在进行语文学科活动的时间安排时，活动组织者并未充分考虑学生的实际情况，忽视了学生参与语文文化活动的主观意愿。综合以上访谈资料，中、小学生在语文学习获得感四个影响因素中，对学校资源维度评价较低的原因也显而易见了。

三、个体自身因素

在语文学习获得感的四项关键影响因素中，除学校资源因素外，个体自身因素也是中、小学生给予分数较低的一个维度。个体自身因素是本研究影响语文学习获得感的四项因素中唯一一个学生内部因素。虽然语文学习获得感从根本上来说是个体对外部环境的体验，但它更是一种客观与主观融合的心理状态，离不开个体对学习过程感受的再创造。即便两名同班级的、具有相似家庭背景的学生获得同样的语文成绩，被老师和同学同样地对待，他们的语文学习获得感水平也未必一模一样。每一名学生都是独立的个体，语文学习获得感作为一种积极的心理感受具有极强的个体性，自然离不开个体自身因素的影响。在本研究设计的语文学习获得感个体自身因素中，三个题项主要考察学生的性格特征以及情绪控制能力。

表5-3-7　小学生个体自身因素各题项均值与标准差

题项	均值	标准差
遇到语文学习困难时，我总能乐观面对	3.95	1.022
我能较好地控制自己的情绪	3.91	1.089
我的性格比较外向	3.72	1.181

从上表5-3-7中可见，在语文学习获得感的四个影响因素中，个体自身因素维度是小学生唯一一个全部题项都在4.00分（"比较符合"）以下的维度。但在三个题项中，小学生在"遇到语文学习困难时，我总能乐观面对"（$M=3.95$）和"我能较好地控制自己的情绪"（$M=3.91$）上单题均值接近4.00，情况稍好于"我的性格比较外向"（$M=3.72$）这一题项。可见，当前小学生对自身性格特征的自我评价处于中等偏上水平。虽然有部分小学生认为自己不太具备外向、主动的性格特征，但大

部分小学生感受到自己在遇到语文学习困难时还是可以较为乐观地面对，情绪控制能力也基本可以达标。但对比语文学习获得感的其他影响因素均值来看，小学生在个体自身方面还有很多的进步空间。

表5-3-8　中学生个体自身因素各题项均值与标准差

题项	均值	标准差
遇到语文学习困难时，我总能乐观面对	3.82	0.903
我能较好地控制自己的情绪	3.77	0.969
我的性格比较外向	3.58	1.107

从上表5-3-8中可见，中学生在个体自身因素的各个题项均值在3.58～3.82，全部低于4.00分（"比较符合"），整体来说处于中等水平。中学生个体自身因素的状况与小学生总体相似，但中学生对自身性格特征的评价普遍偏弱。特别是在"我的性格比较外向"这一题上，有接近半数的中学生认为自己不太具备外向、主动的性格特征。

在影响因素的相关分析中可以得出语文学习获得感与个体自身因素正向相关的结论，个体自身的不同性格特征、归因方式、情绪控制等都会影响中、小学生的语文学习获得感。性格更具有外向、主动等特质的学生，更容易在学习过程中产生正向的情感体验。在遇到语文学习困难时，也能够更好地调整心态面对挫折，也会积极向语文老师和同学寻求帮助，从而产生更多的语文学习获得感。而性格相对而言更为内向、敏感、消极的中、小学生，更容易在有难度、不顺利的学习过程中产生消极情绪，而一蹶不振、自暴自弃。不主动的性格也使得他们不善于向语文老师和同学寻求帮助，可能在自己学习的"孤岛"上越陷越深。我们以两位受访对象为例，来看看个体自身因素如何对学生的语文学习获得感产生影响。

语文成绩优异的初二年级R同学担任语文课代表一职，她认为自己"（性格）非常外向""看待事物也比较乐观"（R-M2-F-O-20200806，本段同），语文学习获得感相较于其他同学也较高。该生在语文学习上具有很强的主动性和沉浸感，觉得学习语文是一件很有趣的事情，语文学习愉悦感十分充足。当遇到语文考试成绩不理想时，能及时调节消极情绪，化悲伤为动力，"每次考不好就特别想考下一次，就相信自己能考好，就是那股劲儿"。德威克（Dweck C. S.）在其著名的动机理论中也提到了习得性无能倾向和自主性倾向两种反应倾向，通过对儿童成就行为的研究发现：具有同等能力的儿童在面对困难和失败时会有不同的反映，习得性无能（learned helplessness）儿童往往会低估自身能力，逃避学习任务；自主性儿童则更为自信，相信通过自己的努力，运用自己的技能和策略可以解决难题[①]。可见该生有着较强的语文学习自我效能感，同时在遇到语文学习困难时也表现出自主性的反映倾向，在语文考试中通常表现得较为自信，学习动机和语文学习自信感更强。同时R同学也善于进行自我反思，有着明显的内归因倾向，"（考试失利后）肯定要找找自己的问题，失分最多在哪里，然后要攻克这一点"；对自己的语文学习也有良好的监控，"下次遇到类似的题再看会不会失分，如果没有失分就说明自己进步了"；虽然语文成绩优异，但也时常告诫自己"不能太骄傲，觉得自己还有上升空间"；在考出好成绩时，该生也坦言自己"会有小激动，但不会嘚瑟，也不会跟语文比我差的同学比，比了也只是白高兴"，对自身的语文学习能力和学业表现有着清晰的认知；在遇到语文学习难题时，会主动在课后请教老师。可见，被访R同学有着外倾性的人格，能更好地应对学习过程中遇到的挫折，抱着积极的心态调整自己，产生更多的语文学习获得感。在面对语文学习上的失败时，主动进行内归因，充分发挥主观能动性，促使自己提高学习投入。同时，自身具备较强的语文学习能力，对语文有着较高的学习兴趣和学习热情，在语文学习过程中表现得更为积极和主动，语文学习获得感自然得到增加。

相反，高二年级的C同学有着明显的外归因倾向，在语文学习中习惯于抱怨和"找借口"，没有较高的学习主动性，语文学习获得感也偏低。魏秀超、张英锋针对高中生的学业自我效能感、学习归因方式和语文成绩的研究也发现，学生若认为其语文成绩是因教师素质、他人帮助、试题难度、运气等因素造成的，那么他的语文成绩可能更差[②]。当C同学的语文成绩不理想时，他"会看看为什么不理想，如果是自己的问题那就改，如果不是自己的问题那就算了"（C-H1-M-O-20200812，

---

① 吴增强. 学习困难学生的学习动机问题 [J]. 上海教育科研, 1995 (5)：11—15.
② 魏秀超，张英锋. 高中生学业自我效能感、学习归因方式与语文成绩关系研究：以新课程改革背景下的学生为例 [J]. 教学研究, 2014, 37 (4)：117—120.

本段同）。C同学埋怨道，在一次"联考"中老师画的重点范围和考试的范围"完全不一样"，因此自己的语文成绩很不理想，"很多人（同学）都在骂"。同时，该生也提到"高一的时候有过几次（单独找老师评讲作文），高二时间就没有那么多了""也没有办法再去找她（语文老师），因为现在这个老师的小孩还小，她不看晚自习"。可见该生习惯于在面临挫折时进行外归因，习惯于给自己的懒惰寻找借口和理由，在语文学习上是一个较为被动和脆弱的学习者。在发现自身不足后，该生进行反思改进的计划也并不明晰，"只会有个大概的计划，不是特别细"。偏向于较为敷衍地处理自身不足，譬如"（古诗文）背得不好，字写错了，就好好背""阅读错的话就下次考的时候再看仔细一点""我最大的问题是作文，写作能力不怎么样，可能字丑也有一定关系，但也不能说很丑，因为作文写到最后了就没办法保持特别整齐的样子"。有相关实证研究发现，掌握自我调节学习策略（self-regulated learning strategies）的高中生其创造性解决问题的能力和学习自我效能感明显高于没有掌握自我调节学习策略的高中生[①]。而不愿反思自身寻求改进的学生只会在语文学习上越来越缺少自信感和成就感，消极的学习态度也很难给他们带来更多的正向情感体验。

四、父母家庭因素

青少年的社会行为发展会受到同龄人的显著影响，对于处于青春期的学生而言同伴对其的影响开始超越家庭对其的影响[②]。虽然在孩子步入校园后，与父母在家庭中相处的时间会大幅度缩短，父母对学生学习的直接影响开始减少，但不可否认父母家庭因素仍然是影响中小学生语文学习获得感的重要因素，与学生的语文学习获得感呈现出显著正相关。不论是在小学生群体中还是中学生群体中，对父母家庭因素的评价都处于较好的水平。

---

① ELADL A M, POLPOL Y S. The effect of self—regulated learning strategies on developing creative problem solving and academic self—efficacy among intellectually superior high school students [J]. International journal of psycho—educational sciences, 2020, 9 (1)：97—106.

② BRECHWALD W A, PRINSTEIN M J. Beyond homophily：a decade of advances in understanding peer influence processes [J]. Journal of research on adolescence, 2011, 21 (1)：166—179.

表5-3-9　小学生父母家庭因素各题项均值与标准差

题项	均值	标准差
我能感受到父母的良苦用心	4.46	0.841
我和父母的关系很亲密	4.34	0.906
父母关注我的语文学习	4.28	0.985
在语文学习上，父母经常鼓励我	4.06	1.098

　　从表5-3-9可知，小学生在语文学习获得感父母家庭因素四个题项上的单题均值均超过了4.00分（"比较符合"），特别是"我能感受到父母的良苦用心"一题更是达到了4.46分，可见绝大部分小学生都能感受到父母对自己的良苦用心，这一点值得欣喜。另外在表现学生感知的亲子关系亲密度和语文学习关注程度的两个题项上，得分也较高（M=4.34、4.28）；唯有在"在语文学习上，父母经常鼓励我"一题上，小学生赋予的得分相对偏低。可以依此推断，小学生在家庭外界影响中得到的基本都是正面影响，与父母关系亲密、和谐，他们的父母也给予了不少学习和生活上的关注。唯一稍显欠缺的便是父母对其语文学习的鼓励，可见父母给予小学生语文学习上的关心可能多是督促和要求，还应该增加对孩子的表扬和鼓励。

表5-3-10　中学生父母家庭因素各题项均值与标准差

题项	均值	标准差
我能感受到父母的良苦用心	4.07	0.897
父母关注我的语文学习	3.83	1.015
我和父母的关系很亲密	3.73	1.058
在语文学习上，父母经常鼓励我	3.71	1.025

　　从表5-3-10中可以发现，中学生在父母家庭因素的四个题项中，仅有"我能感受到父母的良苦用心"（M=4.07）一题的单题均值大于4.00，大部分中学生可以感受和体会到父母对其一定程度上的良苦用心，家庭关系的亲和感较高；另外三个题项的单题均值（M=3.83、3.73、3.71）也全部大于3.50，虽然整体评价不如小学生的父母家庭因素，但在中学生维度中已算是不错的表现。"在语文学习上，父母经常鼓励我"这一题项同时成为小学生与中学生在父母家庭因素中赋分最低的一项，这一点值得引起我们的思考。

在进一步的访谈当中可以发现,所有受访小学生都不认为父母对自己的语文学习十分严格,但在遇到学习困难时会主动寻求父母帮助,同时也认可父母给予的学习建议。小学四年级的W同学提到,当自己出现某次语文成绩不理想时,会"先跟家长说,然后听取他们的意见,努力学习"(W-P4-M-O-20220727)。小学六年级的L同学说道,"爸爸妈妈就要求我的语文比我平常的水平高上个一两分""比如现在我的水平在93分,那么他们给我定的目标就是95分,就高一点点",这样的方式"对我挺有帮助的"(L-P6-F-O-20220725)。可见,当学生处于小学阶段时,父母一般不会对孩子提出严格的学习要求,而孩子们在学习上也更愿意听取父母在学习上对自己的意见,同时拥有着生活上和学习上的父母依赖性。

但这一情况在学生进入中学后,开始产生部分较为明显的变化。被访小学生谈及父母对于语文学习的态度时,都认为父母对自己不严格("不算严格""不是特别严格"等),但部分中学生在研究团队还未提问"父母在语文学习上对你严不严格"时便得到了统一的答案——"严格"。中学生普遍提到父母对于自己的语文学习有着较高的要求,但还是能充分理解父母的教养方式。经历了"小升初"过渡期的初一年级的D同学认为,"(父母对我的语文学习)挺严格的,但是在我看来没什么,家长给我们压力是正常的"(D-M1-M-O-20200811)。也有一位高中生受访者指出,"(父母)小学初中的时候挺严格的,后来我中考考得不是很好,父母也没有那么严格了,就说开心比较重要"(W-H1-F-O-20200811),可见家长也能较好地根据子女的身心实际情况及时调整教养行为。

值得我们思考的是,多数中学生在访谈中反复提到"严格"一词,却没有一位学生提到"鼓励"二字。数据分析结果也发现,在语文学习上父母对子女还缺少一定的鼓励。我国现阶段家庭对学生的教育投入程度并没有"过度",家庭教育投入尤其是情感支持仍有待提高[①]。邵泽斌提出了"正向激励教育"的观点,"通过满怀深情、诚心正意地发现受激励者的优点,发掘其亮点,鼓励其保持优势,从而激励成长主体(受教育者)内在的成长欲望、深刻的价值体验和丰富的自信感受,并

---

① 李佳丽,张民选. 收入不平等、教育竞争和家庭教育投入方式选择 [J]. 教育研究,2020,41(8):75—84.

转化为积极且强大的发展动能"①。家长普遍的高期望高要求有可能会给自身带来"恨铁不成钢"的心态，而消极情绪在向子女大力宣泄时，容易造成紧张甚至敌对的情况。夸张的批评、否定和贬低不但不能给子女带来警示的作用，更容易导致学习情况进一步恶化，学习获得感和语文学习获得感低下，严重的更会给子女造成心理上的创伤。

此外，也有中学生认为自己的父母"在学习上是放养""我不太知道爸妈对我有什么要求和期望，他们也没有跟我说过"（W2-H2-M-O-20200812）。父母的教养方式可以依据父母的反应性和控制性大致分为四类：（1）权威—互惠型（较高的双向交流）；（2）专制型（专制的高压权力）；（3）放任型；（4）忽视型（忽略、无关紧要、不参与）②。有国外研究者就发现，六、七、八年级学生的学业拖延行为较五年级学生而言更严重，而学生学业拖延行为总方差中有6%是由不良的父母跟踪行为造成的③。国内也有许多前人研究者有相似的结论，如黄小瑞、安桂清在对初中一、二年级学生家长参与进行调查后发现，放养型家长参与占总样本量的18%，这类家长很少参与孩子的家庭作业，较少进行亲子互动，也不会给子女指定规则，在对子女学习情感的支持上较低④。部分家长在孩子学习或语文学习上确实存在"放养"行为，这一点必须引起重视。

不少过往研究均肯定了家庭经济水平对学生学习获得感或学业成就的影响，认为家庭经济情况较差的学生其学习获得感和学业成就也显著低于家庭经济情况良好的学生（周海涛等；颜彩媛；范静波）。詹姆斯·科尔曼（James. S. Coleman）在著名的美国《科尔曼报告》，即《关于教育机会平等》（*Equality of Educational Opportunity*）中指出，学校的物质条件水平对学生的成绩影响并不

---

① 邵泽斌. 从工具性激励到共在性审美：论教育中的正向激励与相依成长 [J]. 高等教育研究，2020，41（4）：76—83.

② 格里格，津巴多. 心理学与生活 [M]. 王垒，译. 北京：人民邮电出版社，2016：332.

③ GÜNDÜZ G F. The relationship between academic procrastination behaviors of secondary school students, learning styles and parenting behaviors [J]. International journal of contemporary educational research, 2020, 7 (1)：253—266.

④ 黄小瑞，安桂清. 家长参与类型与儿童学习结果的关系 [J]. 学前教育研究，2018 (11)：40—49.

大，影响学生学业成就的主要原因是学生的家庭经济和文化等背景^①。但在本研究中，被访中学生均否认家庭经济水平和语文学习获得感之间的直接作用。由于研究方法的局限，本研究无法提供数据支撑，二者之间是否存在显著相关关系仍有待进一步考察。

语文学习获得感作为一个个体性极强的心理感受，受到多方影响因素共同作用。综合语文学习获得感上述四个影响因素来看，在课堂教学方面，中、小学生对当前语文课堂教学的评价和满意度较高。大部分学生对于语文老师的知识传授技巧和课堂互动安排比较认可，但也提出了语文课堂教学方面的两点不足：（1）多媒体技术的使用不够充分；（2）语文课不够"生动"和"有趣"。在学校资源方面，当前中学生对学校提供的语文学习资源仍有颇多建议，小学生对学校图书馆、语文学科文化活动的满意度更高。认为图书馆未能较好地满足自己语文学习需要的学生主要提出三个问题：（1）学校图书馆并不对学生开放；（2）图书馆开放时间不合理；（3）图书馆馆藏书籍不对学生"胃口"。与此同时，语文校园文化活动的开展也存在三个重要不足：（1）活动类型单一，趣味性和教育性不足；（2）强制安排学生参加活动，打消学生的主动性和积极性；（3）活动时间安排不合理，额外占用学生休息时间。在个体自身方面，中、小学生对自身性格特征的自我评价普遍较为积极，得分处于中等或中等偏上水平。语文学习获得感水平较高的学生多拥有正确的归因观，当遇到语文考试成绩不理想时，能够及时调节消极情绪，善于进行自我反思和规划；语文学习获得感水平偏低的学生多倾向于外归因，习惯于给自己的懒惰"开脱"，对于自身不足也偏向消极、敷衍处理，自我调节学习策略水平也较为低下。在父母家庭方面，绝大部分学生能够感受到父母对其语文学习一定的关心和鼓励，与父母的关系较为密切，但数据分析结果也发现：（1）家长关心子女的语文学习，但仍缺少正向的情感支持；（2）部分家长存在"放养"行为。这些问题在中学生父母身上更为突出。

---

① COLEMAN J S, CAMPBELL E Q. Equality of educational opportunity [R]. Washington D C: U S government printing office, 1966.

第六章
语文学习获得感提升的路径与方法

　　本研究通过自编问卷《中小学生语文学习获得感问卷》和针对中、小学生的一对一半结构深度访谈，测量和探讨了当前中、小学生的语文学习获得感现状水平及发展特点。同时，研究团队也将质性研究方法与量化研究方法充分结合，深入描述了课堂教学、学校资源、个体自身、父母家庭四项关键影响因素及其对中、小学生语文学习获得感的影响与作用。

　　在语文获得感现状方面，得出以下结论：（1）当前中小学生的语文学习获得感处于一般水平，其中语文学习希望感、师生关系亲和感、同伴关系亲和感三个维度的水平相对较高，而语文学习愉悦感和语文学习自信感两个维度的水平相对较低，特别是在语文学习自信感维度上中小学生的现状情况不佳；（2）小学生的语文学习获得感显著高于中学生，随着学段的不断升高，学生的语文学习获得感水平不断降低（小学生＞初中生＞高中生）；（3）小学生的语文学习获得感在性别（女性＞男性）、年级（三年级＞五年级）上呈现出显著差异，而中学生的语文学习获得感在年级（初三 > 初一、初二）上呈现显著的差异；（4）语文成绩越好的学生、有着较明显语文学科偏好的学生、担任班级重要职务或语文相关职务的学生、拥有城市背景的学生往往拥有更高的语文学习获得感；（5）学生的语文学习获得感与其父母亲的文化程度基本呈现正相关，但在"研究生"学历处出现下滑，父母文化程度为"小学"的学生的语文学习获得感水平普遍较低，父母文化程度为"大学本科"的学生语文学习获得感水平普遍较高。

在语文学习获得感影响因素方面，得出以下结论：（1）课堂教学因素、学校资源因素、个体自身因素和父母家庭因素对学生的语文学习获得感都有着显著的正向影响。四个影响因素对中、小学生语文学习获得感的 Pearson 相关性系数排序由大到小依次是课堂教学 > 学校资源 > 个体自身 > 父母家庭；（2）当前中、小学生对课堂教学因素和父母家庭因素的评价相对较高，而对学校资源因素和个体自身因素的评价相对较低；（3）在课堂教学因素上，学生反映语文课堂教学方面的不足有多媒体技术的使用不够充分，以及语文课不够"生动"和"有趣"；（4）在学校资源因素上，学生的意见主要集中在学校图书馆和校园语文学科文化活动上，图书馆存在的问题包括不对学生开放、开放时间不合理以及馆藏书籍不对学生"胃口"等，语文学科活动存在的问题包括活动类型单一、安排学生强制参加、活动时间安排不到位等；（5）在个体自身因素上，性格具有外向、主动等特质的学生在遇到语文学习困难时多倾向于内归因，能够更好地调整心态和情绪，善于进行自我反思和规划，也会积极向语文老师和同学寻求帮助，从而产生更多的语文学习获得感；（6）在父母家庭因素上，父母给予小学生语文学习上的关心可能多是督促与建议，而给予中学生语文学习上的关心可能多是严格的要求，主要问题有缺少对孩子的正向情感支持、部分家长存在"放养"行为（这些问题在中学生父母身上更为突出）。

　　依据上述研究发现，本章就如何提升中小学生语文学习获得感从学校、语文科组、语文教师、学生自身四个层面提出相关建议。

第一节　从学校层面完善管理

　　语文学习获得感是学生在学习过程中产生的一种积极的、正向的个体主观体验和感知评价，是学生对于学校教育过程产生的一种具体化的反映。投入—环境—产出模型（I-E-O Model）强调了学习者外部院校环境的重要性，学生的学业结果产出由学生学习投入和学校环境共同作用而成。学校是学生的主要学习场所，更是中、小学生语文学习获得感的关键性发源地，构建更为良好的、更适合学生语文学习的校园环境也成为重中之重。因此欲提升中、小学生语文学习获得感，还需从学校层面夯实基础，为学生的学习提供良好的外部环境、学校资源因素条件。

一、提升教师与家长家校共育胜任力，发挥家校合作最大功效

　　本研究发现，父母文化程度不同的中、小学生其语文学习获得感也呈现出显著差异，学生的语文学习获得感与其父母的文化程度基本呈现正相关，但在"研究生"学历处出现下滑。同时，父母家庭教育在中学生看来仍存在不足，主要有两点：（1）关心子女的语文学习但缺少鼓励等积极的情感支持；（2）部分家长在对待子女的学习或语文学习上存在"放养"行为。可见，父母与家庭对学生语文学习获得感的影响具有多面性和复杂性。针对家长教养方式不合理影响学生学习及语文学习获得感的问题，本研究提出要提升教师与家长家校共育胜任力，发挥家校合作最大功效的建议。

　　在"双减"的大背景下，家校协同育人以及家校共同体被越来越多的学者、一线教育者提及和研究，家校共育问题更是被摆在了新教育实验的突出位置。"家庭

是人生的第一所学校，家长是孩子的第一任老师"[1]，要让家长教育参与在子女发展过程中发挥重要积极影响，提升中、小学生的语文学习获得感和在校幸福感还需家长与学校合力，发挥家校合作最大功能。所谓家校共育是指"建立和发展家庭、学校和社区多方教育主体新型合作伙伴关系""实现家庭、学校和社区的协调发展，父母、孩子、教师等相关人员的共同成长"[2]。家校共育的真正形成能够实现家长、子女、教师、学校、社区等多方面的"共同成长"，每一个参与者都会产生更多的认同感和归属感，发挥自身更大的积极作用。

而当前家校共育的机制并不完善，家校共育体系的搭建面临许多实际困难，家校合作并不密切和有效，甚至有不少教师和家长视其为负担。首先，从客观的社会大环境来看，线下家长会、家访、家长开放日、家长参与学校活动都变成了难事，即时通讯软件成为家校沟通的最主要手段，但家长群也被各种硬性通知、接龙占据，班主任的"一言堂"缺乏有情感温度的家校互动与沟通。其次，忙碌的教育教学工作挤压家校沟通空间。教师与家长的双向自由、平等沟通建立在双方充分的时间条件之上，而班主任在上班时间往往忙得不可开交。特别对新岗教师和新岗班主任而言，班级管理与课堂教学使得他们"手忙脚乱"。青年教师缺乏家庭教育领域的相关知识和与家长沟通交流的经验，对自我在家校共同体建设中的角色较为模糊。再次，文化资本相对薄弱、教养方式不合理的家长在子女学习上往往过多依赖于学校和教师，认为孩子在学校交给教师即可，"不会管""管不了""孩子只听班主任的，你帮我说说"之类的话语，常会使得班主任哑口无言而又无计可施。甚至有小部分家长持有不正确的教育观念和教养方式，对孩子动则打骂体罚，进而严重破坏亲子关系。家校合作和家校共同体的建设也因此被部分家长视为负担，认为自己是"外行"，听从教师即可，没有合作的必要。但如若有问题出现，往往又是家长抱怨教师"失职"，教师抱怨家长"失责"。也有部分家长对学校和教师有着颇多意见，但不少意见又缺乏一定的建设性和可行性，只能让学校和教师更加头疼。

---

[1]　习近平. 习近平在全国教育大会上强调坚持中国特色社会主义教育发展道路培养德智体美劳全面发展的社会主义建设者和接班人 [N]. 人民日报，2018-09-11.
[2]　朱永新. 家校合作激活教育磁场：新教育实验"家校合作共育"的理论与实践 [J]. 教育研究，2017, 38 (11)：75-80.

要发挥家校合作最大功效，还必须提升教师与家长家校共育胜任力。

第一，开设家庭教育指导课程，为家庭教育提供专业指导，组织教师、家长共同参与提高胜任力。依据斯金纳（Burrhus Frederic Skinner）关于"强化"的观点，遭受"体罚"越多的孩子长大后的问题行为越多，而若家长接受培训及干预放弃"体罚"则孩子的问题行为则会减少，因此正强化（positive reinforcement）与负强化（negative reinforcement）相比是一种更好的长期教养策略[①]。传统的儿童教育观把儿童视为"缩小的成人"，不尊重儿童的身心发展特点，过于严厉或各种责罚都会使得儿童身心受到摧残[②]。学校应当充分整合和利用资源营造良好的育人环境，组织家长、教师参与家庭教育相关课程或讲座，避免家庭教育缺位或家庭教育学校化的现象，改变部分家长和教师这种传统的儿童教育观念。举办系列课程或讲座等活动无法规避人、时、物、资等现实问题，在条件紧缺的情况或更多的日常状态下，学校和教师还是应将家庭教育指导渗透于日常交流之中，线上推送和分享家庭教育知识与资源。我们总是强调让家长参与家庭教育指导，避免家庭教育缺位或家庭教育学校化，但常常忽视教师也需要对家校共育进行深入研究。有质性研究显示，大部分校长和教师对积极教育与积极心理学了解甚少[③]。教师（特别是新岗教师）必须着重关注自身胜任力的提高，积极参与相关课程与培训，寻求来自专家和前辈老师的指导。家校共育培训不仅能为家长排忧解难，也可以让教师掌握更多的教育及家庭教育知识，促使每一位教师充分发挥积极作用，为家校合作搭建更好的桥梁。

第二，学校与教师应特别关注文化资本相较薄弱、对孩子采取"放养"方式的家长，以及对子女学业成就期望过高的家长。从中、小学生语文学习获得感的调查结论中发现，具有以上三种特征的家长往往会对孩子的语文学习获得感产生较为负面的影响。通过家庭教育指导课程、家校共育培训等一系列活动，家长应该能够深刻意识到家庭教育以及家长教育的重要性。而学校及教师也应针对部分学生家长深

① 格里格，津巴多. 心理学与生活 [M] . 王垒，译. 北京：人民邮电出版社，2016：178—179.

② 陆克俭. 发现与解放：中国近代进步儿童观研究 [M] . 武汉：华中科技大学出版社，2015：100.

③ ASLI UZ B, NECLA SAHIN F. The views and opinions of school principals and teachers on positive education [J] . Journal of education and training studies, 2017, 5 (2) ：85—92.

入沟通，就如何采用合理的教养方法、如何把握对子女教育期望的尺度、如何加强家庭成员亲密度等问题进行探讨交流。针对学生学习表现、兴趣专长、人格发展、心理健康等问题与这些类型的家长保持较高的沟通频率，在有必要时创造条件进行家校互访。通过加强家校共育，鼓励家长更新和优化教育观念，采用更加合理的教养方式，对子女的语文学习多一些积极的情感支持，让父母家庭因素正向地影响学生的语文学习获得感。

家校合力以最让家长头疼的学生电子设备使用问题为例。电子设备近年来成为网课中最为关键的学习工具，具有很强的便利性，能够扩展学习环境，为自主学习提供有效支持。智能时代电子设备辅助教师教学与学生学习并不稀奇，但同时电子设备的频繁使用也对学生的学习和生活产生了一定的负面影响，如视力问题、网络依赖，甚至是网络成瘾。家长与学校对学生的电子设备进行管控并不是一种保守主义，而是教育现实中必须及时重视和设法解决的重要问题。2021年1月，教育部办公厅发布《关于加强中小学生手机管理工作的通知》，其中明确"原则上不得将个人手机带入校园"，同时"应将手机管理纳入学校日常管理"①。对于手机、电脑、平板电脑、扫描翻译笔等一切电子设备，学校都应将其纳入管理范围，通过主题班会、宣传活动、常规评比等方式向学生明确网络的利与弊以及过度依赖电子设备会带来的危害。同时，学校需要对家长进行电子设备的相关科普，鼓励家长减少对孩子电子设备非必要的购买。提醒家长履行教育职责，在家加强督促工作，"家校一条心"共同配合进行合理的电子设备使用干预和引导。

二、学生参与图书馆管理，推动图书馆量化机制的建立和功能性区域的划分

"多读书，好读书，读好书，读整本书"②，培养学生的阅读习惯、提升学生的阅读品位一直是我国语文课程的基础要求。《义务教育语文课程标准（2022年版）》明确要求，第三学段（5～6年级）课外阅读总量不少于100万字，第四学

---

① 中华人民共和国教育部. 教育部办公厅关于加强中小学生手机管理工作的通知 [EB/OL].
[2021-02-01]. http://www.moe.gov.cn/srcsite/A06/s7053/202101/t20210126_511120.html.
② 中华人民共和国教育部. 义务教育语文课程标准（2011年版）[M]. 北京：人民教育出版社，2012：16，23.

段（7～9年级）不少于260万字①。《普通高中语文课程标准（2017年版2020年修订）》也提出，高中必修阶段各类文本和选择性必修阶段各类文本的阅读总量都分别不得低于150万字②。就语文学习而言，要求大阅读量的出发点必然是好的，但学生应当以在校阅读为主还是校外阅读为主？多数的专家学者还是更支持让学生在语文课堂内、在校内进行阅读。若过于倚重课外海量的"读书"，其实放大了不同家庭背景学生在语文学习结果上的差距，甚至隐约透着精英主义的价值取向③。要为中学生在校进行阅读、培养阅读素养提供条件，图书馆必须发挥其资源支持的主力作用。

学生利用图书馆的形式主要有馆藏资源利用（借还书、电子资源、电脑等）、图书馆服务利用、图书馆空间利用（交流讨论、自习等）以及图书馆培训利用等④。但在语文学习获得感研究中我们发现，部分学校图书馆确实只是"藏书仓库"，学生的图书馆利用率和对图书馆的满意程度都仍亟待提高，图书馆资源难以满足中、小学生阅读和语文学习的需求。当前学校图书馆存在以下三个主要问题：（1）图书馆"形同虚设"，不对学生开放；（2）图书馆开放时间不合理，与学生上课时间冲突；（3）馆藏书籍不适合学生阅读，缺少学生感兴趣的、对学生语文学习有帮助的书籍。针对学校图书馆未为学生语文学习发挥足效的问题，本研究提出鼓励学生参与图书馆管理、推动图书馆量化机制建立和功能性区域划分的建议。

首先，中、小学生是学校图书馆的主要服务对象，可以适当让学生介入图书馆管理工作。近年来，"学生参与学校治理""学生参与课程建设"等话题惹人注目，那么图书馆建设和管理需不需要引入学生参与呢？若没有学生的介入，没有学生的意见反馈，那么图书馆只会成为学生眼中"空中花园"一般的存在，虚无缥缈，无法触及。学校图书馆利用率低、满意度评价低的关键原因还在于学生的"不

① 中华人民共和国教育部. 义务教育语文课程标准（2022年版）[M]. 北京：人民教育出版社，2022：12，15.

② 中华人民共和国教育部. 普通高中语文课程标准（2017年版2020年修订）[M]. 北京：人民教育出版社，2020：32，34.

③ 叶波. 为语文的教育还是为教育的语文：与温儒敏教授商榷[J]. 全球教育展望，2020，49（8）：33—43.

④ 刘桂宾. 国外图书馆利用对高校学生学习成果影响的研究综述[J]. 图书情报工作，2015，59（21）：139—148.

介入"和"不参与",而若学校层面真真正正重视图书馆教育功效的发挥,必定能诞生出许多让学生参与图书馆建设和管理的途径。这些途径可以或大或小、或长期或短期,如:学生可以在综合实践活动课或其他课外时间、假期时间担任"小小图书管理员",以班级或小组为单位与图书馆老师进行管理校园图书馆的体验;让学生意见走进学校图书馆管理例会,充分聆听学生的声音;等等。这些举措不仅能让学生更好地了解学校图书馆的整体运作,体验整理的"美学",学会懂得珍惜劳动成果,也能促使学生对图书馆和书籍、阅读产生更多的好奇和兴趣。教育部印发的《中小学图书馆(室)规程》要求学校在教学期间每周图书馆开放不得少于40小时,同时也鼓励图书馆在寒暑假等时间对师生进行开放[①]。学校可以纳入学生代表参与图书馆管理例会或针对图书馆管理问题在校内进行问卷调查,共同商议学校图书馆的开放时间。至于图书馆到底应该要有哪些书,也可以通过同样的方式让学生自主选择优秀的阅读材料,再由语文科组或其他相关科组进行审议,最后提交学校图书馆进行购入。学校图书馆管理的学生参与、介入也可以与综合实践活动相结合。如与"找个岗位去体验""我是校园志愿者""我的电子报刊""演示文稿展成果""网络信息辨真伪""信息交流与安全"等小学段综合实践活动主题相结合,或是与"职业调查与体验""中学生使用电子设备的现状调查""数据分析与处理""少年团校""'信息社会责任'大辩论"等初中段综合实践活动主题相结合,又或是与"关注知识产权保护""参与公共文化服务""中学生网络交友的利与弊""业余党校""做普法志愿者"等高中段综合实践活动主题相结合。

其次,推动学校图书馆量化机制的建立。学校图书馆不只是一个藏书仓库,而是一个充满活力和技术的学习空间[②]。教育部印发的《中小学图书馆(室)规程》提到"鼓励开展图书借阅数据分析,有针对性地改进学生阅读"[③]。观测图书借阅数据能更好地分析每本书、每类书的借阅情况,而图书借阅数据的分析必须借由学校图书馆量化机制进行。在大力提倡建设"智慧校园""互联网+教育"的背景下

---

① 中华人民共和国教育部.教育部关于印发《中小学图书馆(室)规程》的通知[EB/OL].[2018-06-08].http://www.moe.gov.cn/srcsite/A06/jcys_jyzb/201806/t20180607_338712.html.

② DOYLE M.Writing in the Library? Why Not! Using Google Slides to Reinvent the Library Checkout Period [J].Knowledge Quest,2017,46(2):E1-E5.

③ 同①.

这一点并不难实现，但需要学校意识到图书馆量化机制具有强大的功能性。图书馆量化机制可以更好地观察每本书、每类书地借阅情况。不受学生重视的低借阅量甚至零借阅量书籍或刊物需形成目录，图书馆管理者必须思考为什么这些读物不符合中学生的阅读需求，今后减少购入相似读物或与教师联手引导学生对这类读物产生阅读兴趣。受到学生广泛喜爱的高借阅量书籍也可以形成"爱读读物书目表"放置于图书馆明显位置，也可以借这些学生喜爱度极高的书目开展读书分享会、改编剧展演、读后感征文等活动。图书馆量化机制还可以对每名学生的到馆和借阅情况进行统计。学校可根据每名学生和每个班级的到馆、借阅情况以学期或学年为单位进行"阅读之星（个人）""阅读之星（班级）"等荣誉称号的评选，以此鼓励学生多走进图书馆进行课外阅读，但也要避免落入形式主义和功利主义的窠臼。

最后，对图书馆有限的空间进行合理的功能性划分，设置学生优秀习作区。图书馆的区域划分可以分为不同部类读物的区域划分以及功能性空间的区域划分。就读物区域来看，自然根据藏书部类进行划分。图书馆的馆藏资源以正规出版物为主，但学校亦可以收入学生优秀习作定期编辑成册，增设学生优秀习作展示区。优秀习作展示区的设立能更好地提高学生阅读的兴趣，从同学或往届师兄师姐的优秀习作中吸取闪光点，激发自身写作的热情和积极性。学校的自制精选习作刊物也可以送予学生和学生家长以作留念，进一步增添学生语文学习过程中的自信感、成就感和愉悦感。就空间区域来看，必须严格区分学生阅读区和教师阅读区，更好地完成学校图书馆"协助教师开展教学教研活动""组织学生阅读活动"的任务[1]，同时也能更好地让师生在自己的区域以更高效率找到适合自身的读物。此外，也应设计出能一次性涵盖一整个班集体人数的学生阅读区域。新课改后，不少学校都将阅读课纳入课表，但阅读课通常会转变为语文课，或规定学生只能在教室里阅读要考的书籍篇目。语文学科就应提倡"海量阅读"，尊重他们的"语文生活"[2]。特别是对初中生和高中生而言，他们面临着中考和高考的升学压力，在校时间已大部分

---

[1]　中华人民共和国教育部. 教育部关于印发《中小学图书馆（室）规程》的通知 [EB/OL]. [2018-06-08]. http://www.moe.gov.cn/srcsite/A06/jcys_jyzb/201806/t20180607_338712. html.

[2]　温儒敏. 培养读书兴趣是语文教学的"牛鼻子"：从"吕叔湘之问"说起 [J]. 课程·教材·教法, 2016, 36 (6)：3-11.

被课程、练习和考试占据，阅读课不仅能为学生提供更多的阅读机会，更能成为一个让学生大脑适当放松的环节。图书馆要真正成为供中小学生读书的"读书馆"，还需严格落实"阅读课到馆"的要求，为学生设置足够容量的阅读区域和空间。

三、建立教学与学习双重共同体，完善"行政班＋教学班"管理机制

本研究在量化调查和质性探究中发现，高中生的语文学习获得感及同伴关系获得感明显低于初中生和小学生。这与高中生学业和语文学习中的紧张氛围以及竞争关系可能有所关联，但在本研究中引起这一现象更为重要的原因之一便是"走班制"的实行。《关于普通高中学业水平考试的实施意见》中提出要调整高中学校的教学组织方式，要求"把走班教学落到实处"[①]。2020年4月，教育部办公厅将"实施选课走班"作为遴选普通高中新课程新教材实施国家级示范校申报的重要条件[②]。从上海、浙江两地的先行试验到全国推广，短短几年时间"走班制"已经进入了"深度实践时期"[③]。"走班制"配合"新高考"政策而产生，益处颇多，它打破了"文"与"理"的强硬界限，能够更好地尊重和促进每一名学生的多元化和个性化发展。但与此同时，"走班制"背后也呈现出课堂互动不足、师生与生生人际关系淡漠等问题[④]。"走班制"最大的特点便在于灵活和流动，从一方面来看，它打破了原有的班级编制和学习空间，为学生带来新的交流机会和环境。但从另一方面看，"拆散"原有的行政班，也确实可能会给学生的集体归属感、集体荣誉感、师生关系亲和感及同班关系亲和感带来负面的影响。针对"频繁分班"和"走班制"影响高中生语文学习获得感和同伴关系亲和感的问题，本研究提出建立教学与学习双重共同体，进一步完善"行政班＋教学班"管理机制的建议。

其一，"走班制"的落实并非一蹴而就，还须讲求循序渐进。"走班"是反基

---

① 中华人民共和国教育部. 教育部关于普通高中学业水平考试的实施意见［EB/OL］. ［2014-12-16］. http://www.moe.gov.cn/srcsite/A06/s3732/201808/t20180807_344610.html.

② 中华人民共和国教育部. 教育部办公厅关于遴选建立普通高中新课程新教材实施国家级示范区和示范校的通知［EB/OL］. ［2020-04-13］. http://www.moe.gov.cn/srcsite/A06/s3732/202004/t20200410_442242.html.

③ 纪德奎，朱聪. 高考改革背景下"走班制"诉求与问题反思［J］. 课程.教材.教法，2016，36（10）：52-57.

④ 罗开文，朱德全. 高中"走班制"课堂管理：诉求、路径及保障机制［J］. 中国教育学刊，2020（12）：12-17.

础主义教育观念下的创新性实施，它给学生的成长提供了更大的选择性空间，让学生从被动走向了主动。近年来"走班制"的一线深入实践取得了不少成效，但也伴随诞生了些许问题，如何扬长避短成为"走班制"进一步发展和上升的关键问题。在各校实践的过程中，必须杜绝一切"走班制"的盲目跟风和形式主义，需要根据学校的自身条件以及学生的现实情况组织教学形式，而非"为了走班而走班"。在制度方面，"走班制"实施前的学校管理制度与"走班制"实施后的学校管理制度定然存在较大的差异，原有的传统行政班的管理模式难以延续。行政班与教学班的班主任、科任教师职责需要进一步划分，德育评价与考察的方式也需要进行调整。评价制度的变化必须考虑到学生的"主人翁"地位，不论是在行政班还是教学班都应当重视学生的表现，充分发挥评价制度对学生所有科目学习和成长生活的反馈—激励作用。在课程方面，"走班制"必然会带来课程设置和课程实施的变化，学校还需要着眼于课程学习任务群的进一步建设，丰富课程与课程之间的横向连接和纵向贯通。复合化、层级化、贯通化的新课程结构让每一门课程不是分散的、零碎的，而是有机整合为一体的。同时，"走班"也对教师和教学提出了更高的要求，提高教师专业素养和课堂教学质量成为"走班制"顺利实施的关键之一。在学生方面，学校应当充分引导学生认识和分析自身实际情况，协助学生做好生涯规划，帮助学生描绘自己人生的发展道路，基于个人未来的蓝图来合理安排自身学习需要。只有学生了解了自己的学习特长和学科兴趣，甚至是职业倾向后，他们才能有更强的学习内驱力，更好地配合"走班"的落实。尊重学生的选择，必然要先教会他们如何选择，让学生们面对自主选择课程时不会感到盲目和无助，在学习过程中产生更多的积极体验和学习获得感。若在教师和学生都还未完全熟悉和适应"走班"时，就贸然进行各学科的全面铺开的分班和走班，往往适得其反，让教师、学生甚至家长都摸不着头脑，耽误教学效率和进度。因此正式认识和了解"走班制"也应走过"学校—教师—学生"由上至下的三级阶梯，讲究循序渐进，一道共同分析其利弊，理解价值抓住优势。"走班制"不应该与分层教学"打架"，在二者间更应该寻找一个平衡，使得行政班和教学班都具备适合各个层级学生的教学目标和策略，让"因材施教"在不混乱中真正落地。

其二，引导教师建立教学共同体、学生建立学习共同体。"走班制"从表面看是对传统班级编制的撕碎，但实际是一种更利于学生多元化和个性化发展的管理模式。社会学家滕尼斯认为，共同体是一种有序构建的社会组织形式，其成员拥有共同的价值观、情感和信仰①。行政班主任与各教学班的任课教师必须形成"教学共同体"，充分交流，协同管理，朝着为学生成长与发展的终极目标前进。教学班任课教师在完成教学任务的同时，也不应将行政班与教学班完全割裂来看，忽略自身"立德树人"的根本任务。同时，针对进行"走班"的学科更应当基于共同的学科背景建立教学共同体。有学生在访谈中提到，因为老师们"会经常集体备课，所以重新分班之后也不会太有影响"（C-H1-M-O-20200812）。可见，同学科教师教学共同体的活跃能够解决学生在"走班制"中的适应和衔接问题，科任教师和课堂教学确实是"走班制"高质量实践的重中之重。在此背景下，不仅是在高中学段，在初中和小学学段也同样应当注重教学共同体和学习共同体的建设。同学科组的教师组建的教学共同体更应该积极开展各类学科组教研活动，聘请专家和学科名师进行相关讲座与培训。通过与其他教师的密切交流，分享教学经验，共同解决教学困惑，控制教学进度安排。"独学而无友，则孤陋而寡闻"，中国自古便强调"学友"的重要性。我们也必须让学生清晰地感受到教学班是因相近或相似的学科兴趣、学习能力而组建，教学班的同学也是"志同道合"的小伙伴。通过学习共同体的建立，重视加强学生与集体间的情感联结，唤醒学生的集体归属感和班级成员身份认同感。让学生在学习的过程中不仅有学校学习资源的支持、教学资本的支持，更有来自老师、同学和同伴的情感支持，在和谐的师生关系和生生关系中对话、沟通、合作。基于此来激发学生之间互相交流合作的内在渴望，实现学生从被动地被集体囊括走向主动地在集体中寻求融合，抛弃灌输式的学习方式，实现真正的自主、合作与探究。在双重共同体的影响之下，学生的师生关系亲和感、同伴关系亲和感、语文学习获得感必然得到提升，同时也会促使学生更快、更好地适应"走班"生活。

---

① 滕尼斯. 共同体与社会 [M]. 林荣远，译. 北京：商务印书馆，1999：52.

第二节 从语文科组层面精心部署

学科教研组是我国教师常见的组织形式，同学科教师能够通过集体备课、教学研讨与相互听课等活动形式对教师实践性知识进行传递与共享[①]。学科教研组在学校各级组织单位中起着承上启下的重要作用，是具有基础性、稳定性的关键部分，在中小学生语文学习获得感的提高上必然少不了语文科组层面的精心部署。学科教研组应充分施展"中坚力量"的角色影响，朝着"共同愿景"不断前行。

一、重视不同学段语文教学与学生学习差异，实现课程纵向衔接的通畅

本研究发现，不同学段和不同年级的中、小学生在语文学习获得感及五个维度上基本都或多或少地存在着不同的差异。在不同学段上：小学生的语文学习获得感显著高于初中生和高中生；初中生的语文学习获得感显著高于高中生；在同学段的不同年级上，小学三年级学生的语文学习获得感显著高于小学五年级学生；初三年级学生的语文学习获得感显著高于初一、初二年级学生；高二、高三年级学生语文学习自信感显著高于高一年级学生。从处于学段过渡阶段的几个年级学生的语文学习获得感均值来看，学段上升会给学生的语文学习获得感带来不小的波动。小学六年级学生的语文学习获得感均值为134.04，初中一年级学生的语文学习获得感均值为129.50，初中三年级学生的语文学习获得感均值为141.67，而高中一年级学生的语文学习获得感均值为130.26。产生这一现象的原因是内外部交织的，可能包括个体心智发展的成熟和稳定、学业压力和负担的增大、课程内容难度的提升等。通过数

---

① 程凤农. 教师实践性知识管理策略探析 [J]. 教育发展研究, 2014, 33 (12)：76—82.

据结果和访谈结论可以发现，"适应期"或"过渡期"的概念在中小学生语文学习获得感学段和年级变化上可以起到重要的解释作用。针对当前学生在语文学习适应期中语文学习获得感低下的情况，本研究认为必须重视不同学段语文教学与学生学习差异。若要帮助学生顺利度过"适应期"，尽快步入"全盛期"，必须重视不同学段语文教学与学生学习的差异所在，努力实现语文课程纵向衔接的通畅。

与《义务教育课程方案（2011年版）》相比，《义务教育课程方案（2022年版）》进一步明确了学段衔接的重要性，要求"加强课程一体化设计""合理安排不同学段内容"，体现"学习目标的连续性和进阶性"，同时也要"了解高中阶段学生特点和学科特点，为学生进一步学习做好准备"[①]。课程衔接是课程与课程论、教学与教学论的重要议题，也是深化课程改革过程中凸显出的实践性问题[②]。《教育部关于全面深化课程改革落实立德树人根本任务的意见》提出了中小学各学段课程教材体系的上下贯通和衔接问题，强调要"纵向有效衔接"与"横向协调配合"[③]。在语文教学现实中，课程的纵向衔接似乎仍然是一个"久治而不愈"的问题，其迫切性也愈发明显。

实现课程纵向衔接通畅的第一步还在于促进小、初、高三个不同学段语文教师的实质性交流与互动。当前，集团化办学虽已如火如荼地开展，但现行的学校体制依然多对小、初、高进行分隔的行政管理，不同学段的语文教师难以较为密切地进行学科教学交流。若非集团化办学，那么这样的交流和学习机会更是难求，让"高中语文老师质疑初中语文老师，初中语文老师质疑小学语文老师"的现象无法得到根本的解决。因此，语文科组应当基于学科内容变化的需要打破学段间的壁垒，做到既能"瞻前"，又能"顾后"。通过邀请相关专家和学科名师进行培训与开讲座，提高语文教师的课程衔接意识，避免不同学段"互不干涉""一一脱节"的情况发生。语文课程实施应当是一个纵向联通的大型合作工程，可与其他学段、学校的语文科组进行合作，定期展开不同学段语文教师的交流会，交流与分享本学段课

---

① 中华人民共和国教育部. 义务教育课程方案（2022年版）[M]. 北京：人民教育出版社，2022：12.
② 杨九诠. 关于课程衔接的思考 [J]. 课程. 教材. 教法，2015，35（08）：10-15.
③ 中华人民共和国教育部. 教育部关于全面深化课程改革落实立德树人根本任务的意见 [EB/OL].[2014-04-15]. http://www.moe.gov.cn/srcsite/A26/jcj_kcjcgh/201404/t20140408_167226.html.

堂教学与学生语文学习情况；互派语文教师进行听课观摩，深入一线课堂发现异同，反思本学段语文课程设计与课堂教学存在的不足；在本学段内组织新生摸底测试和新生座谈会，尽可能较为全面地把握新生语文学习基本情况，共同分析突破口径。在指向学生文化自信、语言运用、思维能力和审美创造核心素养发展的基础上，同时凸显出本学段的过渡性、独特性和深化性，让学生充分感受到新学段更高层次的语文学习要求，也给予学生充分了解新学段语文学习内容、逐渐适应高一级学段语文课程的机会。

《义务教育课程方案（2022年版）》在强调学段衔接时，还着重提到了"幼小衔接"。语文课程中幼儿园课程的小学化问题值得我们反思，有学者认为这是语文课程内容最突出和典型的问题[①]。幼儿园课程与小学语文课程的过渡衔接反而会给儿童带来不必要的学习压力，也有可能影响其后续语文学习的积极性和兴趣，并非是真正的"赢在起跑线上"。需要明确的是，入学适应教育和学科过渡教学的任务侧重应当在新学段的低年级上，小学一年级、初中一年级和高中一年级的语文学科组和各位教师应当树立起"幼小衔接""小初衔接"和"初高衔接"的责任主体意识，而非将语文课程学段要求和语文学习任务提前。

此外，语文科组应充分认识小学、初中、高中语文之间存在的主要差异，了解青少年儿童的心理发展不同阶段典型特征，积极引导学生调整语文学习心态。在教育教学实践当中，我们往往只关注形式上的"幼小衔接""小初衔接"或"初高衔接"，而缺乏对学生实际学习和身心发展上衔接的引导。我们必须了解和认识幼儿和小学生的不同、小学生与初中生的不同、初中生与高中生的不同，关注不同学段、不同年级学生的语文学习心态和状态，特别是新生。新初一、新高一学生对新入学段的语文课程目标、考试题型、评分标准、应试技巧等都难有充分的认识，因此会面临一段时间的困惑和迷茫，无法肯定自己的语文学习能力，也难调整优化自己的语文学习计划。在新始阶段，语文课堂教学必须整体遵循由易到难、循序渐进的原则，不打磨学生语文学习的热情和积极性。对于新入学的学生还应当多进行适应性辅导，如开展面向新生的本学段语文学科介绍会、高年级语文学优生学习心得

---

① 宋祥. 语文教育学段的衔接：问题与对策 [J]. 课程·教材·教法，2012，32（8）：52—56.

分享会等。缩短"适应期"，帮助学生尽快找到适合自身的本学段语文学习方法，树立语文学习自信，收获更多的语文学习获得感。

二、以发展学生核心素养为价值取向，完善语文学业评价模式

本研究发现中、小学生的语文学习获得感总体处于一般水平。在五个维度中，中、小学生语文学习希望感、师生关系亲和感、同伴关系亲和感三个维度的水平相对较高，而语文学习愉悦感和语文学习自信感两个维度的水平相对较低。特别是语文学习自信感在中、小学生语文学习获得感的五个维度中得分最低，现状不佳。可见，一定数量的中、小学生的语文学习自信感处于较低水平，学生普遍对自身的语文学习现状（特别是学业成绩和相关荣誉）缺乏信心。此外，语文成绩越好的中、小学生拥有更多的语文学习获得感，学生的语文学习获得感和语文学习自信感依据语文学业成绩由好到差依次下滑。这可以说明，中、小学生的语文学习获得感以及语文学习自信感对语文学业成绩的影响很大，甚至可以成为直接的对应显现标准。那么，如何才能尽可能地提升中、小学生的语文学习自信感，从而激励他们进行更多的学习投入，获得更多的语文教育收获呢？学业质量评价与学生幸福指数、获得感等直接相关，而当前学生更多地从评价结果中获得发展，而非在真实学习过程中体验成长①。针对当前学生语文学习自信感普遍偏低，且易因语文学习成绩丧失自信感和希望感的情况，本研究认为以发展学生核心素养为取向，完成语文学业评价模式的转变十分重要。

首先，必须以培养学生的核心素养为指导思想，立足学生的发展需求。多元智能理论（theory of multiple intelligences，简称MI理论）倡导智力的多样性和弹性，认为每一名学生的智能水平是不同的，其智力也均有不同的表现形式。因此霍华德·加德纳（Howard Gardner）表示，教育工作者必须尽可能敏锐地、全面地理解和认识每一名学生的能力及兴趣，但迄今为止的所有评估都简单依赖于语言和数学的逻辑智能测试②。《基础教育课程改革纲要（试行）》中明确应当发挥评价

---

① 何永红. 智慧教育背景下学业质量评价的设计：以学习者为中心 [J]. 教育发展研究，2019，39（24）：28—32.

② 加德纳. 多元智能 [M]. 沈致隆，译. 北京：新华出版社，1999：11.

的教育功能，关注学生多方面发展①。从传统的"双基"——追求基础知识与基本技能，到"三维目标"——着重知识与技能、过程与方法、情感态度价值观，再到"核心素养"要求培养中国学生发展核心素养和学科核心素养。学习的人本主义方法其重心不在于学业成绩，而在于青少年的全面发展②。新修订的《义务教育语文课程标准（2022年版）》指出语文课程应围绕核心素养确立课程目标，认为义务教育语文课程培养的核心素养是文化自信、语言运用、思维能力和审美创造的综合体现③。《普通高中语文课程标准（2017年版2020年修订）》也指出，"语文学科核心素养"包括"语言建构与运用""思维发展与提升""审美鉴赏与创造""文化传承与理解"四个方面④。不论是义务教育阶段的语文学科核心素养，还是普通高中阶段的语文学科核心素养，它们都聚焦于学生在真实和实际的语言运用情境中表现的能力和品质。对于中华文化的文化自信和文化传承，祖国通用语言文字的实际语言实践，让直觉思维、形象思维、逻辑思维、辩证思维和创造思维向着敏捷、灵活、批判的方向发展，培养正确的审美意识和审美观念，这些才是基础教育阶段语文学科需要赋予学生的最关键内容。而这些素养不是靠着一次次练习和一场场考试得来的，而是需要学生自身在积极的语文学习实践活动当中，凭借个体经验的积累和发展来实现的。国家课程目标分类的几次转变越来越突显学生在学习中的主体地位，关注学生的个体差异与全面发展，同时也基于各学科本质细化了每个学科和课程需要实现的核心素养。语文学业评价也必须从对语文成绩的关心回归到对学生本身的关注。评价不应只用冷冰冰的数字展现学生的知识掌握程度，而应同时关注学生的实践运用能力、高阶思维、情感体验等。必须让每一位科组教师都意识到语文学科的评价模式必须具有全面性、及时性和激励性的原则，共同转变评价的设计理念及原则，消除教育功利主义及单纯"结果导向"的倾向。

① 中华人民共和国教育部. 教育部关于印发《基础教育课程改革纲要（试行）》的通知 [EB/OL]. [2008-04-25]. http://www.moe.gov.cn/srcsite/A26/jcj_kcjcgh/200106/t20010608_167343.html.

② 奥恩斯坦，亨金斯. 课程：基础、原理和问题 [M]. 南京：江苏教育出版社，2013：124.

③ 中华人民共和国教育部. 义务教育语文课程标准（2022年版）[M]. 北京：人民教育出版社，2022：4-5.

④ 中华人民共和国教育部. 普通高中语文课程标准（2017年版2020年修订）[M]. 北京：人民教育出版社，2020：4-5.

其次，摒弃单一的语文学业评价模式，坚持评价方式的多元化。固有的语文学业评价模式过于强调甄别和选拔的功能，以成绩分数为导向，新课改以来基础教育界对于教育评价与学业评价的反思一直在持续。《普通高中语文课程标准（2017年版2020年修订）》提出语文课程评价不能片面强调评价的甄别和选拔功能，要根据实际需要整合诊断性评价、形成性评价、终结性评价等多种评价方式，关注学生的外在学习结果和内在学习品质，建立学生的学习档案形成多样化的学生成长记录[①]。《义务教育语文课程标准（2022年版）》也同样明确，语文课程评价涵盖学生课堂关键表现、典型作业和阶段性测试等的过程性评价，以及以学业水平考试为代表的终结性评价[②]。学习评价的目的是帮助学生更好地学习，而非将学生分为三六九等。但面对应试考试、评优评先的现实压力，学业评价模式仍然难以脱离成绩与排名。学校、教师、家长，甚至学生个人，都热衷于追求分数和相对排名的上升，常以分数的高低和名次的升降判断学生的学习能力与学业水平。学生也在这样单一的、刻板的评价模式中逐渐丧失对语文学习的自信感愉悦感和希望感，进一步影响与语文教师和同学的亲和感，严重影响语文学习获得感。因此语文学业评价模式需要更加多样化，要让学生认识到自己在语文学习的某些方面取得了进步和收获，体会到成功的喜悦，继续点燃其学习热情和积极性；同时也能认识到自己在语文学习方面的缺憾，在今后的语文学习中能够做到有的放矢，不会迷茫地认为"不知道怎样才能提高语文"（Z-M1-M-O-20200807）。学业评价方式的多样可以通过一些办法来实现：将量化评价与质性评价相结合、过程性评价与结果性评价并重等。在进行语文学业评价时不能轻视"学业成绩"这一量化评价的功能作用，但以此作为评价唯一来源则不能满足"立德树人""全面发展"的根本要求。教师是内外部人员的"混合体"，除对学生的成绩进行评定外，也需通过口头或书面方式对学生的学习态度和道德标准等作持续的评价[③]。因此就需要质性评价为学生"指路"，丰富对学生语文学习情感态度、语文学习习惯及方式、语文学习日常表现等

① 中华人民共和国教育部.普通高中语文课程标准（2017年版2020年修订）[M].北京：人民教育出版社，2020：44—46.
② 中华人民共和国教育部.义务教育语文课程标准（2022年版）[M].北京：人民教育出版社，2022：46—51.
③ 罗厚辉.课程开发的理论基础[M].济南：山东教育出版社，2002：138—139.

的评价。评价也要从"看向终点"真正转变为"留心全程"，要让过程性评价真实落地。又如丰富评价对象，鼓励学生自评与互评，邀请家长参与评价与反馈。在语文学业评价的全过程中，中学生（即语文学习的学习者本体）处于被动状态，等待着"被评价"，并为了"评价"继续学习。自我评价是自我认知的第一步，通过自评明确自己的语文学习情况，掌握学习的主动权和解释权。有外国研究发现，学生往往会高估自己的收获，而同伴互评比自我评价更为有效[①]。同伴互评和家长评价可以纳入作业（默写、阅读、习作等）、课堂/在家语文学习表现等。通过多对象、多角度的评价，学生才能更全面地发现自身语文学习中的利弊所在，更为及时地获得来自各方的监督与反馈。在自我评价、同伴互评、家长参与评价中，进一步增进师生关系亲和感、同伴关系亲和感和家庭关系的亲密度，在提高学习效率的同时让学生体验到更多的语文学习自信感、愉悦感和希望感。

三、充分开发与利用语文课程资源开展文化活动，让学生介入活动策划

校园文化活动的开展是学校软件环境中的重要部分，同时也影响着中、小学生的语文学习获得感水平。《义务教育语文课程标准（2022年版）》强调要"凸显语文学习的实践性"，教师需要引导学生增强"在各种场合学语文、用语文的意识"，而要让学生沉浸在学习语言文字的运用之中，还需要学校"建设开放的语文学习空间"[②]。语文科组站在中层领导层面应多开展丰富多彩的语文校园文化活动，让学生在"玩中学""学中玩"中感受到知识、技能的获得和情感上的积极体验。而就目前而言，学校语文学科活动和相关文化活动的开展仍存在较大问题：（1）语文学科活动类型较为单一，趣味性不足；（2）部分活动强制学生参与，未充分尊重学生意愿；（3）活动时间安排不合理，多占用学生课余用餐或休息时间。针对目前校园语文文化活动未满足学生需要的情况，本研究提出应开发与利用语文课程资源开展文化活动，充分让学生介入活动策划的建议。

校园文化活动为学生成长发展服务，在组织管理过程中必须贯穿"关注学生、

---

① MEHMET A C, EMIN A. Evaluation of learning gains through integrated stem projects [J]. International journal of education in mathematics, science and technology, 2016, 4 (1)：20-29.

② 中华人民共和国教育部. 义务教育语文课程标准（2022年版）[M]. 北京：人民教育出版社，2022：45.

关照学生、服务学生"的宗旨①。校园氛围的建设和倡导在更大的程度上要为学生带来精神获得方面的影响，给学生耳濡目染的熏陶，让学生在大环境中改善自我，获得更好的自我成长，增加积极的主观心理感受。校园文化活动的大力发展有助于学生挖掘和发展个人的兴趣与特长，使学生的个人价值得到充分的发挥。《有效激励》一书指出，沟通对于员工的价值认同感来说十分重要，要让员工知道"他们有能力影响决策并被倾听"，从而增强他们的参与感，让他们感到自己的重要性②。置于学校域界也是同理，语文学科活动为学生而设计开展，其参与主体是学生，因此应适当放权让学生参与活动的设计、组织与管理。由语文科组与学生代表或学生组织共同进行科学合理的活动策动，明确活动的愿景及意义，从师生两个角度全面制定具体细节步骤。只有让学生"翻身做主人"，才能让学校的语文学科活动真正变成学生自己的语文学科活动，也让学生的语文学习获得感不仅仅来源于语文学业成绩或荣誉称号，还可以在趣味横生的活动当中增强自己的语文学习自信感与成就感，加强与教师、同学的人际交往。

课程资源的开发与利用是新课改的重要关注点，而语文课程资源的开发与利用更是语文新课改的热难点问题。不仅要重视课外语文课程资源的挖掘，也要保证课内语文课程资源的活用。就语文文化活动而言，是否充分开发与利用语文课程资源十分关键。《义务教育语文课程标准（2022年版）》鼓励学生积极参与语文实践活动，拓宽语文学习和运用的领域，根据不同学段学生的特点给出了丰富的活动，提及：传统节日和风俗文化、朗诵会、故事会、戏剧节、校园文化社团、中华优秀传统文化（包括戏曲、书法、篆刻、绘画、刺绣、泥塑、民乐等）、文学艺术社团等精彩的活动③。但目前一提及语文学科活动，学生只是单纯想起"作文比赛"，这必然是语文学科活动以及语文相关文化活动策划和组织的失败。因此，语文科组必须做出领导作用，充分开发、整合、利用语文课程资源，实现语文文化活动的丰富化和意义化。若忽视或不深入挖掘语文课程资源，那么所开展的语文文化活动就会

---

① 王帅. 论新时期高校校园文化活动的组织与管理 [J]. 思想政治教育研究，2018，34（1）：146-149.

② 纳尔逊. 有效激励 [M]. 肖志清，译. 北京：中信出版社，2022：178.

③ 中华人民共和国教育部. 义务教育语文课程标准（2022年版）[M]. 北京：人民教育出版社，2022：34-36.

是"僵化""套路"的，不能调动学生的已有知识、经验和兴趣，无法触发学生的情感，使其学有所获。

课内语文课程资源十分丰富，也是最容易获得和挖掘的课程资源，值得语文科组根据学校和学生实际情况进行活动性的发展。以中华传统优秀文化为例，语文教材传统文化教育内容体系化是提升语文教育教学质量的保障，是实现中华优秀传统文化铸魂育人的根本[①]。中华优秀传统文化是校园语文文化活动可以利用的宝贵资源。在学习有关传统节日古诗文时，不妨设计传统节日文化活动，如节日诗词硬笔书法大赛、传统节日习俗小游戏、"重述节日由来"戏剧表演等。通过较为轻松愉快又有趣味、有意义的活动，激发学生对古诗文的学习兴趣和积极性，引导学生热爱传统节日、继承和弘扬优秀传统文化。此外，还可以借由每年9月第三周的全国推广普通话宣传周进行系列性活动。普通话大赛可以让学生感知汉语的音韵美，积极练习和普及民族共同语，增强中华民族的凝聚力。主题演讲比赛可以锻炼学生的口语交际能力，提高感染力、说服力和逻辑思维能力，培养学生大方、自然的气质。重庆市长寿川维中学作为一所完全中学，自2013年起每年四月坚持举办"中国汉字听写大赛"，分为各班初赛和全校决赛两轮，帮助学生发现汉字之美，继承与弘扬中华传统文化[②]。同时，部编版小学、初中语文教材中的"口语交际"和"综合性学习"等也是值得重视和利用的课内语文课程资源。如小学阶段，借由三年级上册第七单元的"口语交际"《身边的"小事"》开展"身边的'小事'"演讲比赛、"身边的'小事'"手抄报展示会等；又如借由五年级下册第二单元"怎么表演课本剧"进行中华经典故事课本剧大赛、课本剧剧本创造活动等。初中阶段，如借由七年级上册第四单元的"综合性学习"《少年正是读书时》开展阅读调查活动，举办校园好读物推荐会、好书分享会、学生喜爱作家进校园等相关活动；又如借由八年级上册第四单元"我们的互联网时代"举办"电子阅读会不会替代传统阅读"辩论会、网络用语来源与发展小调研、互联网从业人员网络利害科普分析等。

除课内课程资源外，课外课程资源也同样重要，但获取途径和发展空间会受到

① 任翔. 语文教材传统文化教育内容体系化刍论 [J]. 中国教育学刊，2020 (6)：23—28.
② 甘秉洪. 落地生根的语文教育实践研究 [J]. 中国教育学刊，2020 (S1)：44—45.

一定的现实阻碍。义务教育与普通高中语文课程标准均提出要充分利用本学校、本地区的特点和特色资源，"给学生创设语文实践的环境，开展多种形式的语文学习活动"①②。课外语文课程资源形式多种多样，近年来备受关注的当属博物馆资源与爱国主义教育基地资源。以博物馆资源为例，教育部与国家文物局发布的《关于利用博物馆资源开展中小学教育教学的意见》要求中小学语文要有机融入博物馆教育内容③。在馆校合作的基础之上，语文科组带领学生参与博物馆研学活动，探寻本地的优秀文化遗产，撰写图文并茂的体验报告；也可进行"博物馆进校园"宣讲会、"我为文物代言"答辩会等丰富多彩的活动。这些活动与学生生活密切相关，不仅亲切有趣，又能使得学生各方面能力得到锻炼，提高语文学习自信感、愉悦感和希望感。在活动过程中，也能更多地与语文教师、班级同伴进行交流学习，进而获得更多的师生关系亲和感与同伴关系亲和感，语文学习获得感在这过程中也不知不觉得到提升。

---

① 中华人民共和国教育部. 义务教育语文课程标准（2022年版）[M]．北京：人民教育出版社，2022：54.

② 中华人民共和国教育部. 普通高中语文课程标准（2017年版2020年修订）[M]．北京：人民教育出版社，2018：44，52.

③ 中华人民共和国教育部. 教育部、国家文物局关于利用博物馆资源开展中小学教育教学的意见 [EB/OL]．[2020-10-20]．http://www.moe.gov.cn/srcsite/A06/s7053/202010/t20201020_495781.html.

第三节　从语文教师层面夯实根基

教师是教学能否成功的关键人物[①]，也是影响中、小学生语文学习获得感的重要角色。语文教师直接关系到学生语文学习获得感中的师生关系亲和感，师生关系不够亲和必然影响学生的语文学习获得感。同时语文教师的课堂教学也被认为是学生语文学习获得感最关键的影响因素，其与学生语文学习获得感的Pearson相关性系数在所有影响因素中排名第一。因此，中、小学生语文学习获得感的提升还必须从语文教师层面落到实处。在日常语文教学与师生交往中，教师应当将提升学生语文学习获得感的观念意识落到实处，完善语文课堂教学，实现"因材施教"。

一、以语文学习获得感的提升为基础，优化语文教学设计

"新课改落实于新课堂，新课堂诞生于新教学，新教学立足于新设计"，落实新一轮课程改革其关键还在于由传统的教学设计向素养导向的理解型教学设计转向[②]。语文学习获得感作为一种表现学生个体在语文学习过程中产生的积极情绪感受，其研究不完全以结果为导向，转而关注学生的学习过程、着重学生核心素养的培养以及观测学生在教学影响下产生的情感、态度、品质等方面的积极变化。2022年新课程改革方案的基本精神即以终为始，瞄准学生发展核心素养，注重教学评的一致性，这也与基于学生语文学习获得感提升设计教学的立场相一致。课堂教学因

---

① 霍秉坤. 教科书使用取向的核心：教师专业发展 [J]. 湖南师范大学教育科学学报，2015，14 (2)：23-35，49.

② 何茜，罗生全，李臣之，等. "义务教育新课程方案和课程标准"笔谈 [J]. 湖南师范大学教育科学学报，2022，21 (3)：1-18.

素是影响中、小学生语文学习获得感的最关键因素，在语文课堂中如何让学生成为"乐之者"是教师必须思考的难题，因此本研究提出要以语文学习获得感的提升为基础优化语文教学设计。

第一，基于学生语文学习获得感提升的教学设计应树立学科实践观。当前的语文教学仍存在着许多问题，在教学设计方面也亟待改进。语文教学设计更多地聚焦于如何教，而较为轻视学生学习的过程。因此，在新一轮课改和语文课标修订中都着重强调了大单元教学和学习任务群，希望借此让学科知识、学生的学习过程以及最终的学习结果紧密连接成一个整体，达到语文课程内容的结构化。学科实践观与进步主义哲学中的"做中学（learning by doing）"一脉相传。《义务教育语文课程标准（2022年版）》新增加的"课程内容"一节中，就对语文课程的"主题与载体形式"以及"内容组织与呈现方式"做出了纲领性的指引①，可以发现"课标"所建议的载体形式丰富多样，都是与青少年儿童生活十分贴近的或孩子们喜闻乐见的内容，突出强调了其应有的"情境性、实践性、综合性"。基于新课标新教学设计的基本逻辑，教师们关注的知识传授也不应成为语文教学中的重点，而是要让学科知识在学生参与课堂活动的过程中转化为核心素养，从而由基础的"记忆（remembering）""理解（understanding）"深化为更为高阶的"应用（applying）""分析（analyzing）""评价（evaluating）""创新（creating）"。语文课堂不是语文教师的"教堂"——教师一问接学生一答，而应该是每一名学生的"学堂"。以提升语文学习获得感为基础优化语文教学设计，还需要在进行教学设计的初期就关注到学生要学什么、怎么学，如何把课堂的主动权和参与权真正交还给学生，如何带动学生在活动中敢于质疑与思考，如何让40到45分钟的一节课成为学生核心素养的发展基地。正所谓"以其所知，喻其不知，使其知之"，必须明确学科知识对学生而言属于间接经验，语文教学应当注重教学与学生生活相联系，积极使用探究性学习（发现学习）、团队学习等多种学习方法，力求提供多样化的学习方式，绝不忽略学生的直接经验。而这些学习方式之间也不应该是孤立的，它们在课堂教学中需要环环相扣，彼此作用。不将学习内容和学科

---

① 中华人民共和国教育部. 义务教育语文课程标准（2022年版）[M]. 北京：人民教育出版社，2022：18—36.

知识以定论的方式呈现给学生，而是要求学生在把最终结果并入认知结构之前，事先从事某些心理活动。简单而言，就是促使学生进行思考。

第二，基于学生语文学习获得感提升的教学设计应构建学习任务群。新课标课程内容的结构化在语文学科中最突出的表现就是学习任务群的建立：指向核心素养，以大单元为基础，设置任务群活动。《普通高中语文课程标准（2017年版2020年修订）》要求，普通高中语文课程在必修、选择性必修、选修三类课程中分别安排7～9个学习任务群，语文学习任务群以任务为导向，由若干学习项目组成，包括"整本书阅读与研讨""当代文化参与""跨媒介阅读与交流"等[①]。《义务教育语文课程标准（2022年版）》明确，要构建共同指向学生核心素养发展的语文学习任务群，包括：基础型学习任务群（"语言文字积累与梳理"）、发展型学习任务群（"实用性阅读与交流""文学阅读与创意表达""思辨性阅读与表达"）、拓展型学习任务群（"整本书阅读""跨学科学习"），这些学习任务群在不同学段的安排都各有侧重[②]。以提升语文学习获得感为基础优化语文教学设计，还需要站在更具全局观的角度，从"大单元"的角度组织学生体验学习任务群的不同学习项目和子任务。在进行教学设计时不把课程内容按照单篇文本、单一课时进行硬性切割，不让学生的学习内容碎片化，也不让学生的学习过程同质化。那么语文学习任务群究竟如何构建，如何融入核心主题，如何指向学生核心素养的生成？以发展型学习任务群"实用性阅读与交流"融合语文课程内容中的重要主题——革命文化为例。第一学段（1～2年级）学生可以在语文老师的带领下走进革命遗址、博物馆等，在了解公共社会规则的同时学习反映中华优秀传统文化和革命文化的短文并能口头叙述；第二学段（3～4年级）学生可以阅读和具体学习老一辈无产阶级革命家等模范人物的事迹或反映中华传统美德的故事；第三学段（5～6年级）学生可以进一步学习革命英雄和劳动模范的事迹，将自己的崇敬之情通过多种媒介手段进行记录和表达；第四学段（7～9年级）学生则可以更多地阅读科技作品、新闻报道和时事评论，关注祖国的科技创新、特色社会主义建设成就和杰出人物事迹，与教师和

---

① 中华人民共和国教育部. 普通高中语文课程标准（2017年版2020年修订）［M］. 北京：人民教育出版社，2020：8-9.

② 中华人民共和国教育部. 义务教育语文课程标准（2022年版）［M］. 北京：人民教育出版社，2022：19-20.

同学进行讨论和展示。"任务群"视角下的语文教学不再被不同的文本材料分解得支离破碎，而是围绕某一核心任务搭建起层层相连、环环相扣的逻辑架构，让语文教学设计虽"大"不空，成"群"但细，更加有利于学生核心素养的培养和语文学习获得感的提升。

第三，基于学生语文学习获得感提升的教学设计应设计跨学科综合活动。在上文中，我们已经提到"跨学科学习"其本身已成为一个拓展功能的语文学习任务群。"跨学科学习"这一学习任务群旨在"拓宽语文学习和运用的领域"，渴求在综合运用多学科知识发现、分析、解决问题的过程中提高语言文字运用能力①。为避免学生的思维程式套板以及学习碎片化、同质化，从小来说是应当将语文课程内部整合再造，从大来说是应当将学生所有课程融会贯通。从"语文学科核心素养"到"核心素养"，去掉"语文学科"四字后含义也发生了重要变化，素养因围绕学生而生，而非围绕学科而列，因此"综合"一词在新课改新课标中尤为重要。学生的某一核心素养只通过一个学科的学习是无法全面达成的，它需要跨学科的有效整合。语文学习获得感也是同理，虽然是学生学习获得感在语文学科的具体体现，但其表征状态和内理成因也必然在一定程度上受到学生其他科目学习和学习获得感的影响。除跨学科综合活动的设计和实施外，其评价也是一个重点、难点环节。比如在围绕"跨学科学习"的任务群中，组织学生综合运用语文、音乐、美术、舞蹈等进行课本剧展演或戏剧节等校园活动。那么，在进行多元评价时不能单从学生的语文学习情况进行反馈，不仅关注学生语文核心素养的达成情况，更应同时关注学生在此跨学科综合活动中的艺术核心素养（如审美感知、艺术表现、创意实践与文化理解）达成情况。这种综合性更能让语文为薄弱学科的同学在活动中产生更多的语文学习自信感和语文学习希望感，以其他优势科目的学习带动自己相对弱势的语文的学习，达成语文学习获得感更上一层楼的目标。

二、优化语文课堂教学，激发学生语文学习兴趣和潜能

布鲁纳（Jerome Seymour Bruner）提出，对所学材料的兴趣是学习最好的刺

① 中华人民共和国教育部. 义务教育语文课程标准（2022年版）[M]. 北京：人民教育出版社，2022：34.

激^①。在本研究中我们也发现，语文课堂教学是影响中、小学生语文学习获得感的最重要因素，学生对语文课堂教学评价的高低与其语文学习获得感的高低基本呈现出正相关。从数据上看，相较于学校资源和个体自身因素，当前中、小学生对语文课堂教学的评价较高。但通过质性调查也发现了当前语文课堂教学可能存在的突出问题，如语文课堂的趣味性不足、多媒体使用不充分等。在进行差异分析时可见，喜爱语文学科的学生其语文学习获得感及各维度明显高于其他学生，而讨厌语文学科的学生语文学习获得感处于极低水平。《义务教育语文课程标准（2022年版）》中明确指出，要避免"死记硬背、机械训练"，通过减缓坡度和降低难度减轻学生语文学习负担，增强学习的"趣味性"和"吸引力"^②。《普通高中语文课程标准（2017年版2020年修订）》也提到，普通高中要构建"开放、多样、有序"的语文课程，要注重激发学生的学习兴趣和潜能，发展各自的语文特长和个性，鼓励学生根据个人兴趣、能力和特长自主选择学习内容和方式^③。针对学生眼中语文课堂教学的不足，本研究提出优化语文课堂教学，丰富语文课堂教学环节和手段、避免机械课堂互动，以激发学生语文学习兴趣和潜能。

基于中、小学生语文学习获得感提升，教师在优化语文课堂教学、激发学生语文学习兴趣和潜能上可以尝试以下几点建议。

第一，丰富语文课堂教学环节和手段，如做好课堂导入、充分利用多媒体资源进行直观演示教学、跨学科整合设计等。良好的课堂导入能帮助学生集中注意力做好学习准备，激发学生的学习兴趣和求知欲望。语文课堂的导入可以充分利用多媒体资源进行，从视觉、听觉上刺激学生，最大限度调动学生对新课内容的期待。借助相关图片、音乐、视频来营造较为愉悦的班级学习氛围，让学生更好地投入与沉浸其中，进而提高语文课堂教学效率。访谈中也有学生提出："现在的年轻人喜欢音乐，可以找跟课件相符的音乐在预备铃的时候放一放，让大家感受一下这堂课的基调。"（Z-M1-M-O-20200807）当然课堂导入的形式也应保持多样化，一直采用

---

① 布鲁纳. 教育过程 [M]. 邵瑞珍，译. 北京：文化教育出版社，1982：88.
② 中华人民共和国教育部. 义务教育语文课程标准（2022年版）[M]. 北京：人民教育出版社，2022：45.
③ 中华人民共和国教育部. 普通高中语文课程标准（2017年版2020年修订）[M]. 北京：人民教育出版社，2020：3，42.

多媒体资源进行导入的方式也会使学生感到疲倦，"问卷星"班级问卷调查情况展示、五分钟主题演讲等形式都可充分利用。同时教师必须充分认识到课堂导入为整节课的教学内容服务，因此必须认真思考导入环节与语文课程实施的关系，拒绝耍"花架子"做"无用功"。有研究发现，与不参与课堂导入活动设计的学生相比，参与课堂导入活动设计的学生能取得更加显著的学习收获[1]。因此不妨邀请学生参与课堂导入环节的设计，在课堂导入的活动类型、主题上听取学生想法。此外当前学科壁垒正逐渐被打破，在这样的趋势下语文课程的跨学科整合设计主要依靠内部不同板块内容的整合来实现，但还未有具体的操作流程结构。教师应打破传统的学科本位观念，首先将语文课程内的综合性学习落实到位，让学生有更多切实的活动体验。同时加强与其他学科教师间的交流与合作，努力探索出语文学科与其他学科整合设计的切实道路。

第二，避免机械课堂互动，把思考空间真正"还给孩子"。为改变学生"机械学习"的语文学习现状，鼓励"自主、合作、探究"，教师做得最多的便是想方设法提高学生在语文课堂的参与度和积极性。一些互动活动乍看之下是经过精心设计的，但实质上仍存在套路化、机械化、表演化等倾向。语文是人文学科，而在这样的课堂互动中学生往往处于被动状态，等待语文老师随机发问和点评，其思维容易浮于表面，观点无法呈现多元和开放的态势。要"把倾听还给孩子，把阅读还给孩子，把研究还给孩子，把讨论还给孩子，把创造性的解答还给孩子，把问题还给孩子"[2]。只有变互动为真互动、变小组探究为真小组探究，才能真正把这些如数"还给孩子"，激发学生语文学习兴趣，增进语文学习获得感。有行动研究发现，合作学习模式中的"圆桌会议（round table）""轮流指导（rally coach）"等模式确实能够有效提高中学生的学习积极性，带来更好的学习效果[3]。在"自主、合作、探究"的语文学习中，教师应当转变角色定位，发挥组织者和支持者的关键作用。在活动中充分组织学生围绕核心问题进行课堂研究，不能跳脱文本或无视秩

① ZERTUCHE A, GERARD L, LINN M C. How do openers contribute to student learning? [J]. International electronic journal of elementary education, 2012, 5 (1)：79—92.

② 李镇西. 听李镇西老师讲课 [M]. 上海：华东师范大学出版社，2005：6.

③ NINGSIH, SOETJIPTO B E, SUMARMI. Improving the students' activity and learning outcomes on social sciences subject using round table and rally coach of cooperative learning model [J]. Journal of education and practice, 2017, 8 (11)：30—37.

序。同时，教师应当在互动中给予学生发散个人思考的支持，而不是一味地引导学生走入标准化答案的桎梏，尽可能地鼓励、肯定学生，帮助他们体验发现问题、分析问题、解决问题的思考过程。在这样的课堂活动中学生更能体验到自我价值感和语文学习自信感、希望感，思维品质与人际交往能力、表达能力都得到了锻炼，为实现语文学习获得感的提高打下基础。

但教师也应清晰地意识到，我们无法仅通过优化语文课堂教学激发每一名学生的学习兴趣和学习积极性。温儒敏提出，课改不需处处迎合学生兴趣，一百个孩子中有五六十个对语文有兴趣已然不错[①]。盲目追求语文课堂的新鲜度和趣味性，容易由一个极端走向另一个极端。教师还应在语文课堂教学中坚守课程的最基本要求，恰当把握教学广度和深度，不为引起兴趣而引起兴趣。面对学有余力且对语文学习十分感兴趣的学生，可以鼓励他们追求更高的学习目标；面对语文"学困生"刻意强调"兴趣"或许得不偿失，难以激发其语文学习自信感、愉悦感，也损害师生关系亲和感，语文学习获得感自然愈发低下。

三、重视学生语文学习获得感的个体差异，让"优者更优""弱者更强"

应试教育背景下语文人才培养方式的最大弊端在于"不讲差异，不重视发展学生的个性，不重视因材施教"[②]。本研究在分析数据中发现，当前学生的语文学习获得感表现出较为明显的个体差异，高分段学生与低分段学生的得分差距显著，按样本特征分类的不同类型中、小学生在语文学习获得感或其下属维度上也存在显著的差异。于漪老师曾提出，教学的出发点是学生的现状，要对学生的性格、学习方法、语文能力等各方面进行了解和研究[③]。人的个体差异客观存在无法改变，那么他们在语文学习上也必然存在着各式各样的区别。针对调查发现的中、小学生语文学习获得感个体差异或特征群体差异显著等问题，本研究提出语文教师在日常教学过程中应认识和尊重学生的个体差异、针对不同情况因材施教的建议。

让"优者更优""弱者更强"，还需要特别对以下几类学生的语文学习获得感和语文学习给予重视：

---

① 温儒敏. 温儒敏论语文教育 [M]. 北京：北京大学出版社，2010：53.
② 同①，17.
③ 于漪. 我与语文教学 [M]. 北京：人民教育出版社，2003：5.

（1）小学男生。小学男生的语文学习获得感和其下属五个维度都显著低于小学女生，语文学习获得感的劣势较为明显。教师应当改变部分小学男生"女生才能学好语文"的看法，引导学生正确认识自己的性格特征和学习特点。同时，多给予在语文学习上有进步的男性"后进生"肯定和鼓励，提升他们的语文学习自信感，激发进一步进行语文学习投入的内驱力，从而转化为语文学业和语文学习获得感的提升。

（2）中学生（特别是高中生）。中学生的语文学习获得感显著低于小学生，呈现出随着学段上升而下滑的趋势。进一步对初中生和高中生进行比较又可以发现，高中生在语文学习获得感、语文学习希望感及同伴关系亲和感上均明显低于初中生。中学教师应为学生如何缓解学习压力提供帮助，尽量避免"学习功利化"的倾向，适度减轻中学生的学习负担，避免布置不必要的机械性语文学习任务。同时，面对着步入青春期的学生，也应积极给予学生更为有效的学习反馈，多与这类学生交流、谈心，准许学生对语文课堂提出自己的建议，让学生主动融入语文课程实施的各个环节。更有针对性地指导学生进行语文学习，多帮助学生分析学习上的优势与不足、合理制定语文学习目标和规划，鼓励学生维持足量的、有效的语文学习投入。

（3）处于学段"过渡适应期"的中学生。小学三年级学生的语文学习获得感显著高于小学五年级学生，初三年级学生的语文学习获得感显著高于初一、初二年级学生，高二、高三年级学生语文学习自信感显著高于高一年级学生。学段上升的改变也会给学生的语文学习获得感带来不小的波动，小学六年级学生的语文学习获得感均值高于初中一年级学生的均值，初中三年级学生的语文学习获得感均值也高于高中一年级学生的均值。面对处于"过渡适应期"的学生，教师应帮助学生尽快适应新的学习环境、学习共同体，加强语文教师自身与新生的关系联结。重视不同学段语文教学与学生学习差异，配合语文科组积极做好语文课程的衔接工作。耐心帮助每一名学生尽可能找到适合自身的语文学习策略，设定较为明确和合理的语文学习目标和学习规划，让学生能够尽快实现语文学习上的自我发展。

（4）语文成绩较差或中等水平的学生。语文成绩越差的学生其语文学习获得感也越低，语文成绩处于中等水平的学生其学习希望感、师生亲和感也偏低。课堂中的皮格马利翁现象说明，教师对学生的期望越高，学生的学业成就也越高①。对于语文成绩较差的学生，教师应采用激励机制，在学生取得实质性进步时多给予积极反馈。教师应当带领学生明确考试、作业等的意义，提醒学生在学习过程中留心感受自己的变化，体验语文学习的获得感。积极引导学生保持语文学习希望感和自信感，避免"学困生"因分数打击和外界批评而"自暴自弃"。对于语文成绩处于中等水平的学生，教师更不应忽视，需要有针对性地对其进行指导，避免学生逐渐减少语文学习投入。在关心"学优生""学困生"的同时，也不应忽视对中游学生的关注，必须让学生感受到老师的"不抛弃""不放弃"，增进师生的亲密度。

（5）讨厌语文学科或对语文学科无感的学生。喜欢学科不含语文的中、小学生其语文学习获得感明显低于喜欢语文学科的学生，而讨厌语文学科的中学生其语文学习获得感处于极低水平。教师应当重视学生对语文学科的这种无感和厌恶，帮助学生提高对语文学科的认同感和学习兴趣，带领学生理解本学科存在的价值和意义，避免学生严重"偏科"现象的产生。多谈心、多鼓励，而非使用"逼迫"的手段督促学生学习语文，引导学生感受语文学习上的"一分耕耘一分收获"。设法抬高这一类学生对于语文学科学习价值与意义的理解，树立掌握型语文学习目标，鼓励他们合理地进行语文学习投入。在语文课堂教学上，进一步突出趣味性、生动性和实践性，不让"死气沉沉"的课堂消磨学生的学习兴趣。同时，在教学过程中避免对学生进行"踩一捧一"，尽量减少不必要的比较，不挫伤每一名学生的积极性和学习兴趣。

（6）未担任班级职务的学生。未担任班级职务的学生其语文学习获得感显著低于担任班级职务的学生，其中担任班级重要或语文相关职务的学生语文学习获得感显著高于其他学生。语文教师可根据授课班级情况采用语文班干部轮流制，可采用分组竞选和职位调换等方式尽可能让每一名学生都有锻炼、展示、肯定自我的机会。有行动研究发现，"班干轮换—结对"的班级管理方式能够显著提高学生的自信心②。通过语文班干部的流动，鼓励每一名担任职务的学生多在语文学习上以身

---

① ROSENTHAL R, JACOBSON L. Pygmalion in the classroom: teacher expectation and pupils' intellectual development [J]. American sociological review, 1969, 34 (2): 363-367.

② 杨振芳，陈菁，冯玉华. "班干轮换-结对"对小学生自信心的影响：一个行动研究的检验 [J]. 教学与管理，2019 (3): 28-31.

作则，与语文教师和同班同学保持良好的沟通交流，通过自身学习投入取得更多客观和主观上的语文学习获得，同时也避免班干部制度陷入学校教育过程不平等的矛盾循环。

（7）部分具有农村背景的学生。来自农村的小学生在语文学习获得感和其下属五个维度上水平均显著低于来自城市的小学生，来自农村的中学生在语文学习希望感和师生关系亲和感上水平显著低于来自城市的中学生。语文教师在教育教学过程中应当适度多关注部分依赖性强、不自信、自卑、敏感、易感孤独、不善与教师和同学交流等特点的农村学生，在学校层面一定程度上弥补家长对孩子教育和学业关注度的不足。多鼓励学生珍惜当前拥有的学习机会，让学生认识到知识能够给一个人带来的转变。同时，引导此类学生给自己树立更好的学业期望和成就期待，进而为了自身的学习付出更多的努力。

（8）父母文化程度较低的学生。父母文化程度为"小学"的学生普遍语文学习获得感水平较低，父母文化程度为"大学本科"的学生普遍语文学习获得感水平较高。中、小学生的语文学习获得感与其父母的文化程度基本呈现正相关，但在"研究生"学历处出现下滑。教师必须重视教育的代际流动性和父母文化程度对子女语文学习的影响，就学生在校表现多与家长保持密切沟通，多倡导和科普更为合理和合适的教养方式，在家庭教育上也需多做功课和研究。同时部分父母文化程度为"研究生"的中学生可能面对着更大的语文学业压力和学习负担，教师也可以就期望与压力和家长展开讨论，共同掌握好成就期望的最佳平衡状态。

第四节 从学生个体层面落到实处

　　语文学习获得感从学生主体角度出发，是学生在语文学习过程中，因各项学习需求得到满足，享有一定语文相关实在获得后，产生的一种正向的、积极的主观感受。通过研究调查发现，个体自身因素是影响中、小学生语文学习获得感及各个维度的重要因素，同时当前中、小学生对个体自身因素的评价相对较低。学生是学习的主体，其语文学习获得感的提升仍然需要以充分发挥学生的学习主体性为前提，因此语文学习获得感的提升还需从学生个体层面落到实处。学生可以以自我为突破关键，做好语文学习规划，加强主动学习投入，学会正确归因与心态调整。从"我"出发，从"心"开始，培养自己语文学习过程中的积极情感，重拾语文学习自信感和语文学习获得感。

一、做好语文学习规划，加强主动学习投入

　　通过研究发现，当前中小学生的语文学习获得感处于一般水平，其中语文学习希望感、师生关系亲和感、同伴关系亲和感三个维度的水平相对较高，而语文学习愉悦感和语文学习自信感两个维度的水平相对较低，特别是在语文学习自信感上，中小学生的情况不佳。大部分中、小学生能够认识到学习语文的意义与价值，并愿意投入更多的时间和精力，却对自身的语文学习现状（特别是学业成绩和荣誉）缺乏信心。通过质性分析也能够发现这部分学生存在一些共性问题，如语文学习主动性不高、不善于进行自我反思等。中、小学生语文学习获得感和语文学习自信感的提升任务迫在眉睫，个体自身因素密切影响着学生的语文学习获得感以及其他各科学

习，因此学生还应充分发挥自己的主体地位作用及积极的主观能动性，学会选择合适的学习方式、制订合适的学习规划，加强自身的学习投入。

第一，学生要学会主动调整语文学习规划，通过个人学习规划学会如何进行学习。叶圣陶先生指出，若学生该做的任务没有完成，那么"国文教学还是收不到实效，学生还是得不到实益"[①]。当前我国不少学生面临着学习科目多、学业压力大、学习任务重的处境，同时这些问题也会随着年级的上升而不断加深。在宝贵且有限的学习时间中如何找准方向提高各科学习效率是关键，而这一切都必须依赖于清晰明确的个人学习规划来实现。凡事预则立，不预则废。部分学生在语文和各科的学习中很难意识到个人学习规划和计划的重要性，因此必须提高自身的规划意识。在教师和家长的帮助下，积极地、主动地根据自身实际情况制订适合自己的学习规划。只有当学生明确了语文学习规划并朝着规划逐步迈进时，才能自然感受到可量化、可感知的实质学习收获，体验到更多的愉悦感、成就感和自信感。主动规划益处无穷，但对于学生（特别对于低学段的学生）而言确实存在一定的实际困难，因此学校与教师也应加入帮助学生进行学习规划进而促进学习行为的行列。如何协助学生进行语文学习规划也有国外经验可以借鉴。苏格兰政府提出的促进学习的评价模式极其强调个人学习规划的重要性，将其视为记录学生学习和汇报学习成果的有效工具，同时提供有效的管理支持——学校安排学生定期与一位教师共同商讨制订学习规划、家长介入学生规划、每学年定期更新、各协会高校开发报告等[②]。学生可以与自己的语文老师共同建立个人语文学习成长档案，记录自己在某一学段内的语文学习规划。首先，学生需学会对自身的语文学习进行自我反思，分析和评价自己当前语文学习存在的优劣之处，并使用文字、表格、图片等多种形式记录下来。其次，针对自己语文学习存在的问题和困难进行详细归因，与教师、家长、同伴集思广益共同制订下一时间段的学习规划。要求遵循SMART原则，学生的语文学习规划必须是具体的、可衡量的、可达成的、相关的、有时限的。再次，在规划的履行阶段学生必须自我监测规划落实与否，落实情况也应形成简单的书面记

---

① 叶圣陶. 叶圣陶语文教育论集 [M]. 北京：教育科学出版社，2015：62.

② 冯翠典，张雨强. 苏格兰促进学习的评价模式述评 [J]. 全球教育展望，2009，38 (11)：59-64.

录，以便于后续的反思与修改。期间教师也应充分发挥监督作用，积极培养学生的践行能力，在学生认真履行语文学习规划时大方给予肯定，在学生无法落实语文学习规划时帮助学生适时调整计划。最后，学生的语文学习规划不应是一成不变的，它需要在学习过程中不断变化与更新。在完成一个时段的语文学习规划后，师生应共同重新分析现状和任务目标，调整规划内容和策略。而此时的学生也应当对自己有更多的学习期望，对于自己的语文学习目标也更为清晰。通过个人语文学习规划"分析制定—落实执行—反思修改"的循环过程，学生的语文学习动机、兴趣都能得到增加，同时也会产生更多的语文学习效能感和语文学习自信感。

第二，加强自身在语文学科的学习投入，相信"一分耕耘一分收获"。20世纪30年代，拉尔夫·泰勒（Ralph W. Tyler）提出了"任务时间"（time on task）这一概念，他认为学生投入学习的时间越多，能够学到的知识也就越多。阿斯丁（A. Astin）提出了"学生参与"理论（theory of student involvement），强调时间和精力在学习过程中的重要性[①]。之后，研究者逐渐意识到除了学生投入的时间，还应关注学生在学习过程中的专注程度、精力等，最终形成了包含行为投入、情感投入和认知投入三个彼此独立又相互影响的维度的学习投入（student engagement）。一项关于中学生学习投入现状的调查研究发现，有35.29%的中学生存在学习投入不足的情况[②]。在调查中我们也发现，中小学生能充分地感受到语文学习的重要性、价值与意义，在"我愿意花时间学习语文""我愿意将更多的精力投入到语文学习中"等题项上都赋予了接近4.00（"比较符合"）的分数，但实际上随着学段的上升学生在语文学习上投入的时间越来越少。因此部分学生可能存在着预期计划与实际行为不匹配的现象，未真正做到"情""知""行"的合一。自我系统过程理论认为，学生的学业成就与行为表现是学习投入、主观参与的结果[③]。要提高语文学习的自信感、获得感还需要学生加强自身的学习认知投入、情

① ASTIN A W. Student involvement: a developmental theory for higher education [J]. Journal of college student personnel, 1984, 25: 297-308.

② 刘在花. 中学生学习投入发展的现状与特点研究 [J]. 中国特殊教育, 2015 (6): 71-77, 85.

③ PIERSON L H, CONNELL J P.Effect of grade retention on self-system processes, school engagement, and academic performance [J]. Journal of educational psychology, 1992, 84 (3): 300-307.

感投入和行为投入。首先，学生自身应重视课内的语文学习投入。课内的语文学习投入具备一定的稳定性和持久性，语文学科课时数量在不同学段都保持着稳定的高水平。在语文学科的学习中，学生自身存在着认知投入较低、认知策略运用较少的情况，更多地依靠死记硬背、机械记忆，而忽视了有意义学习，无法避免地产生虚假参与和假性投入的现象。学校域界为学生创造了发展知识技能、运动技能、社交技能等机会，只有当学生感受到自己能力和技能的提升，他们才能从中获取到自信。因此中、小学生应当加强自己在课堂上的专注程度，主动参与到语文课堂的各个环节，多在课上与教师和同学合作探究、表达思考。其次，学生也同样应当重视自身课外的语文学习投入。课外学习投入与课内学习投入的空间场域不同，这也给课外的语文学习投入带来了更多的不稳定性和不确定性。在"双减"政策大背景的引导下，学生应当在教师的引导下保证充分的学习时间，在非机械化的、非重复性的语文学习任务上下足功夫。除了完成作业等课外练习外，学生也应积极走进公共图书馆、博物馆、历史遗迹、名人故居、爱国主义教育基地等场所进行参观学习，参与教育局组织的各类语文相关活动。当学生自身能够坚持一定量和质的语文学习投入，其必然会得到自我效能和终身学习两项技能的质的飞跃。高水平的学习投入必然会带来更好的学业结果，在实在的收获和客观的成绩面前，学生的语文学习自信感和语文学习获得感自然能够得到提升。附属驱力（affliative drive）是成就动机中的一种，指学生为得到家长和教师的赞扬而学习的需求。伴随着学生语文主动学习投入的加强，特别对于低年段的学生而言，这种附属驱力也具有较强的促进作用，为学生的语文学习获得感带来正向的积极循环。

二、重拾语文学习自信感，学会正确归因与心态调整

通过研究发现，当前中、小学生的语文学习获得感处于一般水平。而在语文学习获得感五个下属维度中，中、小学生在语文学习自信感上呈现出的水平都为最低。大多数的学生认为在语文考试中取得好成绩不是一件较为简单的事情，同时在与同学的比较中无法对自身语文学习能力以及获得的语文相关实质荣誉、奖励给予产生自我认可和成就感、荣誉感。通过数据分析和访谈挖掘我们发现，学生语文学习自信感低下的主要原因还在于对自身学业成绩和语文相关荣誉的不自信，是对不太理想的语文学习成绩和较少的语文相关荣誉的主观反应，同时也受到了同辈同

学之间相互比较的直接影响。针对调查发现的中、小学生语文学习自信感低下的问题，本研究提出学生要唤醒语文学习自信感需要学会调整学习心态、正确积极地进行归因的建议。

爱利克·埃里克森（Erik H. Erikson）的心理社会发展阶段（psychological stages）理论将人一生的发展分为八个阶段，在6岁至青春期中个体面对的主要危机就是"勤奋对自卑"：如果学生不是参与者而只是一个旁观者，又或是经历太多失败，那么他必然会产生自卑并影响下一阶段的发展[①]。学习并不是一帆风顺的，而是不断试误而又获得知识和技能的过程。中小学生正处于人生发展的关键期，这一时期的学生的身心都正在快速发展，在学习方式方法、由家庭走向社会的人际交往、三观的逐步形成上都会产生一定的困惑和烦恼。在巨大的变化发展面前，学生时而对自己的学习和生活感到迷茫、焦虑都是十分正常的。但这份迷茫与焦虑如若未得到及时的处理，则极有可能影响到学生的积极情绪体验，更会使部分归因观不正确或有焦虑情绪的学生对学习和生活愈发心不在焉、有心无力。学生需要在"勤奋"和"自卑"中选择自己前进的方向与道路，在这个过程中当然也离不开教师和家长的帮助。因此在学习中感到被动或遇到困难时，学生必须学会正确和积极地归因，摆正学习心态。

学生在学习过程中总会收获一些成功、遇到一些失败，此时学生的归因方式和倾向与其学习获得感的高低有着重要联系。正确归因是把成功归结于内部的、稳定的、可控的因素，促使学习者产生自豪感，学习动机得以提高；而把成功归结于外部的、不稳定的和不可控的因素，容易产生学习懈怠和侥幸心理。若把失败归结于内部的、稳定的因素，容易进一步激化学业焦虑（如果能将失败归为可控的因素，仍能促使学习者带来更多的学习投入）；相反地把失败归结于外部的、不稳定的和不可控的因素，只能让学习者产生更多的无助感和挫败感[②]。归因这种带有稳定性和持久性的行为倾向会直接影响学生在学习生活中的现实选择，因此学生要学会形成一个合理的、健康的、有助于语文学习及各科学习的归因观，在未成年学生的归因观和归因倾向上其教师和家长也都应多多重视和介入。

---

① 格里格，津巴多. 心理学与生活 [M]. 王垒，译. 北京：人民邮电出版社，2016：328-329.

② 王有智. 学习心理学 [M]. 北京：中国社会科学出版社，2010：245-246.

　　首先，学生应当关注自身的个人归因倾向，自觉关注自己内心的归因方式，特别是在遇到学习困难或"失败"时自己是如何进行分析与反思的。很多学生从未关注过自己是如何归因的，也因此有许多不正确的归因观在学生还未察觉时就已经潜移默化地影响到了学生的情绪、心态和实际行为。学生可以在教师和家长的协助下了解归因理论和归因观的基本内容和原理基础，逐步感受正确归因观和消极归因观给个体带来的不同变化，进一步明确"我"在语文学习上的成功和失败哪些属于内部的、稳定的、可控的因素，而哪些又属于外部的、不稳定的和不可控的因素。在这样的活动中，加深自我反思以及正确归因的认识，努力树立和固化正确且合理的归因观，打破消极归因的恶性循环。

　　其次，在遭遇失败后学生应当及时调整心态和情绪，选择反思改进而不是怨天尤人。尝试进行内归因和自我反思，从自身开始分析问题所在，找寻解决困难的可能，有效地将悲伤化为动力，进而由认识层面转化实践层面，促使自己提高学习投入，调整学习方式、学习目标和学习规划，发挥更强的主观能动性。而相反地，如果一味地怨天尤人，倾向于进行外归因、不愿在自身找问题，忽视自身努力可能带来的改变，那么学生只会更加堕落，在学习过程中产生习得性无助。在不断认识自我、反思自我的过程中，需要有意识地帮助自己在学习中提高元认知策略，坚定地给自己树立"成事在人"的积极信念。巧用心理暗示，正确认识和评价自我，给自己的正面归因和投入努力多一些肯定与支持。同时，也可以通过多阅读名人成长传记、中外哲理故事汲取观念营养，了解他人是怎样在学习和生活中积极发挥主观能动性克服困难。

　　最后，在学习中感到被动或遇到困难、无法正确归因和改善心态时，学生可以积极寻求教师、家长、同学或专业人士帮助。在需要帮助和指导时，可以邀请熟悉和信赖的教师进行座谈会或单独一对一的沟通，就如何降低语文学习焦虑、提升语文学习获得感作交流，从而更好地帮助自己认识到自身语文学习取得"成功"或遭遇"失败"的核心原因。勇敢地向同伴和老师说出自身的语文学习困惑和困难，并立足于积极的、有希望前景的角度上共同出谋划策。充分相信自己在语文学习上的能力，调整好心态后继续努力，胜也不骄、败也不馁。

参考文献

一、中文参考文献

1．专著

［1］雅卡尔．没有权威和惩罚的教育［M］．张伦，译．北京：中国人民大学出版社，2005：16．

［2］奥恩斯坦，亨金斯．课程：基础、原理和问题［M］．南京：江苏教育出版社，2013：124．

［3］布鲁纳．教育过程［M］．邵瑞珍，译．北京：文化教育出版社，1982：88．

［4］杜威．学校与社会·明日之学校［M］．赵祥麟，任钟印，吴志宏，译．北京：人民教育出版社，2005：41．

［5］陆克俭．发现与解放：中国近代进步儿童观研究［M］．武汉：华中科技大学出版社，2015：100．

［6］郭本禹，姜飞月．自我效能理论及其应用［M］．上海：上海教育出版社，2008：70．

［7］国际21世纪教育委员会．教育：财富蕴藏其中［Z］．联合国教科文组织总部中文科，译．北京：教育科学出版社，1996：75-76，82-85．

［8］加德纳．多元智能［M］．沈致隆，译．北京：新华出版社，1999：11．

［9］李秉德．教学论［M］．北京：人民教育出版社，2000：13．

［10］鲁洁．教育社会学［M］．北京：人民教育出版社，1998：536．

［11］罗厚辉．课程开发的理论基础［M］．济南：山东教育出版社，2002：138-139.

［12］杜威．杜威教育论著选［M］．赵祥麟，王承绪，译．上海：华东师范大学出版社，1981：84.

［13］格里格，津巴多．心理学与生活［M］．王垒，译．北京：人民邮电出版社，2016：332.

［14］塞利格曼．持续的幸福［M］．赵昱鲲，译．杭州：浙江人民出版社，2012：17.

［15］滕尼斯．共同体与社会［M］．林荣远，译．北京：商务印书馆，1999：52.

［16］温儒敏．温儒敏论语文教育［M］．北京：北京大学出版社，2010：53.

［17］吴明隆．结构方程模型：AMOS的操作与应用［M］．重庆：重庆大学出版社，2010：233.

［18］王有智．学习心理学［M］．北京：中国社会科学出版社，2010：245-246.

［19］薛猛．语文课程与教学论［M］．重庆：西南师范大学出版社，2019：77.

［20］习近平．习近平谈治国理政（第一卷）［M］．北京：外文出版社，2018：46.

［21］习近平．决胜全面建成小康社会 夺取新时代中国特色社会主义伟大胜利：在中国共产党第十九次全国代表大会上的报告［M］．北京：人民教育出版社，2017：45.

［22］叶圣陶．叶圣陶语文教育论集［M］．北京：教育科学出版社，2015：62.

［23］叶圣陶．语文随笔［M］．北京：中华书局，2007：3.

［24］于漪．我与语文教学［M］．北京：人民教育出版社，2003：5.

［25］钟启泉，崔允漷，张华．为了中华民族的复兴，为了每位学生的发展：基础教育课程改革纲要（试行）解读［M］．上海：华东师范大学出版社．2001：21.

2．期刊论文

［1］艾兴，郭昊沄，张琦，等．初中生劳动意识的影响因素及培养策略［J］．教育科学研究，2021（2）：73-78.

［2］边玉芳．学习自我效能感量表的编制与应用［D］．华东师范大学，2003：5.

［3］曹明海．触摸语文的"好课"模样：简约语文"大道至简"的教学述评［J］．山东师范大学学报（人文社会科学版），2019，64（4）：95-101.

［4］陈甜天，王玉玲，尹宝霞，等．北京市西城区两所小学4～6年级学生社交焦虑现状［J］．中国健康心理学杂志，2021，29（3）：371-376.

［5］蔡金花．初中生学习生活质量：现状与改进［J］．现代教育管理，2020，（5）：122-128.

［6］曹现强，李烁．获得感的时代内涵与国外经验借鉴［J］．人民论坛·学术前沿，2017（2）：18-28.

［7］陈达辉，李国利，段永恒，等．高中生自我控制与学业自我效能感关系：有调节的中介效应［J］．中国健康心理学杂志，2021，29（10）：1574-1580.

［8］陈向明．教师最需要什么素养［J］．中国教育学刊，2018（8）：3.

［9］陈秀丽，冯维．西方心理学幸福感研究新进展［J］．上海教育科研，2004（3）：20-25.

［10］程凤农．教师实践性知识管理策略探析［J］．教育发展研究，2014，33（12）：76-82.

［11］迟新丽，黄巧敏，王秋英．青少年适应行为及影响因素追踪研究［J］．青年研究，2020（2）：70-77，96.

［12］代景华．河北医学院校大学生获得感的调查研究［J］．实用预防医学，2018，25（3）：286-289.

［13］丁维维，毛志雄．自我决定理论在中学生锻炼行为促进领域的应用［J］．北京体育大学学报，2014，37（5）：84-91.

［14］董洪杰，谭旭运，豆雪姣，等．中国人获得感的结构研究［J］．心理学探新，2019，39（5）：468-473.

［15］杜玲玲．中小学生学校生活满意度及其影响因素分析［J］．教育科学研究，2018，（6）：58-63.

［16］明峰．班干部制度的当下危机及其应对［J］．中国教育学刊，2016（4）：96-101.

［17］冯翠典，张雨强．苏格兰促进学习的评价模式述评［J］．全球教育展

望, 2009, 38 (11): 59-64.

[18] 付枭雄. 新媒体时代大学生对思想政治理论课获得感的影响因素及对策研究 [J]. 改革与开放, 2018 (18): 70-71.

[19] 范静波. 家庭学业支持对青少年学习成就的影响研究 [J]. 学海, 2019 (2): 66-71.

[20] 樊杰, 兰亚果. 杜威基于关系与生长视角的兴趣与教育理论 [J]. 全球教育展望, 2018, 47 (5): 47-55.

[21] 范建丽, 张新平. 人机协同视域下的学生获得感: 构成与实现 [J]. 苏州大学学报 (教育科学版), 2022, 10 (1): 75-85.

[22] 风笑天. 一个时代与两代人的生命历程: 中国独生子女研究40年 (1980—2019) [J]. 人文杂志, 2020 (11): 22-36.

[23] 郭元祥. 论深度教学: 源起、基础与理念 [J]. 教育研究与实验, 2017 (3): 1-11.

[24] 郭珍磊, 尹晓娟. 高校贫困生获得感的提升策略 [J]. 大理大学学报, 2017, 2 (1): 78-82.

[25] 高申春. 自我效能理论评述 [J]. 心理发展与教育, 2000 (1): 60-63.

[26] 高锡文. 增强大学生思政课获得感关键在教师 [J]. 人民论坛, 2020 (1): 112-113.

[27] 高永金, 张瑜, 傅纳. 初中生积极心理品质发展现状调查 [J]. 中国特殊教育, 2017 (9): 89-96.

[28] 郭国强, 钟六珍, 庞志良, 等. 2009年深圳市宝安区部分中小学校教学环境卫生状况调查 [J]. 预防医学论坛, 2010, 16 (9): 796-797, 800.

[29] 郭华, 徐艳贺, 陈建设, 等. 幸福PERMA模式对高血压脑出血患者伤残接受程度和心理健康的影响 [J]. 中国健康心理学杂志, 2021, 29 (6): 899-903.

[30] 郭黎岩, 杨丽珠, 刘正伟, 等. 小学生自信心养成的实验研究 [J]. 心理科学, 2005 (5): 1068-1071, 1081.

[31] 霍秉坤. 教科书使用取向的核心: 教师专业发展 [J]. 湖南师范大学教

育科学学报，2015，14（2）：23-35，49.

［32］韩颖，董玉琦，毕景刚．小学生学业情绪现状调查及教学建议：以C市小学生为例［J］．基础教育课程，2019（23）：60-67.

［33］何浩然，徐慧．独生子女的经济行为有别于非独生子女吗?：来自实验室和田野实验的证据［J］．北京师范大学学报（社会科学版），2017（1）：51-65.

［34］何茜，罗生全，李臣之，等．"义务教育新课程方案和课程标准"笔谈［J］．湖南师范大学教育科学学报，2022，21（3）：1-18.

［35］何瑛．主观幸福感概论［J］．重庆师院学报（哲学社会科学版），1999（4）：73-81.

［36］何永红．智慧教育背景下学业质量评价的设计：以学习者为中心［J］．教育发展研究，2019，39（24）：28-32.

［37］胡咏梅，王亚男．中小学生家庭对子女课外教育的投资及效果分析［J］．首都师范大学学报（社会科学版），2019（5）：167-188.

［38］黄冬霞，吴满意．思想政治教育获得感：内涵、构成和形成机理［J］．思想教育研究，2017（6）：28-32.

［39］黄小瑞，安桂清．家长参与类型与儿童学习结果的关系［J］．学前教育研究，2018（11）：40-49.

［40］黄雨恒，郭菲，史静寰．大学生满意度调查能告诉我们什么［J］．北京大学教育评论，2016，14（4）：139-154，189.

［41］江萍萍．高中生语文学习自我效能感的培养研究［D］．西南大学，2012：35-36.

［42］纪德奎，朱聪．高考改革背景下"走班制"诉求与问题反思［J］．课程·教材·教法，2016，36（10）：52-57.

［43］姜文，严虹，夏小刚，等．高中生数学学习态度的调查研究：基于贵州省的调查数据分析［J］．数学教育学报，2021，30（5）：53-57，98.

［44］蒋永穆，张晓磊．共享发展与全面建成小康社会［J］．思想理论教育导刊，2016（3）：74-78.

［45］金文斌．增强大学生对思想政治理论课获得感的路径研究［J］．思想理

论教育导刊, 2017 (9): 157-159.

[46] 柯政, 李昶洁. 班干部身份对学习机会获得的影响: 基于4026位初中生的倾向值匹配法研究 [J]. 教育研究, 2020, 41 (5): 112-125.

[47] 李臣之, 陈洁敏, 阮沁汐. 初中生语文学习获得感实证研究 [J]. 广东第二师范学院学报, 2021, 41 (2): 50-61.

[48] 李臣之, 阮沁汐, 纪海吉. 研究生学习获得感影响因素的质性探究 [J]. 现代教育管理, 2020 (11): 102-110.

[49] 李广, 程丽丽, 计宇. 小学生语文核心素养调查研究: 问题分析与改进建议: 以吉林省C市五年级小学生为调查对象 [J]. 东北师大学报 (哲学社会科学版), 2016 (2): 219-223.

[50] 李军, 周安华. "学二代" 现象普遍存在吗?: 基于教育数量和质量的代际流动研究 [J]. 教育与经济, 2018 (6): 33-44.

[51] 李露, 叶宝娟, 杨强, 等. 家庭亲密度与中职护理生学习倦怠的关系: 一个有调节的中介模型 [J]. 中国临床心理学杂志, 2019, 27 (5): 1003-1005, 1002.

[52] 李文道, 孙云晓. 我国男生 "学业落后" 的现状、成因与思考 [J]. 教育研究, 2012, 33 (9): 38-43.

[53] 李宜娟. 青少年自我效能感不足的原因与提升策略 [J]. 中国青年研究, 2018 (4): 95-101.

[54] 刘在花. 学业压力对中学生学习投入的影响: 学业韧性的调节作用 [J]. 中国特殊教育, 2016 (12): 68-76.

[55] 罗德红, 尹筱莉. 儿童中心论: 一种教育学与心理学关系的视角 [J]. 南京师大学报 (社会科学版), 2009 (2): 89-95.

[56] 李宝, 张文兰, 张思琦, 等. 混合式学习中学习满意度影响因素的模型研究 [J]. 远程教育杂志, 2016, 34 (1): 69-75.

[57] 李佳丽, 张民选. 收入不平等、教育竞争和家庭教育投入方式选择 [J]. 教育研究, 2020, 41 (8): 75-84.

[58] 李娟, 王艳华. 新时代劳动创造美好生活的实践逻辑 [J]. 社会科学

家，2021（6）：40-44.

[59] 李雪碧. 大学生思想政治理论课获得感现状及提升路径研究 [D]. 华中师范大学，2019：5-6.

[60] 李英杰，李美娟. 北京市五年级语文学业质量发展趋势研究 [J]. 语文建设，2019（2）：64-68.

[61] 李云星，李一杉. 新高考改革背景下高中生学校适应的调查研究：以浙江省S市为例 [J]. 教育发展研究，2018，38（22）：30-36.

[62] 黎琳. 大学生的社会比较与情绪健康 [D]. 华东师范大学，2006：13.

[63] 刘福荣，吴梦凡，董一超，等. 小学生抑郁症状检出率的meta分析 [J]. 中国心理卫生杂志，2021，35（6）：482-488.

[64] 刘桂宾. 国外图书馆利用对高校学生学习成果影响的研究综述 [J]. 图书情报工作，2015，59（21）：139-148.

[65] 刘海燕，闫荣双，郭德俊. 认知动机理论的新近展：自我决定论 [J]. 心理科学，2003（6）：1115-1116.

[66] 刘经纬，郝佳婧. 高校思想政治教育获得感生成探赜 [J]. 思想教育研究，2018（4）：23-27.

[67] 刘强，王连龙，陈晓晨. 中小学班级环境的现状及改善策略：基于北京市海淀区中小学的调查 [J]. 教育研究，2016，37（7）：66-73.

[68] 刘树宏，赵玉艳. 学校爱国主义教育获得感的实质及提升的原则遵循和逻辑理路 [J]. 社会主义核心价值观研究，2022，8（2）：47-55.

[69] 刘文. 关注小学高年级被拒绝儿童的元情绪 [J]. 教学与管理，2019（35）：11-12.

[70] 刘晓玲. 小学生父母教养方式、家庭环境与学业成绩的关系研究 [J]. 上海教育科研，2017（9）：32-36.

[71] 刘要悟，柴楠. 从主体性、主体间性到他者性：教学交往的范式转型 [J]. 教育研究，2015，36（2）：102-109.

[72] 刘影，桑标. 中学生学业情绪表达策略及其与学业情绪的关系 [J]. 心理科学，2020，43（3）：600-607.

〔73〕刘在花.中学生学习投入发展的现状与特点研究〔J〕.中国特殊教育,2015（6）：71-77，85.

〔74〕卢家楣，汪海彬，陈宁，等.我国青少年理智情感现状调查研究〔J〕.教育研究，2012，33（1）：110-117.

〔75〕罗开文，朱德全.高中"走班制"课堂管理：诉求、路径及保障机制〔J〕.中国教育学刊，2020（12）：12-17.

〔76〕勉丽娜，陈辉，韩霄，等.北京市东城区中学生抑郁状况及影响因素调查研究〔J〕.中国预防医学杂志，2019，20（8）：724-728.

〔77〕苗元江，余嘉元.积极心理学：理念与行动〔J〕.南京师大学报（社会科学版），2003（2）：81-87.

〔78〕慕君.认知发展、认知过程与知识支撑：统编语文教材的三维构建〔J〕.语文建设，2020（8）：19-24.

〔79〕孟四清.中小学生生活满意度的调查与分析〔J〕.心理与行为研究，2014，12（5）：660-664，687.

〔80〕苗元江，梁小玲，黄金花.中学生幸福感调查及幸福教育对策〔J〕.教育导刊，2012（4）：36-39.

〔81〕聂衍刚，张卫，彭以松，等.青少年自我意识的功能结构及测评的研究〔J〕.心理科学，2007（2）：411-414.

〔82〕宁福庭，杨昌进."初二现象"病根诊治〔J〕.思想政治课教学，2006（1）：65-66，34.

〔83〕宁文英，吴满意.思想政治教育获得感：概念、生成与结构分析〔J〕.思想教育研究，2018（9）：26-30.

〔84〕欧晓静，苏国红.大学生思想政治教育获得感的内涵、结构及本质〔J〕.安徽工程大学学报，2018，33（6）：5-9.

〔85〕欧阳芳，郭黎霞，欧阳雨锃.福建省高校提升大学生获得感路径研究〔J〕.现代教育科学，2018（8）：45-50.

〔86〕庞文.教育获得感的理论内涵、结构模型与生成机理〔J〕.当代教育科学，2020（8）：9-15.

［87］邱莲．广东中学生心理素质发展特点的调查与分析［J］．教育导刊，2006（9）：58-61．

［88］任翔．语文教材传统文化教育内容体系化刍论［J］．中国教育学刊，2020（6）：23-28．

［89］阮沁汐，李臣之．教学的德育性何以彰显?：学科教学的育德路径探讨［J］．中小学德育，2019（10）：8-12．

［90］石玉．灵动课堂 让语文核心素养落地［J］．科学咨询（教育科研），2019（3）：93-94．

［91］史鹏飞．从群众获得感视角看全面建成小康社会［J］．人民论坛，2020（36）：67-69．

［92］宋祥．语文教育学段的衔接：问题与对策［J］．课程·教材·教法，2012，32（8）：52-56．

［93］孙小红．中学生学习幸福感的结构与测量［D］．南京师范大学，2016：10，52-54．

［94］邵雅利．大学生思想政治理论课获得感现状调查分析［J］．学校党建与思想教育，2018（6）：34-36．

［95］邵泽斌．从工具性激励到共在性审美：论教育中的正向激励与相依成长［J］．高等教育研究，2020，41（4）：76-83．

［96］石晶．新的美好生活，新的感受期盼：当前公众获得感幸福感安全感状况及影响因素调查报告［J］．国家治理，2017（44）：15-36．

［97］苏立．"微时代"下高校思想政治教育学生获得感提升路径研究［J］．黑龙江教育学院学报，2018，37（9）：89-91．

［98］谭旭运，董洪杰，张跃，等．获得感的概念内涵、结构及其对生活满意度的影响［J］．社会学研究，2020，35（5）：195-217，246．

［99］汤峰，苏毓淞．"内外有别"：政治参与何以影响公众的获得感?［J］．公共行政评论，2022，15（2）：22-41，195-196．

［100］唐斌．杜威的"儿童中心论"：本真意义与现实品格［J］．徐州工程学院学报（社会科学版），2020，35（2）：82-91．

〔101〕陶君. 高中生心理健康和自我效能感及其关系〔J〕. 中国学校卫生,
2013, 34（11）: 1333-1335.

〔102〕田旭明. "让人民群众有更多获得感"的理论意涵与现实意蕴〔J〕.
马克思主义研究, 2018（4）: 71-79.

〔103〕王小明, 文剑冰, 董辉, 等. 初中生眼中的家庭作业的调查〔J〕. 全
球教育展望, 2016, 45（10）: 21-28.

〔104〕王本华, 朱于国. 以立德树人为根本, 以核心素养为依归, 建设符合
新时代需要的高中语文教材〔J〕. 课程. 教材. 教法, 2019, 39（10）: 10-18.

〔105〕王克静. 中学生主观幸福感的发展特点及影响因素研究〔D〕. 陕西师
范大学, 2013: 86-91.

〔106〕王易, 茹奕蓓. 论思想政治教育获得感及其提升〔J〕. 思想理论教育
导刊, 2019（3）: 107-112.

〔107〕卫萍, 许成武, 刘燕, 等. 中小学生心理健康状况的调查分析与教育策
略〔J〕. 教育研究与实验, 2017（2）: 91-96.

〔108〕卫萍. 小学生积极心理品质与学业成绩的关系研究〔J〕. 中国特殊教
育, 2016（10）: 65-70.

〔109〕魏秀超, 张英锋. 高中生学业自我效能感、学习归因方式与语文成绩关
系研究: 以新课程改革背景下的学生为例〔J〕. 教学研究, 2014, 37（4）: 117-
120.

〔110〕温儒敏. "部编本"语文教材的编写理念、特色与使用建议〔J〕. 课程.
教材. 教法, 2016, 36（11）: 3-11.

〔111〕温儒敏. 培养读书兴趣是语文教学的"牛鼻子": 从"吕叔湘之问"说
起〔J〕. 课程. 教材. 教法, 2016, 36（6）: 3-11.

〔112〕吴愈晓, 王鹏, 杜思佳. 变迁中的中国家庭结构与青少年发展〔J〕.
中国社会科学, 2018（2）: 98-120, 206-207.

〔113〕王极盛, 丁新华. 北京市初中生主观幸福感与父母教养方式的关系研究
〔J〕. 中国健康教育, 2003（11）: 52-53.

〔114〕王继兵. 学校教育: 成全"人"的"获得感"〔J〕. 中小学管理,

2015（7）：28-30.

［115］王俊秀，刘晓柳．现状、变化和相互关系：安全感、获得感与幸福感及其提升路径［J］．江苏社会科学，2019（1）：41-49，258.

［116］王丽娜，陈琳．探讨新时代教育信息化创新之路：第16届教育技术国际论坛综述［J］．电化教育研究，2018，39（6）：35-40.

［117］王浦劬，季程远．新时代国家治理的良政基准与善治标尺：人民获得感的意蕴和量度［J］．中国行政管理，2018（1）：6-12.

［118］王帅．论新时期高校校园文化活动的组织与管理［J］．思想政治教育研究，2018，34（1）：146-149.

［119］王新．小学生学科学习兴趣的调查研究［J］．当代教育科学，2013（18）：43-45.

［120］魏勇，马欣．中学生自我教育期望的影响因素研究：基于CEPS的实证分析［J］．教育学术月刊，2017（10）：69-78.

［121］吴明霞．30年来西方关于主观幸福感的理论发展［J］．心理学动态，2000（4）：23-28.

［122］吴文．论大学生党史教育获得感及其提升［J］．思想教育研究，2022（4）：153-158.

［123］吴增强．学习困难学生的学习动机问题［J］．上海教育科研，1995（5）：11-15.

［124］习近平．习近平在全国教育大会上强调坚持中国特色社会主义教育发展道路培养德智体美劳全面发展的社会主义建设者和接班人［N］．人民日报，2018-09-11.

［125］习近平．习近平主持召开中央全面深化改革领导小组第十次会议强调：科学统筹突出重点对准焦距，让人民对改革有更多获得感［N］．人民日报，2015-02-28（1）.

［126］徐雪平．借助语文教学活动提升高中生幸福感的研究［D］．沈阳：东北师范大学，2009：8-9.

［127］薛海平，孙慧敏．学业负担对初中生身体健康的影响研究：基于中国教

育追踪调查（CEPS）数据分析［J］. 当代教育科学，2022（1）：86-95.

［128］邢占军. 主观幸福感测量研究综述［J］. 心理科学，2002（3）：336-338，342.

［129］熊川武，柴军应，董守生. 我国中学生学习自主性研究［J］. 教育研究，2017，38（5）：106-112.

［130］杨振芳，陈菁，冯玉华. "班干轮换-结对"对小学生自信心的影响：一个行动研究的检验［J］. 教学与管理，2019（3）：28-31.

［131］闫艳，谢笑春，盖笑松，等. 中国大中学生的罗森伯格自尊量表测评结果［J］. 中国心理卫生杂志，2021，35（10）：863-868.

［132］杨九诠. 关于课程衔接的思考［J］. 课程·教材·教法，2015，35（8）：10-15.

［133］叶波. 为语文的教育还是为教育的语文：与温儒敏教授商榷［J］. 全球教育展望，2020，49（8）：33-43.

［134］袁磊，赵玉婷. 小学女生在STEM教育中的学习差异及对策研究［J］. 中国电化教育，2017（6）：73-79.

［135］阎国华，闫晨. 高校思想政治理论课获得感的结构功能与内涵透视［J］. 思想教育研究，2022（5）：125-130.

［136］颜彩媛. 高校贫困大学生获得感现状及影响因素研究［J］. 安徽文学（下半月），2017（12）：144-145，150.

［137］阳义南. 获得感、公平度与国民幸福感提升：基于CGSS微观调查数据的分析［J］. 社会科学辑刊，2022（3）：50-59.

［138］杨剑，陈永进，董超华. 硕士研究生科研获得感对知识共享意愿，科研压力的影响［J］. 心理学进展，2020，10（6）：710-718.

［139］叶澜. "面向21世纪新基础教育"探索性研究理论纲要［J］. 上海教育科研，2001（2）：2-4.

［140］余欣欣，李山，谢唯，等. 广西3～6年级小学生幸福感现状［J］. 中国健康教育，2022，38（5）：414-417，422.

［141］俞国良，王勍. 社会转型：少年初中生心理健康结构与特点研究［J］.

西南民族大学学报（人文社科版），2018，39（1）：215-221.

［142］张斌贤，王慧敏．"儿童中心"论在美国的兴起［J］．北京大学教育评论，2014，12（1）：108-122，190-191.

［143］张晨，李洪玉．初中生归因方式、语文学业情绪与主观幸福感之间关系的研究［C］．中国心理学会．第十八届全国心理学学术会议摘要集：心理学与社会发展．中国心理学会：中国心理学会，2015：62-63.

［144］张冲，孟万金．中小学生综合幸福感发展现状和教育建议［J］．中国特殊教育，2018（9）：72-79.

［145］张晋．高职生获得感的调查研究［J］．职教论坛，2017（24）：25-29.

［146］张铭凯，黄瑞昕，吴晓丽．大学生学习投入与学习自我效能感关系的实证研判［J］．教育学术月刊，2021（11）：83-90.

［147］张萍，汪海彬，李志专，等．儿童青少年希望感问卷编制［J］．中国临床心理学杂志，2022，30（1）：30-35.

［148］张强．当代大学生获得感研究［D］．山西师范大学，2018：7，32-33.

［149］张生，王雪，王子铭，等．坚毅对中小学生学业成绩的影响：融合教育视角的启示［J］．中国特殊教育，2021（11）：18-23，17.

［150］章凯，李滨予，张必隐．学科学习中的兴趣与先前知识［J］．教育研究与实验，2000（6）：28-30，72.

［151］赵菲，陈阳．大学生获得感现状及影响因素研究：基于南京某民办高校调查问卷的实证分析［J］．江苏第二师范学院学报，2018，34（5）：85-91.

［152］周海涛，张墨涵，罗炜．我国民办高校学生获得感的调查与分析［J］．高等教育研究，2016，37（9）：54-59.

［153］周文霞，郭桂萍．自我效能感：概念、理论和应用［J］．中国人民大学学报，2006（1）：91-97.

［154］宗胜男，程岭．小学生语文学习倦怠的实证研究及其干预：以徐州市C小学为例［J］．教育测量与评价，2019（4）：58-64.

［155］翟慎良．重"获得感"，亦重"参与感"［N］．新华日报，2016-03-11（2）.

［156］张鼎昆，方俐洛，凌文辁．自我效能感的理论及研究现状［J］．心理学动态，1999（1）：39-43，11．

［157］张佳佳，李红霞，张明亮，等．小学儿童感知到的教师支持、数学自我效能感与数学成绩的联系：有调节的中介模型［J］．心理与行为研究，2019，17（5）：644-651．

［158］张剑，郭德俊．内部动机与外部动机的关系［J］．心理科学进展，2003（5）：545-550．

［159］张静．中学生语文学习流畅状态及其与自信和生活满意度关系的研究［D］．江西师范大学，2012：36-42．

［160］张梦皙．学生获得感研究综述［J］．教育科学论坛，2017（32）：23-26．

［161］张品．“获得感”的理论内涵及当代价值［J］．河南理工大学学报（社会科学版），2016，17（4）：402-407．

［162］张卫伟．论人民“获得感”的生成：逻辑规制、现实困境与破解之道：学习习近平关于人民获得感的重要论述［J］．社会主义研究，2018（6）：8-15．

［163］张兴旭，郭海英，林丹华．亲子、同伴、师生关系与青少年主观幸福感关系的研究［J］．心理发展与教育，2019，35（4）：458-466．

［164］张一．大学生思想政治理论课获得感的制约因素及提升策略［J］．思想理论教育导刊，2018（12）：97-101．

［165］张仲芳，刘星．参加基本医疗保险与民众的“获得感”：基于中国综合社会调查数据的实证分析［J］．山东社会科学，2020（12）：147-152．

［166］赵云建．国际学习力高峰论坛在北京国家会议中心召开［J］．中国电化教育，2015（12）：145．

［167］赵占锋，张大均，刘广增，等．小学生家庭亲密度与学校归属感：心理素质和自我概念的链式中介作用［J］．中国临床心理学杂志，2017，25（6）：1143-1146，1151．

［168］郑东辉．中小学生作业心理负担的定量分析：基于16141份数据［J］．全球教育展望，2016，45（8）：51-66．

〔169〕郑风田，陈思宇．获得感是社会发展最优衡量标准：兼评其与幸福感、包容性发展的区别与联系〔J〕．人民论坛·学术前沿，2017（2）：6-17．

〔170〕郑磊，侯玉娜，刘叶．家庭规模与儿童教育发展的关系研究〔J〕．教育研究，2014，35（4）：59-69．

〔171〕郑巧，耿丽娜，骆方，等．初中生学生投入的发展特点及其与同伴欺负的关系：一项三年追踪研究〔J〕．心理发展与教育，2020，36（2）：157-167．

〔172〕周绍杰，王洪川，苏杨．中国人如何能有更高水平的幸福感：基于中国民生指数调查〔J〕．管理世界，2015（6）：8-21．

〔173〕朱永新．家校合作激活教育磁场：新教育实验"家校合作共育"的理论与实践〔J〕．教育研究，2017，38（11）：75-80．

〔174〕庄茂强，张迎修，李素云，等．山东省2019年中小学校教学环境调查〔J〕．现代预防医学，2021，48（19）：3519-3523．

〔175〕邹红军，柳海民．杜威"儿童中心"论在中国：历史回望、基本共识与遗留问题〔J〕．教育学报，2020，16（4）：119-128．

〔176〕邹红军，麦克莱伦．中国杜威"儿童中心"百年研究的四个问题：一个批判性考察〔J〕．教育科学，2020，36（5）：49-56．

〔177〕邹维兴．高中生负面评价恐惧的现状及对策探析〔J〕．教学与管理，2017（6）：74-76．

二、外文参考文献

1．专著

〔1〕BANDURA A．Self-efficacy：the exercise of control〔M〕．New York：W．H．Freeman and Co，1997：90．

〔2〕BERSON P．Teaching and researching autonomy in language learning〔M〕．London：longman，2005：121-122．

〔3〕COLEMAN J S，CAMPBELL E Q．Equality of educational opportunity〔R〕．Washington，D．C．：U．S．government printing office，1966．

〔4〕ERNEST T PASCARELLA．College environmental influences on learning and cognitive development．Higher education：handbook of theory and research（Vol1）[M].New York：agathon press，1985：48.

[5]VINCENT TINTO. Leaving college：rethinking the causes and cures of student attrition [M].2nd. Chicago：univercity of chicago press，1993：114.

2. 期刊论文

[1]ALDEN L. Self-efficacy and causal attributions for social feedback [J].Journal of research in personality，1986，20（4）：460-473.

[2]ASLI UZ B，NECLA SAHIN F. The views and opinions of school principals and teachers on positive education [J].Journal of education and training studies，2017，5（2）：85-92.

[3]ASTIN A W. The methodology of research on college impact（part one）.[J].Sociology of education，1970，43（3）：223-254.

[4]ASTIN A W. Student involvement：a developmental theory for higher education [J].Journal of college student personnel，1984，25：297-308.

[5]BJORKLUND S A，PARENTE J M，SATHIANATHAN D. Effects of faculty interaction and feedback on gains in student skills [J].Journal of engineering education，2004，93（2）：S1B9-S1B15.

[6]BORTNER R W，HULTSCH D F. A multivariate analysis of correlates of life satisfaction in adulthood [J].Journal of gerontology，1970，25（1）：41-47.

[7]BRECHWALD W A，PRINSTEIN M J. Beyond homophily：a decade of advances in understanding peer influence processes [J].Journal of research on adolescence，2011，21（1）：166-179.

[8]CHANDRA T，NG M，CHANDRA S，et al. The effect of service quality on student satisfaction and student loyalty：an empirical study [J].Journal of social studies education research，2018，9（3）：109-131.

[9]COLEMAN J S. Social capital in the creation of human capital [J].American journal of sociology，1988，94：95-120.

[10]CRICK R D，BROADFOOT P，CLAXTON G. Developing an effective lifelong learning inventory：the elli project [J].Assessment in education

principles policy and practice, 2004, 11 (3): 247-272.

[11] DANIEL D, LIBEN G, ADUGNA A. Assessment of students' satisfaction: a case study of dire dawa university, ethiopia [J]. Journal of education and practice, 2017, 8 (4): 111-120.

[12] DECI E L, RYAN R M. The support of autonomy and the control of behavior [J]. Journal of personality & social psychology, 1987, 53 (6): 1024-1037.

[13] DECI R E L. The darker and brighter sides of human existence: basic psychological needs as a unifying concept [J]. Psychological inquiry, 2000, 11 (4): 319-338.

[14] ELADL A M, POLPOL Y S. The effect of self-regulated learning strategies on developing creative problem solving and academic self-efficacy among intellectually superior high school students [J]. International journal of psycho-educational sciences, 2020, 9 (1): 97-106.

[15] ENGELS N, AELTERMAN A, PETEGEM K V, et al. Factors which influence the well-being of pupils in flemish secondary schools [J]. Educational studies, 2004, 30 (2): 127-143.

[16] FAHLE E M, LEE M G, LOEB S. A middle school drop: consistent gender differences in students' self-efficacy [J]. Policy analysis for california education, 2019, 10: 1-30.

[17] GÜNDÜZ G F. The relationship between academic procrastination behaviors of secondary school students, learning styles and parenting behaviors [J]. International journal of contemporary educational research, 2020, 7 (1): 253-266.

[18] IANNELLI, CRISTINA. Educational expansion and social mobility: the scottish case [J]. Social policy & society, 2011, 10 (02): 251-264.

[19] ISGÖR I Y. Metacognitive skills, academic success and exam anxiety as the predictors of psychological well-being [J]. Journal of education and

training studies, 2016, 4（9）: 35-42.

[20] JABBAR M N, HASHMI M A, ASHRAF M. Comparison between public and private secondary schools regarding service quality management and its effect on students' satisfaction in pakistan [J]. Bulletin of education and research, 2019, 41（2）: 27-40.

[21] KARDOYO, PITALOKA L K, HAPSOROS B B. Analyzing universities service quality to student satisfaction: academic and non-academic analyses [J]. International journal of higher education, 2020, 9（1）: 126-132.

[22] KATHERINE T, GLENNA D S. Growing up without siblings and adult sociability behavior [J]. Family issues, 2011, 32（9）: 1178-1204.

[23] KIRCHSTEIGER G, SEBALD A. Investments into education-Doing as the parents did [J]. European economic review, 2010, 54（4）: 501-506.

[24] KRAPP A. Interest, motivation and learning: An educational-psychological perspective [J]. European journal of psychology of education, 1999, 14（1）: 23-40.

[25] KUHN L, STEINBERG M, MATHEWS C. Participation of the school community in AIDS education: an evaluation of a high school programme in south africa [J]. AIDS care, 1994, 6（2）: 161-171.

[26] KUTSAR D, SOO K, MANDEL L M. Schools for well-being? critical discussions with schoolchildren [J]. International journal of emotional education, 2019, 11（1）: 49-66.

[27] MANTIK O, CHOI H J. The effect of scaffolded think-group-share learning on indonesian elementary schooler satisfaction and learning achievement in english classes [J]. International electronic journal of elementary education, 2017, 10（2）: 175-183.

[28] MARTíNEZ-ROGET F, FREIRE ESPARíS P, VÁZQUEZ-ROZAS E. University student satisfaction and skill acquisition: evidence from the undergraduate dissertation [J]. Education sciences, 2020, 10（29）: 1-15.

[29] MEHMET A C, EMIN A. Evaluation of learning gains through integrated stem projects [J] . International journal of education in mathematics, science and technology, 2016, 4 (1) : 20-29.

[30] MILIFFE A. An insight into the well-being of primary school-aged children [J] . Kairaranga, 2016, 17 (1) : 26-31.

[31] MUHSIN, MARTONO S, NURKHIN A, et al. The relationship of good university governance and student satisfaction [J] . International journal of higher education, 2020, 9 (1) : 1-10.

[32] NINGSIH, SOETJIPTO B E, SUMARMI. Improving the students' activity and learning outcomes on social sciences subject using round table and rally coach of cooperative learning model [J] . Journal of education and practice, 2017, 8 (11) : 30-37.

[33] OBERLE E, GUHN M, GADERMANN A M, et al. Positive mental health and supportive school environments: a population-level longitudinal study of dispositional optimism and school relationships in early adolescence [J] . Social science & medicine, 2018, 214: 154-161.

[34] OECD. PISA 2015 results (Volume Ⅲ) : students' well-being [R] . Paris: OECD publishing, 2017: 35.

[35] PIERSON L H, CONNELL J P. Effect of grade retention on self-system processes, school engagement, and academic performance [J] . Journal of educational psychology, 1992, 84 (3) : 300-307.

[36] ROSENTHAL R, JACOBSON L. Pygmalion in the classroom: teacher expectation and pupils' intellectual development [J] . American sociological review, 1969, 34 (2) : 363-367.

[37] SAKIRUDEEN A O, SANNI K B. Study habits and academic performance of secondary school students in mathematic: a case study of selected secondary schools in uyo local education council [J] . Research in pedagogy, 2017, 7 (2) : 283-297.

[38] SHAMILA D D, YOON FAH L. Contributing factors of secondary

students' attitude towards mathematics [J] . European journal of educational research, 2020, 9 (2) : 489-498.

[39] STANTON A, ZANDVLIET D, DHALIWAL R, et al. Understanding students' experiences of well-being in learning environments [J] . Higher education studies, 2016, 6 (3) : 90-99.

[40] STASULANE A. Factors determining children and young people's well-being at school [J] . Journal of teacher education for sustainability, 2017, 19 (2) : 165-179.

[41] TURRENTINE C, ESPOSITO T, YOUNG M D, et al. Measuring educational gains from participation in intensive co-curricular experiences at bridgewater state university [J] . Journal of assessment & institutional effectiveness, 2012, 2 (1) : 30-54.

[42] ZERTUCHE A, GERARD L, LINN M C. How do openers contribute to student learning? [J] . International electronic journal of elementary education, 2012, 5 (1) : 79-92.

附录：素养导向的理解型教学设计转向^①

世界课改，常改常新。我国约隔10年修订1次课标，催生新一轮课程改革。此次课改，恪守为党育人、为国育才的政治方向，基于素养导向整体设计，再度成为课程改革史上一道靓丽风景。新课改落实于新课堂，新课堂诞生于新教学，新教学立足于新设计，素养导向的理解型教学设计转向，成为新一轮课程改革落实的着力点。

一、新教学设计转向的逻辑理路

新教学设计转向，伴随着课程教学改革的逻辑而发生。

（一）课程改革的基本遵循：始于素养终于素养

此次课程改革以课程核心素养、学科核心素养、学生发展核心素养"三级素养"转化为纲，以做中学、用中学、创中学"三学"为目，纲举目张，培育有理想、有本领、有担当的"三有"新人，其基本逻辑为核心素养—学科核心素养—学科实践—跨科综合—核心素养，从素养出发回到素养（见图1），素养为课程教学设计的起点也是终点。"聚焦核心素养，面向未来"成为此次课程方案和标准修订的基本遵循，也必将作为新教学设计的基本立场。

---

① 李臣之．素养导向的理解型教学设计转向［J］．湖南师范大学教育科学学报，2022（3）．2022年我国新一轮课程改革遵循核心素养导向，注重基于学生发展核心素养的"终端画像"逆向设计教学方案，实质上与强调"学生学习获得感"的教学设计导向一脉相承。故此特附录"素养导向的理解型教学设计转向"一文，供语文教师设计教学参考。

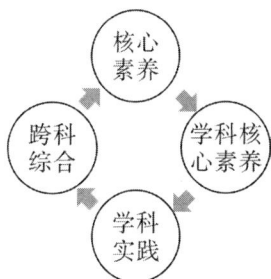

图1　课程改革的素养逻辑

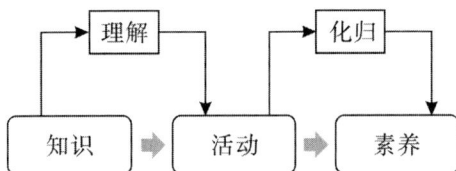

图2　知识通过活动在理解中化为素养

推进课程改革，关键在于课堂，新教学设计是课堂变革的关键，教学方案陈旧，课堂依旧，新课程改革仍然老调重弹，走回老路。遵循课程改革的核心素养逻辑，新教学设计宜采用"以终为始"原则，瞄准学生发展核心素养的"终端画像"，逆向设计素养导向的教学方案。新教学设计首先要十分清楚学生发展的核心素养要求，并将其作为教学活动的预期结果，反推落实到教学过程中的各项活动过程中。

（二）新教学设计的基本逻辑：知识通过活动在理解中化归为素养

任何学习都离不开知识，素养发展也不例外。任何轻视知识或否定知识学习对于学生核心素养发展重要价值的观念既不现实，也不符合教育历史发展的基本规律。如何学习知识才有利于学生核心素养发展是问题关键所在。

素养，即本真的修养，不等于知识。有修养的人，善交往，能做事，会做人，勤学习，而非只会刷题、考试，追求高分数。核心素养是学生发展必备品格、基本价值观与关键能力，不是单纯的知识记忆与机械训练能培养出来的。素养是知识学习过程中，伴随着技能、情感、态度、价值观等交互作用的产物，需要设计促进交互作用发生的丰富的活动机会，否则，素养难以养成。在知识学习过程中，素养导向的教学设计重在设计交互作用的问题情境，通过问题解决，让学生在实践活动过程中化知识为素养。"化"是"消化""融化"与"化归"，"化"即"理解"。素养导向的新教学设计关键在于"理解"过程的实现。理解不等于知识识记，不等于机械完成技能训练任务，而是以有意义的"用""做""创"等活动催生理解的真实发生，让知识在活动中得到理解，让素养在理解中化归（见图2）。

学习不能没有记忆，但记忆不是目的；学习需要理解，但理解也不是唯一目的。学习需要应用，应用促进理解，在理解中应用，在应用中理解，通过应用和理解，记忆自然更加深刻。因此，记忆发生在理解与应用的过程中，为了记忆而记忆的学习，枯燥乏味，久而久之，让学习者失去学习的动力。因此，教学设计的关键是为学习者搭建理解的桥梁，这桥梁就是"致用"。雨伞的发明，绝不是为了雨伞的记忆，而是人们在生活中需要遮蔽雨水，避免湿身，因为用的需要，而去想方设法理解与雨伞"创作"相关的条件，最终创造了雨伞。

（三）理解型教学设计：从知识符号化机械学习到知识意义性理解学习

教的法子依据学的法子。新课程改革基于注重"学"，很多地方将"教学"改为"学"，在理解中学，致用中学。其个中缘由，则是致力于知识符号化学习转向知识意义性理解学习。

知识符号化学习，根源在于机械灌输式教学。使意义丰富的知识学习演变为符号化枯燥记忆。学生为学而学，精彩观念难以诞生，也容易丧失智慧与社会情感发展的机会。知识学习需要在活动中实现理解，"理解就是学习者完成的建构活动。我不能把理解给你，你必须自己去获得"[①]。所以，核心素养导向的新教学设计需要将理解视为根本。为此，课程改革探索用大概念、大单元、大任务组织课程内容，各门课程用不少于10%的课时设计跨学科主题学习，并强化实践环节。新课程方案特别强调做中学、用中学、创中学（简称"三学"），也旨在建构促进知识理解的有效路径。

知识意义性理解学习经由"三学"、整合（交互作用）等各类活动得以完成，符号化知识学习无法生成素养。失去意义性活动的程式化教学，容易令教学停留于知识记忆层面，机械训练令学习丧失生机。没有活动，素养与知识之间缺乏化学反应的媒介或催化剂，知识在活动过程中得到活化，素养在学生生动活泼的活动中主动发展。意义性知识学习的基本活动包括人与知识"遇见""触碰"和"对话"的活动，如"经历""体验""情境对话""问题解决""社会交往"等活动。素养在这些活动中通过感化、领悟和理解逐渐养成。

---

① 威金斯，麦克泰格. 追求理解的教学设计 [M]. 闫寒冰，宋雪莲，赖平，译. 上海：华东师范大学出版社，2017：253.

基于知识符号化学习的教学设计追求教学程式化，源于凯洛夫教学流程。"识记"在教学目标设计中显得十分重要，无论是基础教育，还是高等教育，通过讲授教学，甚至是灌输教学，追求知识传达与记忆。博闻强记，往往也被视为学问通达的重要标志。将知识学习变成背诵活动，意义性知识学习变成符号化知识记忆，教学设计变成技术、流程的工厂式作业。究其缘由，大多归结到应试体制，或应试文化所致。此设计忽视教学的生成性、体验性、综合性与变异性。程式化教学带给学生学习的弊端主要表现：负担、机械、学用分离。实际上，教学是流动的河水，沿岸的植被、山石都会影响水流的表面张力，进而影响水流的速度与方向。自中华人民共和国成立以来，我国教学设计深受政治经济文化等因素影响，不断进化与变革，尤其世纪之交的新课程改革，对教学设计的积极影响甚是空前，生成性、互动性、对话性、探究性教学理念逐渐显露头角，生本教学、活动教学、主体性教学实验成为社会关注的焦点。但相对于基础教育教学宏大体量而言，总体上仍然受到应试教育文化与制度的深刻影响，注重记忆、训练，程式化设计思维根深蒂固。显然，此次新课程实施为理解型教学设计提供了良好的土壤。

二、理解型教学设计重心：学科实践与综合活动

此次新课程改革以学为中心，知识符号化学习走向意义性学习，强化做、用、创中的理解意义，经历了才理解，理解了才更好应用。学科实践观、大单元教学，以及跨学科综合活动，为理解型教学设计从流程化走向经历式，从程式化教学到结构化活动体验奠定了基础。

（一）学科实践观

实践是认识的基础，也是检验真理的标准。认识必须围绕实践而展开，离开实践、脱离实践，认识就会偏离方向。从人类发展过程来说，经由实践—认识—再实践—再认识，循环往复，以至无穷。学科知识学习也是如此，离开实践的学科学习难以真正触及学科的本质，而学科知识学习最终为了应用，为了美好生活的诞生。理解知识的意义需要通过相应的实践活动，以便把知识内具的普遍精神通过合适的形式突显出来，以实现知识向个体精神的转化。通过"具身实践""学科实践"，可以充分发挥学科育人价值。具身实践注重身体参与和亲身经历，强调身体参与

在人的认识过程中的作用。"从本质上说，学习是通过学习者自身的经历而发生的。"[①] 素养需要学生通过亲身经历、体验、对话过程来获得。课堂不是教师的一言堂，课堂非"教堂"，课堂即学堂。教学需要依据学生的学、行、做，用好科学而艺术的设计。理解型教学设计应该关心学生学什么，如何学，要有哪些收获，以及教学如何增值，学习获得感如何增强。理解型教学设计需要思考如何将机会留给学生，让学生更加主动去行动，让学生在问题解决中思考，在思考中理解知识，在理解知识中生成素养。新课标提出"三学"，表明了实践学习、致用学习、创造学习在素养养成中的重要地位。学生在学习学科知识时，教师不直接呈现结论，而是通过活动使知识和学生生活经验发生关联，让学生简约地经历知识发生过程，进而主动体验、感受和领悟，不断形成和提升关于学科知识的价值、情感、审美等意义。

尽管间接经验是学生学习的主要对象，但教学活动设计应尽可能考虑真实情境、问题、任务、项目，让知识学习与真实情境尽可能接近，以让学生真实地感受到知识的发生过程，体验知识价值，如此知识意义性学习才会真正产生。新课程推动的学科实践就是如此，强调学生"像"学科专家一样思考与行动，即在教学情境中，运用某学科概念、原理、工具与方法等，解决真实情境中的问题的一套典型范式，如语文实践、科学实践、史料实证、地理实践、工程实践、创意实践、社会参与等。在《义务教育课程方案和课程标准（2022年版）》中，学科实践通常以情境、问题、任务、项目为载体或抓手。尽管通过学科实践这样的"法子"获得知识的成本高，但它是核心素养形成的必由路径。无数有效学习的事实也已经证明，学科知识的确需要用学科的"法子"去学习，才能发现学科的观念、思维与价值。甚至在杜威看来，即使是不确定的知识也要确信不疑地去做，应该基于个人的某种信念在"做中学"，通过提出并验证假设的信念去做，而没有必要等到具备确定而充分的条件之后才开始行动。显而易见，学科的"法子"对学生的素养发展的确具有不可取代的作用。

（二）设计大单元活动

建构分科知识体系是分科教与学最大的优势，但其面临的最大挑战是碎片化

---

① 泰勒．课程与教学的基本原理［M］．罗康，译．北京：中国轻工业出版社，2019：65．

学习，不利于学生综合运用知识解决复杂问题。此次方案与标准修订强调"大单元"，基于大单元设计活动，有助于避免一个一个"课时"活动孤独地站在教室正中央，大写的儿童留在教学的边缘地带，基于一个更大的"教学单位"设计整体性学习活动，可以在很大程度上让儿童站在中央，帮助促进知识的理解，进而养成素养。

大单元活动设计思路集中表现为：围绕"课程核心素养—学科核心素养—大单元—大概念—核心任务—子任务"的逻辑，整体设计结构性体验、探究与实践活动。"大"体现在单元之上有核心素养，"教学板块"更大，教学活动不再表现过去习以为常的一个一个"课时"活动，而是由一个"骨架"串联起来的结构性活动。教学没有大单元活动犹如人没有骨架身体就会散架一样。"单元"本身反映教学活动设计的纵横关联，纵向体现新旧知识之间的关联，如先学整数后学小数、分数，横向如跨学科主题学习、选修拓展内容等。因此，在大单元教学设计视域下，大单元、大概念、大任务与核心素养之间建立起更高阶、更大范围、更加紧密的实质性联系，从而有助于推进知识学习过程与技能、情感与态度的积极相互作用，有利于核心素养的生成。

（三）设计跨学科综合活动

如前所述，核心素养是教学设计的出发点和落脚点。教学设计不能只满足于"双基"掌握、"三维目标"的分类落实，而是要致力于整合这些活动，促进核心素养养成。本次新课程方案和课标修订空前重视"综合"，一方面延续综合实践活动课程的独立地位，还把实施起始年级提前到了小学一年级。尽管综合实践活动课程的课时总量有所缩减，但各学科课程也留出10%跨学科学习时间，用于学科之间的综合。另一方面将音乐、美术合并为艺术。此外，还强调学科内知识的统整，如语文重视整本书阅读，强调由多种知识组合而成的任务群学习。因此，从总体上看，此次课程改革中"综合"的地位尤其突出。究其深层缘由，仍然是因为核心素养是知识、技能、情感态度的交互作用，只有用综合的思维统整学习内容，才能真正发展学生应对复杂多变的社会需要的素养。毕竟，置身于真实的问题情境时，只有整合运用多门学科知识才能解决复杂问题。此次新方案及标准修订所做出的这些努力，说到底就是重视知识学习的整体关联，关联活动利于促进"交互作用"，进而利于素养生成。

三、理解型教学的备课组织变革："小科组"走向"大集体"

备课，是教学设计的代名词，也是教师的日常生活。理解型教学设计有赖于教师备课组织方式的创新，从传统的"小科组"走向"大集体"协同备课。

（一）教研顶层设计重构

教研制度，系国人之创造，对于高质量课堂教学设计与教学发展至关重要。自新中国成立以来，我国教研成效日益彰显，尤其新世纪通过PISA测验，我国教研制度的优越性更是世界瞩目。然而，世界上难有经验可以不变地永续使用，核心素养导向的理解型教学设计，呼唤新型教研制度诞生。作为我国三级教研的根基，学校教研制度变革较之国家、省级教研显得更加迫切。学校教研离教师课堂教学最近，影响最为直接，作用更为直观。面对核心素养养成，条块分割式小科组备课不利于核心素养导向的整体性教学设计，学校顶层教研设计亟待加强。传统的分科课程体系，导致分科条块式备课制度化、机械化。学科教研组彼此独立，不相往来。看似效率高，实则不利于学科联动。新课程新课标视域下的新教研需要大教研，横向统整，纵向贯通。核心素养导向的理解型教学设计，强化整体性教学活动建构，要充分发挥学科间互动协同，以便学科之间知识的学习贯通，利于大概念的理解。

（二）区域教研组织变革

省市区三级教研组织要改变条块分割的层级架构，转向扁平化，以教研大概念、大任务、大主题为中心的教研形态。为渐进发展考虑，国定三科课程以纵向分科备课为主体兼容跨科融通备课，其余分科课程备课尽可能以教研"大问题"解决为主线，跨学科协同。综合实践活动、劳动等跨学科性尤为突出的课程，理所当然要完全跨界统筹备课，且尽可能邀请社会行业专家、高校、科研院所学者介入，看上去可能"事倍功半"，但通过搭建学校—社会融通桥梁，也有助于社会理解学校教育，赢得社会参与教育的机会，这对于共建共享的教研生态营造将大有好处。

（三）教师整体备课设计

教师集体备课走向跨界整体备课。不是备一节一节的课，也不是一个教师仅仅备自己的课，更不是临行前"仓促上马"，明天上课今天备课。办法是利用寒暑假，集中全校教师，将校本培训、区域集中培训、研教旅行有机结合起来，备学年、学段整体的课程。较之其他行业，教师的寒暑假有着自身特殊的意义和价值，它并非表现于常人所谓的"休息"，而是普遍用于各种培训与研修。基于理解型教学设计落实核心素养导向，可以针对教师专业发展特殊需要做出特别设计，其中整体备课值得尝试。学校可以整体规划节假日与日常的教研活动，选择适合空间，让教师安静思考，热烈研讨基于新课程标准的一学期、一学年、一年段、一学段的理解型教学方案该如何整体设计。第一，在专家的引导下，教师群体解读新课程标准新在哪里、难在哪里；第二，以小组为单位，跨学科跨年级组成备课共同体，将备课任务分解到各小组，在规定的时间内完成教学设计；第三，组间汇报教学设计，在专家引导下讨论各组教学设计的优缺点；第四，各组继续修改完善需要改进的地方；第五，组间交叉点评、建议与进一步完善；第六，教研专家、优秀教师评选最优设计作为全校教师个体备课的共享资源。教师个体在实际备课过程中，可以结合本班学生实际，结合自身教学风格、经验，有效利用集体智慧的结晶创生适合本班学生发展需要的教学设计。